T0123677

Sammlung Metzler
Band 265

Wolfgang H. Pleger

Die Vorsokratiker

J. B. Metzlersche Verlagsbuchhandlung
Stuttgart

Die Deutsche Bibliothek – CIP-Einheitsaufnahme

Pleger, Wolfgang H.:
Die Vorsokratiker / Wolfgang H. Pleger.
– Stuttgart : Metzler, 1991
(Sammlung Metzler ; Bd. 265)
ISBN 978-3-476-10265-2
NE : GT

ISSN 0058-3667
ISBN 978-3-476-10265-2
ISBN 978-3-476-03966-8 (eBook)
DOI 10.1007/978-3-476-03966-8

SM 265

© 1991 Springer-Verlag GmbH Deutschland
Ursprünglich erschienen bei J. B. Metzlersche Verlagsbuchhandlung
und Carl Ernst Poeschel Verlag GmbH in Stuttgart 1991

Inhaltsverzeichnis

Einleitung

Wenn von den Vorsokratikern die Rede ist, denkt man gewöhnlich an die griechischen Philosophen vor Sokrates, die, beginnend mit den drei Milesiern Thales, Anaximander und Anaximenes bis hin zu Empedokles, Anaxagoras und Leukipp, bzw. Demokrit, sich mit dem Problem der Natur befaßt haben. So jedenfalls hat Plato sie in seinen Dialogen charakterisiert[1], und Aristoteles prägte für sie die Bezeichnung »physiologoi« oder »physikoi«.[2] Die Berechtigung, sie als eine geschlossene Gruppe anzusehen, ergab sich daraus, daß Sokrates mit seiner Art des Fragens eine neue Art der Philosophie einleitete. Während die alten Naturphilosophen sich vor allem mit astronomischen Fragen auseinandergesetzt hätten, habe Sokrates, so Cicero, »die Philosophie vom Himmel herabgerufen, in den Städten angesiedelt, in die Häuser eingeführt und genötigt, über Leben und Sitten, über Gut und Böse nachzudenken«.[3] Diese Charakterisierung ist für Sokrates ganz zutreffend, aber für die Naturphilosophen vor ihm unzureichend. Das, was wir inzwischen von ihnen wissen, zeigt vielmehr, daß sie sich mit einer Fülle sehr unterschiedlicher Probleme befaßt haben und daß die »meteora«, die »Dinge in der Höhe«, nur ein, wenn auch wichtiger Bereich ihrer Betrachtungen waren. Wir denken vielmehr, daß sich bei den Vorsokratikern jenes philosophische und wissenschaftliche Fragen entwickelte, das nicht nur die europäische Entwicklung maßgeblich beeinflußt hat, sondern dem inzwischen eine globale Bedeutung zukommt. Da aber nicht nur der Anspruch der Philosophie, sondern mehr noch der der Wissenschaft selbst kritischen Rückfragen ausgesetzt ist, erscheint eine Auseinandersetzung mit ihren griechischen Anfängen umso wichtiger zu sein.

Bei dem Versuch einer Auseinandersetzung mit den Vorsokratikern stößt man jedoch sehr bald auf folgende Schwierigkeit: Angesichts der spärlichen Quellen ist es im Einzelfall oftmals nur schwer möglich, die Intention eines vorsokratischen Autors genau zu erfassen, und das birgt die Gefahr in sich, die schmale Textbasis spekulativ anzureichern. Um dieser Gefahr zu begegnen, erscheint es sinnvoll, die Vorsokratiker aus ihrem geschichtlichen Kontext heraus zu interpretieren. Dabei ist auch auf die literarische Tradition vor Thales zurückzugreifen. Es ist wenig plausibel, weitreichende Vermutungen über das Denken von Thales anzustellen, von dem nicht ein

Satz wörtlich erhalten ist, ohne zu berücksichtigen, in welcher Weise ihm zugeschriebene Worte und Gedanken in der quellenmäßig erheblich besser belegten Epoche vor ihm in der Dichtung verstanden wurden.

Will man die Frage beantworten, ob Thales zurecht von Aristoteles als erster der Naturphilosophen bezeichnet wird, ist es notwendig, sich klarzumachen, ob und wie seine Denkweise sich von der Dichtung eines Homer, eines Hesiod oder eines Solon unterscheidet. Darüber hinaus erscheint es sinnvoll, zuvor einen Blick auf die anderen geschichtlichen Faktoren zu werfen, die das Gewebe ausmachen, in das die Entwicklung philosophischen und wissenschaftlichen Fragens verflochten ist. Zu diesem geschichtlichen Kontext gehört eine Skizze der politischen Geschichte von der frühgriechischen Kolonisation bis zum Peloponnesischen Krieg, Hinweise auf die Entstehung der «polis» und des Politischen bei den Griechen sowie Bemerkungen zur Entwicklung der Kunst, der Geschichtsschreibung und Medizin. Auf diesem Hintergrund läßt sich die Entwicklung des griechischen Denkens umreißen, dem eine eigentümliche Entwicklungslogik zukommt. Schließlich sind Bemerkungen zur Quellenlage zu machen.

Bei der Darstellung der Vorsokratiker wird, so weit das bei der unsicheren Darstellung im Einzelfall möglich ist, chronologisch verfahren. Gleichzeitig aber sind Antworten, die thematisch zusammengehören, kapitelweise zusammengefaßt. Die Kapitel markieren die Gelenkstellen in der Entwicklung des griechischen Denkens, das von der mythischen Weltdeutung Homers bis zur Betonung der Macht der Worte (logoi) bei Gorgias reicht. Die Darstellung eines Autors erfolgt dadurch, daß zunächst authentische Texte von ihm, oder dort, wo diese fehlen, antike Zeugnisse über ihn vorgestellt werden. Sie haben den Sinn, wesentliche Inhalte, Wortwahl und Stil zu präsentieren. Daran schließt sich ein Kommentar an, der den Text interpretiert und die Intentionen des Autors im philosophiegeschichtlichen Kontext zeigt.

Das Literaturverzeichnis gibt nur die wichtigsten Hinweise für weiterführende Fragestellungen.

1. Der geschichtliche Kontext

a) Politische Geschichte

Homer, dem wir die beiden umfangreichsten griechischen Epen verdanken, lebte in der zweiten Hälfte des 8. Jahrhunderts und damit am Ende eines Zeitalters, das von heutigen Historikern als das »dunkle Zeitalter« bezeichnet wird. Dunkel scheint es in zweierlei Hinsicht zu sein: zum einen fehlen für diese Zeit von ca. 1200 bis 800 v. Chr. so gut wie alle Quellen, dunkel aber auch deswegen, weil möglicherweise am Ende der voraufgegangenen Palastkultur, deren Ende vielleicht die aus dem Norden eindringenden Dorer mit herbeigeführt haben, nicht nur die Paläste zerstört wurden, sondern auch die bereits entwickelte protogriechische Schrift, von der wir Zeugnisse auf einigen erhaltenen Tontafeln haben – die Linear-Schrift A und B[4] –, wieder verlorenging. Auf jeden Fall entwickelten die Griechen in der zweiten Hälfte des 8. Jahrhunderts ein zweites Mal eine Schrift, indem sie die phönizischen Schriftzeichen für ihren eigenen Gebrauch umformten.

Es ist charakteristisch, daß Homer in seinen Epen das heroische Zeitalter der Palastkulturen von Mykene, Tiryns und Pylos zu beschreiben versucht, ein Zeitalter, in dem noch Bronze und nicht Eisen wie zu seiner Zeit verwendet wurde und in dem auch noch Streitwagen im Gebrauch waren. Politisch gesehen ist das Zeitalter Homers charakterisiert durch die Kolonialisierung Westgriechenlands, nachdem die kleinasiatische Küste bereits in den beiden voraufgegangenen Jahrhunderten von Griechen besiedelt worden war. Außerdem entstehen Siedlungen auch an anderen Küsten des Mittelmeeres und des Schwarzen Meers.[5]

Auf diese Weise kommen die Griechen mit unterschiedlichen Kulturen in Berührung, so auch mit der ägyptischen und anderen orientalischen. Die Griechen verstehen es, sich fremdes Wissen produktiv anzueignen. Für diesen Sachverhalt hat sich die Bezeichnung »interpretatio graeca« eingebürgert.[6] Die Griechen waren z. B. von den Leistungen der Ägypter zutiefst beeindruckt und haben auch später noch Ursprünge ihres eigenen Wissens und ihrer eigenen Sitten auf Ägypten zurückgeführt. Ein relativ spätes Zeugnis hierfür bietet Platos »Phaidros«, in dem der ägyptische Gott Theut als Erfinder des Alphabets erwähnt wird.[7] Diese unvoreingenommene Bereitschaft, sich Fremdem zu öffnen, es zu prüfen und sich gegebenenfalls in spezifischer Weise anzueignen, ist zweifellos eine wichtige Voraussetzung auch für die Entwicklung und Verbreitung der keineswegs selbstverständlichen Denkmodelle der Vorsokratiker.

Zwischen den griechischen Handelsstätten in Kleinasien, Süditalien und den übrigen Gründungen rund ums Mittelmeer bestand ein reger Austausch. Diese Städte waren nicht eigentlich Kolonien des griechischen Mutterlandes, sondern selbständig. Gleichwohl blieb das Bewußtsein erhalten, demselben Volk anzugehören und die gleiche Sprache zu sprechen. Auch wenn es eine Anzahl unterschiedlicher Dialekte gab, wurde die Grenze zwischen den Hellenen und den nicht griechisch sprechenden »Barbaren« deutlich gezogen. Die Griechen hatten ihr gesellschaftliches Zentrum in der »polis«, einer Organisationsform, die nur sehr ungenau mit »Stadtstaat« wiedergegeben wird, da sie sich nicht auf die Stadt beschränkte, sondern das jeweilige Umland mit dazu gehörte, und zum anderen bei dem Wort Staat nicht an eine Unterscheidung von Staat und Gesellschaft im neuzeitlichen Sinne gedacht werden darf. An der Spitze dieser »poleis« standen im 7. und 6. Jahrhundert in der Regel Tyrannen, eine Bezeichnung, die ursprünglich nur besagt, daß ein Mann, anders als ein König, ohne verfassungsmäßige Legitimation die Macht ergriffen hatte.[8] »Die einzelnen Tyrannen waren in der Tat sehr verschieden: manche, etwa Peisistratos in Athen, regierten gut und wohlwollend, machten dem Bürgerkrieg ein Ende und förderten ihre Städte auf mancherlei Weise. Doch unkontrollierte militärische Macht war an sich von Übel; wenn nicht in der ersten, so in der zweiten oder dritten Generation entwickelten sich die Tyrannen gewöhnlich zu dem, was das Wort heute bedeutet.«[9]

Der entscheidende Einschnitt für die griechische Geschichte der klassischen Zeit waren die Perserkriege, die sich mit Unterbrechnungen von 500 bis 449 v. Chr. erstreckten. Ausgangspunkt war der Aufstand der ionischen Griechen in Kleinasien gegen die persische Fremdherrschaft. Diese Aufstände wurden niedergeschlagen, Milet 494 v. Chr. von den Persern zerstört. Dagegen wurde die persische Invasion auf das griechische Festland abgewehrt. Im Jahre 490 v. Chr. siegten die Athener unter Miltiades in der Schlacht bei Marathon. Auch der zweite gigantische Heereszug der Perser unter Xerxes wurde 480 v. Chr. (Schlacht bei den Thermopylen; Seeschlacht bei Salamis) abgewehrt, und 479 v. Chr. in der Schlacht bei Plätaä errangen die Griechen ihren entscheidenden Sieg.

Die Zeit von 461 bis 429 v. Chr. ist in Athen unter der Staatsführung von Perikles durch eine Fülle von kulturellen Entwicklungen in allen Bereichen gekennzeichnet, sie wird das perikleische Zeitalter genannt.

Der Peloponnesische Krieg zwischen Sparta und Athen (431 bis 404 v. Chr.) endete jedoch nicht nur mit einer Niederlage Athens, sondern markiert zugleich den Niedergang der »polis«. Das 5. Jahrhundert, das nicht nur für die Entwicklung von Philosophie und Wissenschaft von zentraler Bedeutung ist, sondern auch für die Kunst und das politische Denken, ist also zugleich ein Jahrhundert des Kriegs. Wenn auch nicht ununterbrochen gekämpft wurde, so waren doch die Perserkriege und der Peloponnesische Krieg in ihrer Länge und Härte eine elementare Herausforderung. Die Haltung der Griechen gegenüber dem Krieg war ambivalent. Er war für sie ebenso grausam und schrecklich wie unvermeidlich und in gewisser Weise selbstverständlich, und der Gedanke etwa, ihn unter allen Umständen zu vermeiden, wäre ganz ungriechisch. Das zeigt das homerische Epos in aller Deutlichkeit. Aber auch noch für das 5. Jahrhundert kann man sagen: »Der Krieg war ein übliches Mittel der Politik, dessen sich die Griechen reichlich und häufig bedienten. Sie suchten den Krieg nicht geradezu – die heldischen Ideale der homerischen Gedichte hatten ihre Wirkung völlig verloren –, aber sie strengten sich auch nicht übermäßig an, ihn zu vermeiden.«[10] Erst in der Zeit des nahezu dreißigjährigen Krieges zwischen Athen und Sparta artikulierte sich deutlicher Kritik am Krieg, wofür die Komödien des Aristophanes Zeugnis ablegen.

Die entscheidende politische Leistung der Griechen in der klassischen Zeit liegt jedoch in der Entwicklung eines politischen Denkens und in der Gestaltung der »polis«. Die Frage, wie das Zusammenleben der Menschen in einer Stadt geregelt werden sollte, war von zentraler Bedeutung. Ihre Erörterung setzte bereits einen Spielraum der öffentlichen Diskussion voraus. Dort, wo ein Autokrat diese Diskussion unterband, konnte sich politisches Denken nicht entfalten. Der politischen Diskussion ist daher eine Tendenz auf politische Beteiligung immanent.

Für das Konzept des Politischen sind für das 6. Jahrhundert zwei Begriffe wichtig geworden. Es ist der von Solon eingeführte Begriff der »eunomia«, d. h. der gelungenen Ordnung, und der mit den demokratischen Reformen des Kleisthenes verbundene Gedanke der »isonomia«, d. h. der politischen Gleichheit der freien Bürger.

Solons Gedanke der »eunomia« hatte bereits eine kritische Tendenz gegenüber der traditionellen Adelsgesellschaft. Seine Intention war es, einen Rechtsfrieden innerhalb der »polis« durch einen gerechten Ausgleich von Rechten und Pflichten zu erreichen. Dazu gehörte für ihn auch eine Befreiung der Bürger von Schuldknechtschaft und eine freiere Regelung privatrechtlicher Angelegenheiten.[11]

Die Verwaltungsreform von Kleisthenes, mit der er um 510 v. Chr. begann, versteht politische Gerechtigkeit aber bereits im Sinne einer gleichberechtigten, demokratischen Beteiligung aller

5

freien Bürger an der Verwaltung der Stadt. Dazu gliederte er Attika territorial völlig neu, indem er die drei attischen Zonen Stadt, Küste und Binnenland in je 10 Teile gliederte und jedem der 10 Phylai (Stämme) einen Teil im städtischen Gebiet um Athen, im Landesinneren und an der Küste zuteilte. Die Phylai sandten je 50 durch Los bestimmte Buleuten in einen Rat der 500, und jede dieser 10 Gruppen von Phylenvertreter (Prytanie) führte jeweils für 36 Tage (= 1/10 des Amtsjahres) die Geschäfte des Rates. Die territoriale Neugliederung und der Mechanismus der politischen Delegation zeigen, daß Kleisthenes gegen die traditionellen Strukturen ein rationales System der politischen Beteiligung einführte, das allein ihm die Gewähr für »isonomia« zu bieten schien. Gleichwohl war nicht der politische Mechanismus das Entscheidende für die Gestaltung des erkämpften demokratischen Spielraums, sondern der damit eröffnete Raum für die politische Rede.

»Das System der polis beruht vor allem auf einer ungewöhnlichen Vorherrschaft des gesprochenen Wortes über allen anderen Instrumenten der Macht. Es wird zum politischen Mittel par excellence, zum Schlüssel jeglicher Autorität im Staat, zum Werkzeug, an Herrschaft und Befehlsgewalt über andere zu gelangen.«[12] Das gesprochene Wort braucht, um wirken zu können, einen Raum der Öffentlichkeit. Es verwirklicht sich in der kontroversen Debatte, der Diskussion und der öffentlichen Rede. Vernant macht darauf aufmerksam, daß damit nicht nur der Boden bereitet wurde für Sophistik und Rhetorik, sondern daß die Entwicklung auch der Philosophie eng mit dem Prinzip der Öffentlichkeit verbunden ist. Die Wahrheit, deren griechische Bedeutung Unverborgenheit ist, braucht selbst einen Raum des Unverborgenen, des Öffentlichen und Gemeinsamen, um zu erscheinen. Gleichwohl bleibt das Verhältnis der Philosophen zur Öffentlichkeit ambivalent. Sie betonen, daß die Wahrheit, das Unverborgene, das sie der Verborgenheit entreißen, doch der Allgemeinheit unzugänglich bleibt.[13] Daher ist der Philosophie ein Zug zur Esoterik ebenso immanent wie die Tendenz der öffentlich geführten Auseinandersetzung.

b) Die Kunst

Innerhalb der Entwicklung der Kunst ist für die archaische und klassische Zeit das Auftauchen der Lyrik von besonderer Bedeutung, nachdem das homerische Epos eine für die Griechen prägende und gültige Weise der Interpretation der menschlichen Situation entworfen hatte. Die Lyrik aber, die im 7. und 6. Jahrhundert die offenkundig erstarrte Form des Epos ablöste, bringt nicht nur eine andere dichterische Form zur Geltung, sondern eine neue Auffassung vom Menschen. Sie entwickelt einen neuen Sinn für das Individuum. »Jetzt tritt eine Dichtart auf, die persönlich und von Personen getragen ist, und in der das individuelle Element, das Unverwechselbare des Stils und der Person von entscheidender Bedeutung ist. Damit wird das, was wir das Subjektive der Lyrik nennen, ein neues Element gegenüber dem Objektiven des Epos: hier ist ein Mensch, der ›Ich‹ sagt, ein Erwachen des Ich-Bewußtseins, das nun aus sich selbst, seinen Affekten, Gefühlen, Wünschen, Abneigungen unmittelbar sprechen kann.«[14]

Die lyrische Dichtung ist so unterschiedlich und individuell wie die Dichter und Dichterinnen, die sie verfassen. Verse wie: »Ich hab ein schönes Kind, goldenen Blumen / gleich an Gestalt, Kleis, die (einzige), geliebte. / Die geb ich nicht her für ganz Lydien noch für das liebliche (Lesbos).«[15] bezeugen diesen veränderten Ton ebenso wie dieser ganz anders geartete von Archilochos: »Mir gefällt kein langer Feldherr, der gewaltige Schritte macht, / sich mit seinen Locken brüstet, eitel sich das Kinn rasiert. / Mehr gefiele mir ein Kleiner, sind auch seine Beine krumm; / Aber stämmig auf den Füßen soll er stehn und voller Herz.«[16]

Beide geben auf ihre Weise die persönlichen Empfindungen des Autors, bzw. der Autorin wieder und führen ein lyrisches Ich ein. Durch viele Gedichte zieht sich ein elegischer Ton, der die Trauer über die Unsicherheit der menschlichen Situation zum Ausdruck bringt. So dichtet der eben zitierte Archilochos: »Leicht ist alles ja den Göttern: oft aus tiefem Ungemach / Richten sie, der auf der schwarzen Erde liegt, den Menschen auf. / Manchen aber, der gelassen-rüstig schreitet, werfen sie / Rücklings nieder; zähe folgt ihm auf den Fersen Leid um Leid, / Und so irrt der Arme elend mit verstörtem Sinn umher.«[17]

Die hier zum Ausdruck kommende Lockerung der ehedem strengen gesellschaftlichen Formen zeigt sich auch im Bereich der Plastik. Während z. B. noch die Marmorstatue eines Jünglings (Kuros) aus Sunion (Höhe 3,05 m) um 600 v. Chr. eine geschlossene Figur zeigt, aufrechtstehend, die Arme gestreckt und eng am Körper anliegend, die Hände geschlossen, das Gesicht hermetisch, zeigt die Marmorstatue des Apollon vom Westgiebel des Zeustempels in Olympia um 460 v. Chr. eine Gestalt, die in einer gelösten Haltung, den Kopf seitlich gedreht und mit dem Blick dem rechten ausgestreckten Arm folgend, Selbstsicherheit und offene Hinwendung zur Welt verkörpert. Den Göttern, die von den Griechen in ihren Plastiken dargestellt wurden, waren die Züge eines idealen Menschseins übertragen worden. Es ist die gelassene, überlegene Sicherheit, die gegenüber der schicksalsvollen Hinfälligkeit der Sterblichen als göttlich empfunden wurde.

Eine andere Form der Darstellung der menschlichen Situation in Auseinandersetzung mit den Göttern stellte die Tragödie dar. Ihr Zentrum war Athen. Ihre Bedeutung für das griechische Leben läßt sich kaum überschätzen. Allein die äußeren Umstände der Aufführungen machen das deutlich. Sie fanden im Frühjahr im Rahmen des Festes zu Ehren des Gottes Dionysos statt. Der erste Tag war einer zeremoniellen Prozession gewidmet, deren Höhepunkt die Opferung eines Stieres und die feierliche Aufstellung der Statue des Gottes im Theater bildete.[18] Es folgte ein Wettstreit in dithyrambischen Oden, bei dem zehn Chöre auftraten und die von fünfzig Flötenspielern begleitet wurden. Am zweiten Tag wurden fünf Komödien aufgeführt. Von jedem der zugelassenen Autoren wurden drei Tragödien an einem Tag aufgeführt, die manchmal eine Trilogie bildeten; als viertes schloß sich ein groteskes Satyrspiel an. Die Stücke wurden eigens für diese eine Aufführung geschrieben; wiederholte Aufführungen desselben Stücks wurden vermieden. An den Aufführungen beteiligten sich aktiv ca. 1 000 Männer und Knaben, das Theater selbst bot Platz für ca. 14 000 Zuschauer. Die Mäzene dieses aufwendigen Festes waren die Stadt und reiche private Geldgeber.

Die Erfindung der Tragödie ist keineswegs etwas Selbstverständliches, sondern in ihrer Art eine einzigartige griechische, vornehmlich athenische Angelegenheit. Die Tragödie ist kein rituelles Spiel, wenngleich sie ihren geschichtlichen Ursprung im Dionysoskult hat. Entscheidend ist, »daß es nun Spiele und Spieler gab, mit deren Hilfe Männer ohne priesterliche oder sonstige Autorität das Schicksal des Menschen öffentlich untersuchten und ihre Erläuterungen dazu gaben.«[19] Und ganz ähnlich äußert sich Vernant: »In der durch das Drama eröffneten Debatte wird die Stellung des Menschen selbst zum Problem, wird das Rätsel des menschlichen Daseins dem Publikum aufgegeben, ohne daß die immer wieder aufgenommene und nie abgeschlossene tragische Suche je eine definitive Antwort liefern und die Frage zum Verstummen bringen könnte.«[20]

Es ist bezeichnend, daß die Tragödiendichter ihre Stoffe fast ausnahmslos dem Mythos entnahmen, und so stellt die Tragödie die öffentliche Auseinandersetzung von Menschen mit dem Schicksal dar, das die Götter ihnen zugeteilt haben. Die Tragödie ist also als eine dramatische Auseinandersetzung mit dem Mythos zu interpretieren. Für diese Auseinandersetzung ist von Bedeutung, daß zum

einen die nicht weiter zu erklärende Macht der Götter über die
Menschen betont wird, gleichzeitig aber der Mensch als ein Han-
delnder dargestellt wird, der sich mit eigenen Überlegungen und
Entscheidungen zu dem verhält, was ihm zustößt. Bereits Aristote-
les hat in seiner Poetik deutlich gemacht, daß die Tragödie vom
Begriff der Handlung her zu interpretieren ist, wie überhaupt seine
Charakterisierung der Tragödie als unüberholt anzusehen ist.

Zweifellos treten in einer Tragödie unterschiedliche Charaktere
auf, aber das Ziel der Tragödie besteht nicht darin, Menschen zu
charakterisieren, vielmehr haben diese die Aufgabe, eine bestimmte
Handlung sichtbar zu machen. Die Handlung entwickelt sich im
Medium der Rede, und Aristoteles weist in diesem Zusammenhang
darauf hin, daß die entscheidende Veränderung bei Aischylos im
Verhältnis zur älteren Tragödie darin bestanden habe, dem Protagonisten der Handlung einen zweiten Schauspieler zur Seite zu stellen
und den Chor zurücktreten zu lassen. Sophokles habe den dritten
Schauspieler und die Bühnenmalerei eingeführt.[21] Verhandelt
wird in der Form des Dialogs, jener Form der öffentlichen Auseinandersetzung, die mehr noch als für Sophistik und Rhetorik für die
sokratische und platonische Methode des Philosophierens maßgeblich wurde.

In der Tragödie kommt die insgesamt tragische Weltsicht der
Griechen besonders deutlich zum Ausdruck. Gleichwohl ist ein
mögliches Mißverständnis abzuwehren. Die tragische Situation ergibt sich nicht dadurch, daß die moralische Schuld eines Menschen
durch gerechte göttliche Strafe gesühnt würde. Diese Fehldeutung
hat bereits Aristoteles zurückgewiesen.[22] Vielmehr handelt die
Tragödie davon, wie ein Mensch, der nicht schlechter und vielleicht
nur wenig besser ist als wir selbst, durch einen Fehler ins Unglück
stürzt. Das, was Aristoteles als Fehler bezeichnet, ist nicht als subjektive Schuld oder als moralische Schlechtigkeit zu deuten, sondern
als objektive Tat. Gleichwohl hat der Mensch die Folgen seiner
Taten zu tragen. Die Art und Weise nun, wie er sich mit dem ihm
zukommenden Schicksal auseinandersetzt, stellt das Thema der Tragödie dar. In ihr zeigt sich eine tragische Anthropologie. Aristoteles
hat der Darstellung einer Handlung, die so allgemein die menschliche Situation wiedergibt, eine kathartische Wirkung zugeschrieben.
Die Tragödie bewirkt in uns Furcht und Mitleid, und kathartisch
sind diese Empfindungen deshalb, weil wir als Zuschauer nicht
selbst dem Schrecklichen ausgesetzt sind, sondern nur »möglichst
getreue Abbildungen« von Schreckenerregendem vor uns haben.[23]

Die Tragödie zeigt den Versuch, den jederzeit möglichen Umschlag von Glück in unverdientes Unglück als charakteristisches Merkmal der menschlichen Situation zu akzeptieren. Gelingt dies, dann findet in gewisser Weise eine »Versöhnung« mit dem Schicksal statt.[24] In dieser Zeichnung typischer Situationen des Menschen hat die Tragödie eine Nähe zur Philosophie. Auch darauf hat bereits Aristoteles hingewiesen.[25] Er stellt dabei die Dichtung, die das Allgemeine thematisiert, der Geschichtsschreibung gegenüber, die von besonderen Geschehnissen berichtet.

Die griechische Geschichtsschreibung und die Medizin stellen weitere, wesentliche Faktoren der griechischen Geschichte des 5. Jahrhunderts dar. In ihnen zeigt sich auf andere Weise eine Nähe zum philosophischen und wissenschaftlichen Denken.

c) Geschichtswissenschaft, Medizin

Wenn man als wichtige Voraussetzung für die Geschichtsschreibung die Existenz eines geschichtlichen Bewußtseins annimmt, d. h. eines Bewußtseins davon, daß der gegenwärtige Zustand geworden ist und daß es in längeren Zeiträumen gravierende Veränderungen in allen Lebensbereichen gibt, dann kann mit gutem Recht behauptet werden, daß Ansätze der Geschichtsschreibung bereits bei Homer vorhanden sind. Homer beschreibt in der »Ilias« die Geschichte eines Kriegs, von dessen Faktizität er ebenso überzeugt ist wie alle Griechen nach ihm bis hin zum kritischen Thukydides. Er siedelt diesen Krieg in dem bereits für ihn weit zurückliegenden Zeitalter der Heroen an und deutet damit zugleich sein eigenes Zeitalter nach dem Muster einer Verfallsgeschichte. Er weiß, daß das von ihm beschriebene Zeitalter vor der Einwanderung der Dorer liegt, und vermeidet daher alle Hinweise auf sie. Ferner ist ihm bewußt, daß in dieser Zeit bestimmte Dinge noch nicht in Gebrauch waren, die zu seiner Zeit selbstverständlich sind und daß eine andere Lebensweise vorgeherrscht hat. Bis auf wenige Ausnahmen vermeidet er Anachronismen. So waren die Waffen jener Zeit aus Bronze und noch nicht aus Eisen, man aß lediglich gebratenes Fleisch und kochte nicht, man benutzte Streitwagen und ritt nicht u. a. m. Auf diese Weise ordnet Homer nicht nur die Vergangenheit auf eine für die Griechen verbindliche Weise, sondern deutet zugleich die eigene Gegenwart. Gleichwohl handelt es sich bei Homers Epen nicht um Geschichtsschreibung in jenem prägnanten Sinn, den zum ersten Mal Herodot entwickelte und der dann – wie sehr sich die historischen Methoden auch änderten oder ins Gegenteil verkehrten, so daß Herodot gar der Titel eines Historikers abgesprochen wurde –

grundlegend für alle spätere Geschichtsschreibung wurde. Der Grund, weshalb Homer noch nicht als Historiker zu bezeichnen ist, liegt nicht so sehr darin, daß er ein Versepos verfaßte und nicht wie die späteren Historiker Prosa schrieb, wenngleich diese andere sprachliche Form in einer charakteristischen Beziehung zu ihrem Inhalt steht, sondern darin, daß er noch keinen Unterschied machte zwischen Mythos und Historie. Es fehlte überhaupt der Begriff Historie als Bezeichnung einer eigenständigen Auffassungsart der Wirklichkeit.

Aus diesem Grunde scheidet auch Hesiod als Historiker aus, der in seiner Theogonie ja nicht nur eine geschlossene Genealogie der Götterwelt entwickelte, sondern deutlicher noch als Homer eine Verfallsgeschichte der Zivilisation, die mit dem goldenen Zeitalter beginnt, gefolgt von dem silbernen, dann dem der Heroen – ohne metallurgische Charakteristik –, in dem die von Homer beschriebene Zeit eingefügt wurde, und schließlich in dem eigenen, dem »bösen« eisernen Zeitalter endet, in dem keine »Scham« herrscht und die Gerechtigkeit entflohen ist. Auch für ihn bilden Mythos und real erlebte Zeitgeschichte ein bruchloses Kontinuum.

Ein neuer Ton ist dagegen bei Hekataios anzutreffen, der aus Milet stammt und zwischen ca. 560 und 480 v. Chr. lebte, also ein Zeitgenosse Heraklits war, von dem er im übrigen wegen seiner »Vielwisserei« kritisiert wird. Hekataios nun schien tatsächlich nicht nur Wert auf ein großes Wissen gelegt zu haben, sondern mehr noch, sich dieses Wissen durch eigene Erkundung der damals bekannten Welt angeeignet zu haben. Er reiste nicht nur nach Ägypten und Persien, sondern ist möglicherweise auch in Südrußland gewesen. Ergebnis seiner Forschungsreisen war eine Erdkarte, die selbst eine Verbesserung jener Karte war, die bereits Anaximander angefertigt hatte, dessen Schüler er gewesen sein soll.

Im Zentrum dieser Karte lagen das Mittelmeer und das Schwarze Meer, während die umgebenden Landmassen im Norden durch die Donau und im Süden durch den Nil geteilt wurden. Die Karte war kreisrund, die äußerste Landmasse vom Okeanos ringförmig umschlossen. Hekataios unterschied Europa und Asien. Die Karte bildete den Ausgangspunkt für eine Beschreibung der Küstenländer rund um das Mittelmeer, wobei er bei Gibraltar begann, das Mittelmeer und das Schwarze Meer im Norden umging bis zum Grenzstrom Phasis, der nach altem Verständnis Europa und Asien trennte und im Süden über Ägypten und Libyen nach Gibraltar zurückkehrte. Hekataios erarbeitete reiches ethnographisches Material über Bewohner der Länder und berücksichtigte auch die Tier- und Pflanzenwelt. Darüberhinaus zeigte sich sein geschichtliches Inter-

11

esse in der Mitteilung von Gründungssagen und Wanderungen von Völkern.

In all diesen Beschreibungen entwickelte Hekataios einen historischen Sinn, wie er für Herodot typisch werden sollte. Problematisch ist jedoch sein Verhältnis zum Mythos, den er unter der Voraussetzung akzeptierte, daß die wunderbaren Züge in ihm getilgt würden. Darin zeigt sich bei ihm ein aufgeklärter Zug. Die Reinigung des Mythos von Wunderbarem erfolgte bei ihm in der Weise, daß er sagte,»Aigyptos« habe sicherlich nicht fünfzig Söhne gehabt, sondern wahrscheinlich nur zwanzig, und der Höllenhund, den Herakles zu Eurysthenes brachte, war in Wahrheit eine Schlange, deren Biß auf der Stelle den Tod brachte, so daß man sie den Hund des Hades nannte. Er glaubte also, den Mythos durch aufgeklärte Kritik der historischen Wirklichkeit eingliedern zu können und war sich offensichtlich der völlig unterschiedlichen Wirklichkeitsauffassung von Mythos und Historie noch nicht bewußt. Sein nüchterner und historisch geschulter Sinn zeigte sich gleichwohl darin, daß er den Griechen seiner Heimatstadt unter Aufzählung der Völker, die der Perserkönig Darius beherrschte, davon abriet, sich gegen ihn zu erheben und falls sie es doch täten, zuvor eine starke Flotte zu bauen und die Mittel hierfür durch Veräußerung der Tempelschätze aufzubringen.[26]

Es ist kein Zweifel, daß der Terminus Historie, Erkundung, zum erstenmal bei Herodot, und zwar progammatisch im Proömium seines Geschichtswerks auftritt. Gleich im ersten Satz erläutert er seinen neuen Schlüsselbegriff: »Herodot, aus Halikarnassos, gibt hier Bericht von allem, was er erkundet hat, damit der Menschen Taten nicht in Vergessenheit geraten und auch die großen und wunderbaren Werke nicht, die von den Hellenen und Barbaren vollbracht wurden. Vor allem aber soll man erfahren, um welcher Ursachen willen sie gegeneinander in Krieg geraten sind.«[27]

Herodot, der um 484 v. Chr. geboren wurde und kurz nach 430 v. Chr. starb, unternahm es, die Geschichte der Perserkriege zu schreiben, deren Anfänge zu dem Zeitpunkt seiner Niederschrift bereits mehrere Jahrzehnte zurücklagen. Gleichwohl ging er an sein Unternehmen in einer völlig anderen Haltung heran als Homer bei seiner Darstellung des Trojanischen Krieges. Anders als bei Homer ist das, was er beschreibt, Historie, d. h. die Erkundung von Sachverhalten in einem empirischen Sinn, und dieses Vorgehen wird für ihn zum methodischen Leitfaden. Hatte Herodot bereits Solon zugebilligt, viele Länder bereist zu haben, nur »aus Schaulust und Wißbegierde«[28], so charakterisiert er damit zugleich sein eigenes Forschungsinteresse, das gelenkt ist durch theoretische Neugier. In ausführlichen Exkursen beschreibt er die Sitten anderer Länder und zeigt dabei eine Freude an der Vielfalt der dargestellten Phänomene. Keineswegs jedoch ist ihm alles Erzählte gleich wahrscheinlich, vielmehr ist ihm bewußt, daß es für denselben Sachverhalt abweichende Darstellungen gibt. Seine vorsichtig abwägende Haltung zeigt sich darin, daß er in solchen Fällen beide Versionen mitteilt, ohne selbst zu urteilen. Sein Bemühen um historische Gerechtigkeit geht einher mit dem Konzept einer »Entmythisierung der Geschichte«.[29] Das bedeutet nicht, daß Herodot nicht selbst von der Existenz der Götter überzeugt wäre, aber er trennt beide Bereiche. »Bei Herodot vollzieht sich in voller Klarheit die Scheidung dieser Bereiche, er steckt gegen den Bereich der mythischen Überlieferung einen anderen des Historischen ab und sagt als ein Sich-Entschließender, daß er das Mythische auf sich beruhen lassen und sich dem Historischen zuwenden will«.[30] Sein historisches »ethos« zeigt sich aber auch darin, daß er, obwohl selbst zutiefst durchdrungen von der griechischen Lebensweise, nicht nur von den »wunderbaren Werken der Hellenen« spricht, sondern diese auch den Barbaren zugesteht.

Eine neue Wendung des historischen Sinns findet sich bei Thukydides, dem ersten Historiker, der Zeitgeschichte geschrieben hat. Sein Thema ist der Peloponnesische Krieg von 431 bis 404 v. Chr., über den er kurz nach Ausbruch des Krieges in dem Bewußtsein zu schreiben beginnt, Zeuge eines großen geschichtlichen Ereignisses zu sein. Seine Darstellung reicht bis in das Jahr 411/10 v. Chr. und bricht dort abrupt mitten im Satz ab. Er hat das Kriegsende noch erlebt und ist wohl kurz nach 399 v. Chr. gestorben. Für Thukydides ist von Bedeutung, daß er nicht nur wie Herodot das eigene »Erkunden« zur Grundlage seiner Geschichtsschreibung macht, sondern daß er sich in einem eigenen Kapitel Rechenschaft über die historische Methode ablegt: »Die Fakten (erga) aber innerhalb der Kriegshandlungen, diese hielt ich nicht für recht, nur aufgrund einer Erkundigung beim nächsten besten niederzuschreiben, auch nicht so wie es mir erschien, sondern nur sofern ich selbst zugegen war, und wo ich etwas von anderen übernahm, erst nach möglichst genauer Untersuchung jedes einzelnen Faktums. Mühselig war diese ständige Forschungsarbeit, weil die, welche bei den einzelnen Ereignissen darbeigewesen waren, nicht dasselbe über dasselbe berichteten, sondern je nachdem einer mit dem einen oder anderen der beiden Gegner sympathisierte oder nach der Stärke seines Gedächtnisses.

So wird die Tatsache, daß meine Darstellung frei ist von Mythen und Geschichtchen fürs Hören weniger genußreich erscheinen. Aber alle Leser, die den Willen haben, von dem Geschehenen das

Scharfe in den Blick zu bekommen und von dem, was zu erwarten steht, daß es wieder einmal so oder annähernd so sein wird nach der menschlichen Natur, wenn diese Leser mein Werk für nützlich beurteilen, wird das genug sein. Und so ist es eher verfaßt als ein Besitzstück für je und je als ein Prunkstück zum Anhören für den gegenwärtigen Augenblick«.[31]

Hier ist ein gegenüber Herodot nochmals geschärfter historischer Sinn am Werk. Das, was Thukydides darstellen will, sind Fakten und die werden von ihm zuvor einer kritischen Prüfung unterworfen. Aus seinem methodischen Konzept und der Art seiner Durchführung spricht eine nüchterne Sachlichkeit und dazu gehört nicht nur, daß er alle Mythen ausdrücklich ablehnt, sondern sich auch von Geschichtensammlern, Logographen, distanziert, zu denen er wohl auch Herodot zählte. Er hält sich nicht bei Vermutungen und Meinungen auf, sondern will zu den »wahrsten« Ursachen, ein von ihm gebildeter Superlativ, vorstoßen. Leitbegriffe sind das Klare, das Gewisse, das Präzise, das Richtige; er erkennt methodische Schwierigkeiten und begründet das Prinzip der Quellenkritik. Thukydides entwickelt eine gegenüber Herodot reduzierte, dafür aber scharf konturierte Anthropologie. Wenn er von der menschlichen Natur spricht, ein Topos, der sich überhaupt in dieser Zeit erst verbreitete, dann meint er damit eine begrenzte Anzahl von Triebkräften: sie gehen auf Nutzen und Vorteil, es gibt Rücksicht und Furcht, aber auch Achtung und Geltung. Diese Kräfte zentrieren sich um den Begriff der Macht. Thukydides schreibt explizit politische Geschichte und diese versteht sich aus der Perspektive der Macht. Mit einem analytischen, geradezu medizinisch geschulten Blick »seziert« er die Machtstrukturen und bewahrt dabei selbst kühle Objektivität. Eigene Stellungnahmen treten zurück. Von Bedeutung ist ferner, daß er der politischen Rede eine zentrale Stellung in seinem Werk einräumt. Reden sind für ihn Reflex und Ausgangspunkt geschichtlicher Handlungen. In mehreren Fällen stellt er Reden mit unterschiedlichen Intentionen antithetisch gegenüber. Darin zeigt sich der Einfluß der Sophistik und Rhetorik auf ihn, und es ist vermutet worden, daß er Antiphon und Gorgias gehört hat.

Diese nüchterne Sachlichkeit, die die historische Methode bei Thukydides auszeichnet, zeigt sich auch im Bereich der Medizin. Die zentrale Gestalt ist Hippokrates, wie Thukydides um 460 v. Chr. geboren und gegen 370 gestorben. Die ihm zugeschriebenen Schriften, zusammengefaßt unter der Bezeichnung »Corpus hippokratikum«, stammen sicherlich nicht alle von ihm, doch enthalten sie ein in sich geschlossenes medizinisches Konzept. Von Bedeutung ist, daß der Mensch als ein Organismus aufgefaßt wird, der in einer

Wechselbeziehung zu seiner natürlichen Umwelt steht. Das Klima, die geographische Lage, Wasser- und Bodenbeschaffenheit und die Ernährung spielen eine wichtige Rolle. Die natürliche Umgebung ist der eine wesentliche Faktor der Gesundheit, Sitten und Lebensweise der andere. Für die medizinische Praxis ist die genaue Beobachtung der Krankheitserscheinungen von großer Wichtigkeit. Sie werden als Symptome der nicht sichtbaren Krankheitsursachen verstanden. Wird ihre Verbindung erkannt, kann auch der Verlauf der Krankheit prognostiziert werden. Der klare Blick für die Phänomene und die selbstverständliche Annahme, daß Krankheit auf eine erforschbare Störung des Wechselverhältnisses von menschlicher Natur und äußeren natürlichen Gegebenheiten zurückzuführen ist, gehen einher mit der Ablehnung der Auffassung, es gebe Krankheiten, die göttlichen Ursprungs seien. In der hippokratischen Schrift »Von der heiligen Krankheit«, gemeint ist die Epilepsie, heißt es: »Diese sogenannte heilige Krankheit entspricht denselben Ursachen wie die übrigen, von den Zugängen und Abgängen, von Kälte, Sonne und Winden, die, in steter Wanderung begriffen sind, niemals zur Ruhe kommen. Diese Dinge sind göttlicher Natur, so daß man keinen Unterschied machen und eben diese Krankheit für göttlicher als die anderen halten darf. Vielmehr sind alle göttlich und alle menschlich. Er hat aber eine jede Krankheit die ihr eigentümliche Natur und Kraft. Und nichts ist unerklärbar und unmöglich. – Heilbar sind die meisten Krankheiten durch ganz dieselben Fakten wie die, aus denen sie entspringen.«[32] Nicht die Krankheit ist also göttlich, sondern die Elemente Kälte, Sonne, Winde usw., und indem auf diese Weise das Göttliche zurückverlagert wird, werden die natürlichen Wechselwirkungen von menschlicher Natur und Umwelt einer sachlichen Betrachtung zugänglich gemacht. Immer wieder betonen die hippokratischen Schriften die Natürlichkeit der Krankheit, ja es wird das allgemeine philosophische Theorem aufgestellt: »Es geschieht aber jedes Ding gemäß der Natur.«[33]

Vergleicht man diese Bestimmung der Natur von Krankheiten mit dem homerischen Epos, dann wird auch hier die gewandelte Auffassung deutlich. Zwar haben auch die homerischen Helden ein sachliches Verständnis hinsichtlich der Behandlung von Krankheiten. Es gibt spezialisierte Heilkundige, die es verstehen, Wunden zu versorgen, aber es ist für Homer ebenso selbstverständlich, daß nicht nur Krankheiten, wie z. B. die im Lager der Achaier wütende Pest, von einem Gott als Strafe für ein Fehlverhalten geschickt wurde, sondern auch bei den deutlich durch einen Gegner hervorgerufenen Verletzungen ist es zugleich Ares, der dies bewirkt.

Die hippokratische Medizin hat ihre Auffassung von Gesundheit philosophischen Traditionen entlehnt, die über Empedokles bis auf Heraklit zurückgehen. Entscheidend ist, daß Gesundheit verstanden wird als das harmonische, d. h. ausgewogene Verhältnis des Menschen zu seiner Umwelt. Am Beispiel der Geschichtsschreibung und der Medizin wird deutlich, in welcher Weise Philosophie und Naturwissenschaft selbst nicht nur aus dem geschichtlichen Kontext der archaischen und klassischen Zeit zu verstehen sind, sondern diesen selbst mitkonstituieren.

2. Die Entwicklung des griechischen Denkens

Das griechische Denken entwickelt seine spezifische Gestalt dadurch, daß es sich von einer Weltauffassung abhebt, die die Griechen selbst als Mythos bezeichnet haben. Das Wort Mythos bedeutet Rede, Erzählung, Nachricht, besonders die sagenhafte Göttergeschichte. Homer macht in seinen Epen deutlich, daß das von ihm Berichtete dem Ratschluß der Götter gemäß geschieht: der Krieg gegen Troja, der Tod der Helden Hektor und Achill, der Fall Trojas, aber auch eine Fülle einzelner Ereignisse innerhalb des großen Geschehens. Aber die Götter sind sich nicht einig, und so ist das Auf und Ab des Krieges als zeitweilige Vorherrschaft des einen Gottes über einen anderen zu verstehen. (Der Streit der Götter ist übrigens für Platon im »Eutyphron« ein wichtiges Argument dafür, daß die eigene Prüfung einer Sache notwendig ist.) Entscheidend ist für die Weltdeutung Homers jedoch, daß die Menschen trotz des über sie verhängten Schicksals nicht zu bloßen Marionetten der Geschichte werden. Vielmehr nutzen sie ihre Handlungsspielräume und wissen gleichwohl, daß jederzeit Unvorhersehbares und Unbeeinflußbares geschehen kann. Die Existenz von Handlungsspielräumen läßt sich wohl damit erklären, daß die Götter zwar die große Linie des Geschehens bestimmen, im übrigen aber nicht ständig eingreifen, sondern nur von Fall zu Fall, und deshalb fragt Homer an verschiedenen Stellen bei der Darstellung der Handlung eines Menschen: Hat er sich dieses selbst ausgedacht oder gab es ein Gott ihm ein?

Für die homerischen Götter ist es von zentraler Bedeutung, daß es sich bei ihnen um Personen handelt, die ein wenn vielleicht auch begrenztes Interesse am Geschick der Menschen haben und an die sich die Menschen mit Gebeten richten können. Die Gebete sind in der Regel Bitten. Sie haben eine einfache Struktur: Sie besteht in der Anrede, in der die Attribute des Gottes zur Sprache kommen; es folgt ein Hinweis auf Verdienste, die der Bittende glaubt geltend machen zu können, in der Regel der Hinweis auf Opferhandlungen, und schließlich die Bitte selbst, z. B. der Gott möge eine erlittene Schmach rächen.

Für die homerische Weltdeutung trifft der Gedanke zu, den Aristoteles Thales zuschrieb: Alles ist voll von Göttern. Die Götter repräsentieren sowohl bestimmte Regionen der Welt, wie Himmel, Erde, Flüsse, Meer, Sonne, Mond usw., als auch menschliche Bereiche, wie Krieg, Jagd, Liebe, Tod, Handwerk u. ä. Schließlich gibt es Götter, die keinen phänomenal aufweisbaren Sinn haben, sondern rein begrifflich sind, wie Gerechtigkeit, Schicksal, Rache usw. Sich in der Welt zu orientieren heißt unter diesen Voraussetzungen, sich dessen bewußt zu sein, daß die Bereiche der Welt ein personales Gegenüber darstellen, das nicht in jedem Fall eingreift, aber jederzeit unerwartet eingreifen kann in einer Weise, die dem Menschen nur die Möglichkeit läßt, sich dem zu fügen. Jede Auflehnung wäre Hybris und als solche zum Scheitern verurteilt. Die Personalisierung der Götter durch Homer bedeutet zweierlei: Das Weltverhältnis bekommt trotz der absoluten Macht und Unvorhersehbarkeit göttlichen Wirkens einen von zwischenmenschlichen, persönlichen Bezügen her bekannten und daher vertrauten Charakter. Zum anderen aber wird dadurch, daß die Götter bestimmte Wirklichkeitsbereiche repräsentieren und diese nicht nur unmittelbar sind, ein Unterschied zwischen der phänomenal erfahrbaren Wirklichkeit und der personalen Gestalt des Gottes möglich. Damit eröffnet sich die folgenreiche Unterscheidung von Person und Sache. Diese Unterscheidung ermöglicht ein Denken, bei dem im Hinblick auf die Sache die personalen Qualitäten nicht mehr berücksichtigt werden. Mit dieser Differenzierung aber konstituiert sich nicht nur die Eigenständigkeit der Sache, sondern auch ein neues Verhältnis des Menschen zur Welt. Es eröffnet sich die Perspektive eines sachlichen Weltverhältnisses.

Das Verhältnis des Menschen gegenüber den personal verstandenen Göttern war das der Ehrfurcht, des Gebets, der Scheu und der Furcht. Das Verhältnis gegenüber Sachen ist dagegen durch Betrachten, Bedenken, Erforschen und Erkunden bestimmt. Mit dem sachlichen Weltverhältnis werden daher erst die spezifischen Fähigkeiten des Denkens, Erforschens und Betrachtens in einem bis dahin nicht gekannten Ausmaß freigesetzt. Die Götter des Mythos werden nicht bedacht, sondern verehrt. Sie werden erst recht nicht erforscht, sondern man betet zu ihnen und das, was über sie erzählt wird, wird nicht erklärt, sondern wird als Deutung des Menschen und der Welt verstanden. Wenngleich der Mythos insgesamt eine Weltdeutung enthält, so ist diese Deutung doch durch eine praktisch-persönliche

Nähe ausgezeichnet und nicht durch eine theoretisch-sachliche Distanz.[34]

Aufgrund dieser Eigentümlichkeit des Mythos gibt es nirgendwo, auch nicht bei Plato, der sonst alle wesentlichen Dinge zum Thema eines Streitgesprächs werden ließ, einen Streit über die Richtigkeit eines Mythos. Offensichtlich war ihm bewußt, daß man über Deutungen nicht streiten kann wie über theoretische Sachverhalte. Wesentlich ist daher für den Mythos, daß die in ihm enthaltene Deutung der Situation des Menschen in der Welt einleuchtet. Einen Mythos kann man nicht widerlegen, sondern man kann nur einen andern Mythos erzählen, der eine andere Deutung enthält, die vielleicht »schöner« ist, d. h. mehr einleuchtet.

Die Unterscheidung von Person und Sache findet sich nun auch bei Hesiod, der in seinem Buch »Werke und Tage« von der Göttin Dike, der Gerechtigkeit, spricht, die weinend durch die Städte geht, aus Kummer darüber, daß sie von den Menschen so wenig geachtet wird. Das ist eine personale Auffassung der Gerechtigkeit. Andererseits aber macht gerade dieser menschliche Zug der Göttin es Hesiod möglich, den Menschen ihre Verantwortung für das Ansehen der Gerechtigkeit in der Stadt deutlich zu machen, und er weist auf Wege, wie dies zu erreichen ist. Auf diese Weise entwickelt er ein sachlich-praktisches Verhältnis zu dem, was man annäherungsweise nun den »Begriff« der Gerechtigkeit nennen könnte.

Die Unterscheidung von Person und Sache, die aber gleichwohl noch in einer ambivalenten Beziehung bleiben, setzt sich bei Solon fort. Ganz mythologisch ist seine Rede davon, daß er die »schwarze Erde«, die bislang eine Sklavin war, befreite, indem er die Schuldsteine von ihr nahm. Andererseits aber spricht er noch deutlicher als Hesiod davon, daß die Menschen selbst schuld sind, wenn sie z. B. unnötig lange unter einer Tyrannenherrschaft leiden, und daß es falsch sei, dafür die Götter verantwortlich zu machen.

Homer, Hesiod und Solon waren Dichter, Solon darüber hinaus Gesetzgeber und politischer Denker. Bei ihnen vollzieht sich eine entscheidende Weichenstellung für die Geschichte des griechischen Denkens. Die von ihnen vorgenommene Unterscheidung von Person und Sache eröffnet die Perspektive auf ein neues Weltverhältnis, das für die nachfolgenden Vorsokratiker zum Medium ihres Forschens wird: das sachliche Denken.

Das sachliche Weltverhältnis wird für Thales zum entscheidenden neuen Ansatz seines Denkens und nur dieses gibt die Berechtigung für die Annahme, daß in der Geschichte des griechischen Denkens mit ihm etwas Neues beginnt. Das zeichnet ihn auch als Forscherpersönlichkeit aus. Es sind nicht so sehr die einzelnen Thesen, die ihm im Bereich der Astronomie, der Mathematik, der Technik und der Geophysik zugeschrieben werden. Vieles davon ist ägyptisch-babylonischen Traditionen entlehnt. Es ist vielmehr die veränderte Haltung gegenüber der Welt, die sich als verbindendes Element durch alle seine Aussagen zieht. Eine Sonnenfinsternis ist für ihn ein Gegenstand der astronomischen Berechnung und nicht ein geschichtlich bedeutsames göttliches Zeichen; für die Erklärung der Nilschwemme werden Nordwinde als Ursache genannt und damit zugleich das Prinzip der Kausalität auch für nichtalltägliche praktische, sondern größere, meteorologische Sachverhalte geltend gemacht. Die Erde schwimmt auf dem Wasser wie ein Stück Holz – auch das zeigt ein physikalisches und nicht ein mythologisches Denken.

Dieses neue Weltverhältnis setzt sich bei Anaximander fort. Es ist ein prinzipieller Unterschied, ob für die Deutung der Existenz des Menschen der Prometheus-Mythos erzählt wird oder ob die natürliche Entwicklung des Menschen aus einer bestimmten Art von Fischen angenommen wird, wie es Anaximander macht und damit überhaupt zum erstenmal den Gedanken einer Entwicklung der Lebewesen aus niederen Arten einführt. Deutlich wird, wie durch das neue Denken von Thales und Anaximander eine neue Weltperspektive eröffnet wird, die das einleitet, was wir Wissenschaft nennen. Wissenschaftliches Denken hat es vor Thales und Anaximander nicht gegeben, während sie beide mit einer großen Zielsicherheit Prinzipien des Denkens anwenden, die seitdem unlöslich mit Wissenschaft verbunden sind.

Die milesischen Denker sind von Aristoteles als Physiologen bezeichnet worden, und der pauschale Titel ihrer Werke lautete in der Tradition »Über die Natur«. Das Wort »physis« aber taucht bei den Milesiern nicht auf und als Titel kommt der Begriff schon deshalb nicht in Frage, weil Bücher zu dieser Zeit überhaupt noch keinen Titel hatten. Andererseits ist das Wort »physis« in einem alltagssprachlichen Sinne nicht unbekannt. Das Wort findet sich zum erstenmal bei Homer, und die Art, wie er es verwendet, zeigt, wie sehr die Milesier im Horizont dieses Begriffs denken. In der »Odyssee« macht der Gott Hermes in der Gestalt eines jungen Mannes Odysseus auf ein Zauberkraut aufmerksam, das ein sterblicher Mensch nur schwer, ein Gott aber leicht findet.[35] Er zieht es aus dem Erdreich und erläutert seine »physis«, indem er die Teile der Pflanze unterscheidet, die schwarze Wurzel und das Weiß der Blüte. »Physis« meint in diesem Zusammenhang zweierlei: zum einen, wie die Pflanze gewachsen ist, zum anderen, wie die Teile zusammengehören und ein Ganzes bilden, kurz ihr Wesen. Beide Aspekte sind für den Begriff der »physis« wichtig geblieben: das Gewordensein einer Sache, ihre »genesis« und die Einheit ihrer Momente, ihr Wesen. Später ist der Begriff »physis« in einen Gegensatz getreten zu dem des »nomos«, und nun meint »physis« die Beschaffenheit einer Sache, so wie sie von sich aus ist, ohne Einwirkung von außen.

Wenn Thales und Anaximander die Phänomene der Welt zueinander in ein Verhältnis setzen, dann tun sie dies im Horizont des Gedankens der »physis«, auch wenn sie selbst dieses Wort nicht gebrauchen. Daher ist Aristoteles' Bezeichnung der frühen Naturphilosophen als »Physiologen« einerseits anachronistisch, andererseits aber ganz zutreffend.

Der Vorwurf des Anachronismus trifft also nicht erst die gegenwärtigen philosophiegeschichtlichen Darstellungen, in denen wie selbstverständlich die Begriffe Logik, Dialektik, Ontologie oder gar Erkenntnistheorie bei der Charakterisierung der Vorsokratiker benutzt werden, sondern ist für bestimmte Worte bereits gegenüber Aristoteles geltend zu machen. Bei jeder Interpretation aber, die ja nicht einfach wiederholt, was da steht, sondern die die zu interpretierende Sache in den eigenen Denk- und Sprachhorizont übersetzt, geschieht unausweichlich Anachronistisches, und das ist deshalb nicht zu vermeiden, weil jedes Interpretieren eines Dokuments der Vergangenheit eine Übersetzung in eine andere Zeit, nämlich die Gegenwart des Interpreten darstellt. Gleichwohl ist es ein Unterschied, ob dies unreflektiert geschieht und die eigenen Worte und Gedanken dem zu interpretierenden Text übergestülpt werden, oder reflektiert, d. h. der unterschiedliche Wortgebrauch bedacht wird.

Der von Aristoteles den Milesiern zugeschriebene Begriff der »physis« macht aber zugleich etwas deutlich, das über das Problem des Anachronismus hinausgeht. Es ist der Sachverhalt, daß es innerhalb der Denkgeschichte nicht nur eine Begriffsgeschichte in dem Sinne gibt, daß die Bedeutung eines Begriffs sich im Laufe der Zeit ändert, was sich z. B. sehr gut an dem Begriff »logos« zeigen läßt, sondern daß einige Begriffe eine Vorgeschichte haben, eine Entwicklung auf den Begriff hin. In dieser Vorgeschichte scheint der Gedanke um einen Sachverhalt zu kreisen, bis dann plötzlich der Begriff in einem terminologisch präzisen Sinn auftaucht und von ihm her nachträglich eine bestimmte Denkentwicklung als seine Vorgeschichte interpretierbar wird. Das ist auch bei dem Begriff »physis« der Fall, der, abgesehen von der bedeutsamen Ausnahme bei Heraklit, von den vorsokratischen Naturphilosophen keine besondere Beachtung erfährt und schon gar nicht eine zentrale Stelle einnimmt, nicht einmal bei den relativ späten Naturphilosophen Empedokles, Anaxagoras und Leukipp. Dagegen erlebt er bei den

Sophisten im Kontext der »physis-nomos«-Antithese und in der hippokratischen Medizin eine Blüte. Ähnliches gilt für den Begriff »das Seiende«, der erst durch Parmenides zu einem philosophischen Terminus wurde, oder für die philosophischen Disziplinen Logik und Dialektik.

Gleichwohl bleibt es richtig zu sagen, daß bereits die milesischen Denker im Horizont des Begriffs »physis« forschen und mit ihrer Art des Forschens naturwissenschaftliches Denken und einen naturwissenschaftlichen Naturbegriff vorbereiteten. Im Horizont der »physis« zu denken heißt für Thales und Anaximander, daß sie das Verhältnis der Phänomene zueinander als ein natürliches denken und das heißt als ein solches, das von sich aus besteht und nicht das Ergebnis eines göttlichen Einwirkens »von außen« ist.

Bei Anaximander nun, und bei ihm zum erstenmal auch durch ein authentisches Zitat gesichert, wird ein weiterer Zweig des sachlichen Denkens deutlich, von dem aus philosophisches Denken in einem spezifischen Sinne seinen Ausgang nimmt. Anaximander fragt nämlich nicht nur nach dem natürlichen Verhältnis der Phänomene zueinander, sondern er fragt darüber hinaus nach der Natur des Seienden selbst. Das einzig wörtlich erhaltene Fragment von ihm deutet die Natur des Seienden als eine Rechtsordnung, die immer wieder verletzt und gleichwohl »nach der Anordnung der Zeit« immer wieder neu hergestellt wird. Diese Aussage ist von prinzipiell anderer Art als die Frage nach der Entstehung der Nilschwemme oder der Entwicklung von Lebewesen. Die Aussage, daß alles in eine übergreifende Rechtsordnung eingebunden ist, thematisiert nicht einen besonderen Sachverhalt, sondern betrifft den Charakter des Seienden als solchen.

Fragen, die sich mit dem Seienden als solchem befassen, sind in der späteren philosophischen Schulsprache der Ontologie zugeordnet worden. Der Begriff Ontologie wird von Anaximander ebensowenig gebraucht wie der aristotelische Begriff Physiologie, und doch ist der spätere Begriff Ontologie nicht denkbar ohne die Entwicklung eines bestimmten Fragens, das zum erstenmal deutlich greifbar bei Anaximander vorliegt.

Zur Vorgeschichte des philosophischen Denkens gehört auch, daß die Unterscheidung philosophischer und wissenschaftlicher Aussagen von den Vorsokratikern noch nicht gemacht wird und der Begriff Philosophie selbst dort, wo er überhaupt auftaucht, z. B. bei Heraklit, lediglich adjektivisch Männer bezeichnet, die auf Wissen aus sind. Seinen spezifischen, noch heute gebräuchlichen Klang hat der Begriff bei Sokrates zur Abgrenzung seines Fragens gegen die Sophistik bekommen. Also ist selbst der Begriff Philosophie für die

Vorsokratiker nur mit Einschränkungen zu verwenden. Es ist ebenfalls einerseits anachronistisch, bei der Interpretation der Vorsokratiker die Begriffe Philosophie und Wissenschaft zu gebrauchen, wie es andererseits berechtigt ist, die Weichenstellungen in den Fragerichtungen sichtbar zu machen, die zur Unterscheidung eines ontologisch-philosophischen Fragens einerseits und eines wissenschaftlichen Fragens andererseits geführt haben.anaximenes nun, der Schüler von Anaximander, bestimmte die Natur des Seienden als Luft und schlug eine Brücke zu dem Versuch der Beschreibung der Phänomene dadurch, daß er ein quantitativ gedachtes Modell der Verdichtung und Verdünnung zur Grundlage der Existenz der Vielfalt der Phänomene machte.

Die beiden Fragerichtungen, die sich aus dem Ansatz des sachlichen Denkens herausdifferenzieren, bleiben fortan in einer spannungsvollen Beziehung. Sie repräsentieren zwei gleichgewichtigte Motive des griechischen Denkens. Das eine ist auf Einheit ausgerichtet, es soll die *eine* Natur des Seienden genannt werden, die für jedes und alles ganz ausnahmslos gilt; das andere läßt sich am besten wiedergeben mit der antiken Devise »σῴζειν τα φαινόμενα« (sozein ta phainomena) – Rettung der Phänomene. Die sinnliche Wahrnehmung hatte für die Griechen eine solch große Bedeutung, daß für sie das Wort »Wissen« (οἶδα – oida) geradezu gleichbedeutend war mit »gesehen haben«. Darauf hat B. Snell in seinen sprachgeschichtlichen Studien deutlich hingewiesen.[36] Die Entwicklung des griechischen Denkens läßt sich, nachdem bei Anaximander überhaupt zum erstenmal nach der Natur des Seienden gefragt worden war, als die Geschichte des Verhältnisses der Frage nach der einen Natur des Seienden und nach der Vielheit der Phänomene charakterisieren. Anaximenes hatte in gewisser Weise seine Antwort für die Frage nach dem Verhältnis beider gefunden. Die Natur des Seienden ist die Luft und die Vielheit der Phänomene ergibt sich durch Verdichtung und Verdünnung, d. h. durch die Vielzahl ihrer Aggregatzustände.

Es ist nun charakteristisch, daß die folgenden Denker Pythagoras, Xenophanes und Heraklit von der Existenz des Vielen überzeugt sind, zugleich aber die Frage stellen, ob dem Vielen eine verbindende Einheit zugrundeliege. Dieses Eine, alles Bestimmende, ist für Pythagoras und die Pythagoreer die Zahl und das zahlenmäßige Verhältnis der Dinge zueinander, d. h. zahlenmäßige Proportionen. Xenophanes bestimmt als das Eine, das über allem einzelnen steht, auch jenseits der Fülle der von ihm selbst zusammengetragenen biologischen und physikalischen Phänomene, den einen Gott. Der Gott ist einer und das Eine ist der Gott. Der Gott des Xenophanes hat keine Ähnlichkeit mehr mit einem der olympischen Götter, auch nicht mit dem Göttervater Zeus, sondern er repräsentiert das ontologische Prinzip der Einheit selbst. Er ist – modern gesprochen – der Gott eines Philosophen. Auch Heraklit sucht nach dem Einen hinter dem bloß Vielen, dessen Existenz er zwar akzeptiert, das aber für ihn zweitrangig ist. Es kommt für ihn darauf an, das Eine zu erkennen, das sich durch das Viele hindurchzieht. Dieses bezeichnet er als »logos«.[37] »Logos« bedeutet für ihn eine bestimmte, eindeutige und feste Proportion. Ähnlich wie Anaximander sieht er die Welt aufgeteilt in Gegensätze, aber die Gegensatzpaare sind selbst durch eine unsichtbare Fügung, »Harmonie«, unlöslich miteinander verbunden. Diese Verbindung ist ihr »logos«. Entscheidend ist für Heraklit, daß »logos« das Verhältnis meint, das einen Sach-Verhalt konstituiert; der »logos« ist sachgebunden, er hat einen ontologischen Charakter. Das ist für die weitere Entwicklung des Begriffs von zentraler Bedeutung. Heraklit führt den Begriff »logos« als einen philosophischen Terminus ein. Daneben taucht bei ihm der Begriff »physis« auf, der mit dem des »logos« aufs engste verbunden ist. »Physis« meint das Wesen einer Sache, ihren inneren Zusammenhang. An ihr kann man erkennen, wie es sich mit ihr verhält. Aber nach Heraklit verhält es sich mit einer Sache eben so, daß in ihr die gegenstrebigen Kräfte zu einer Einheit zusammengefügt sind. Die »physis« repräsentiert bei Heraklit die Vielheit der Gegensatzpaare, die es in der Welt gibt, während der »logos« den Gedanken der Einheit meint, dessen Einigungskraft in jedem Sachverhalt wirksam ist.

Pythagoras, Xenophanes und Heraklit stammen aus Ostgriechenland, dagegen kommen die beiden folgenden Denker, die eine ganz neue Denktradition begründen, aus Westgriechenland, genauer aus dem süditalienischen Elea, unweit von Paestum. Parmenides fragt nicht mehr nach dem Einen, das das Viele in sich eint, sondern nach dem Einen selbst, das das Viele von sich ausschließt und negiert. Hatte bereits Heraklit den einen, alles verbindenden »logos« als das Wesentliche gegenüber dem bloß Vielen hervorgehoben, so kommt Parmenides dazu, die Existenz des Vielen überhaupt zu leugnen und mit ihm die vielen uns umgebenden Phänomene. Gibt es aber keine Phänomene, dann gibt es auch keine sinnliche Erkenntnis. Das Eine ist das Sein und das Sein ist nur ein einziges. Das ist der onto-logisch radikale Gedanke. Dieser Gedanke schließt selbstverständlich alles naturwissenschaftliche Fragen, wie es die Ionier betrieben hatten, aus, und so können kosmologische Fragen bei ihm nur im zweiten Teil seines Werkes auftauchen mit der einleitenden Bemerkung, daß es sich bei dem Folgenden um Trügerisches handele. Dem von den Ioniern unternommenen Versuch einer Verbindung des ontologischen Gedankens der Einheit mit der naturwissenschaftlich erklärten Vielheit der Phänomene wird bei Parmenides eine Absage erteilt. Der einzig mögliche Zugang zum einen Sein sind nicht die Sinne, sondern das Denken. Indem Parmenides auf diese Weise die zentrale Bedeutung des Denkens entschieden hervorhebt, gelangt er zum erstenmal auch zu einer Bestimmung des Verhältnisses von Denken und Sein. Für dieses Verhältnis sind zwei Thesen von Bedeutung: Nur Sein kann gedacht werden, Nichtsein kann nicht gedacht werden. Und: Nur das Denken hat einen Zugang zum Sein, nicht die Sinne.

Diese Gedanken hat Zenon zur Grundlage seiner berühmt gewordenen Paradoxien gemacht. Er führt den Gedanken der Unmöglichkeit des Nichtseins am Beispiel der Unmöglichkeit der Bewegung vor. Bewegung setzt immer den Gedanken des Nichtseins voraus, insofern sie stets als ein Jetzt-hier-Sein und ein Noch-nicht-da-Sein oder als ein Jetzt-schon-hier-Sein und ein Nicht-mehr-da-Sein aufzufassen ist. Da aber ein Nichtsein nicht möglich ist, ist auch keine Bewegung möglich.

Parmenides und Zenon sind ausgezeichnet durch die Radikalität, mit der sie auf die phänomenale Welt, die Zeugnisse der Sinne verzichtet haben. Sie haben sich ganz auf das verlassen, was allein gedacht werden kann, auf die Autonomie des Denkens. Indem sie das getan haben, bereiten sie eine philosophische Disziplin vor, die später Logik heißen wird.[38] Die radikale Verabschiedung der Sinnenwelt, die Absage an die Evidenz der Phänomene, konnte sich auf die Dauer nicht halten. Gleichwohl stellt Parmenides einen entscheidenden Wendepunkt in der Geschichte des Denkens dar. Keiner der ihm nachfolgenden Denker ist unbedacht an ihm vorübergegangen. Aber auch wenn in der Folgezeit – mit einer allerdings charakteristisch skeptischen Brechung – die Sinne rehabilitiert werden, so hat sich doch die Fragestellung gegenüber der ionischen Naturphilosophie verändert. Es wird nun nicht mehr gefragt, welche verbindende Einheit der Vielheit der Phänomene zugrundeliegt, sondern wie Seiendes als eine Einheit so beschaffen sein kann, daß sich aus einer Vielzahl solcher Einheiten die Vielfalt der Phänomene erklären läßt. Das scheint nur eine geringfügige Verschiebung der Fragestellung zu sein, in Wirklichkeit aber veränderte sich damit das Verhältnis von Vielfalt und Einheit in entscheidender Weise. Lag z. B. bei Heraklit in dem einen »logos« die Kraft der Verbindung, so ist das Viele, das sich nun aus einer Anzahl von Einheiten aufbaut, zunächst nur eine unverbundene Ansammlung von Einheiten, und es entsteht die Frage, aufgrund welcher Kräfte diese Einheiten zusammenkommen oder sich trennen lassen oder überhaupt in Bewegung gesetzt werden. Der erste Denker, auf den diese Frage zukam, war Empedokles. Für ihn gab es vier Arten des Seienden: Feuer, Erde, Wasser, Luft. Aus ihrer Mischung und Trennung ergibt sich die anschauliche Vielfalt der Phänomene. Aber was bewirkt die Verbindung und Trennung dieser Arten von Seiendem? Es sind für Empedokles Liebe und Streit. Diese werden aber von ihm als besondere, von den vier Arten des Seienden unterschiedene Kräfte gedacht. Sie setzen das Ganze in Bewegung. Allerdings ist für ihn die Annahme charakteristisch, daß das Seiende die Kräfte in sich aufnimmt und zum eigenen Motiv der Bewegung macht.

Anaxagoras hat die Arten der Seienden ins Unbegrenzte erweitert. Gleichzeitig nimmt er an, daß alles mit allem in unterschiedlichem Verhältnis gemischt sei. Wir haben es bei jedem Seienden immer nur mit unterschiedlichen Mischungsverhältnissen zu tun. Das aber, was diese fortgesetzte Mischung und Entmischung bewirkt, ist wiederum eine Kraft, die nicht mit dem vermischten Sein identisch ist, sondern davon unterschieden. Es ist der »νοῦς«, d. h. die Vernunft.

Hält Anaximander an der unendlichen Teilbarkeit alles Seienden fest, so taucht bei Leukipp der bereits bei Parmenides dem Sein zugesprochene Gedanke auf, daß das Sein stets ein und dasselbe Ganze ist, d. h. unteilbar. Das griechische Wort für unteilbar ist »atomon«. Indem Leukipp aus diesem Adjektiv ein Substantiv macht, prägt er nicht nur einen neuen philosophischen Begriff, sondern wird zum Urheber der Atomtheorie, einer Theorie, die im zwanzigsten Jahrhundert unter neuem methodischen Vorzeichen eine wissenschaftliche Schlüsselstellung einnehmen sollte. Der Gedanke des Atoms wird von dem berühmter gewordenen Schüler des Leukipp, von Demokrit weitergeführt. Aber obwohl mit seiner Hilfe doch die Vielheit der Phänomene gerettet werden sollte, war das Atom selbst nicht phänomenal aufweisbar, und es gab auch keinerlei Anstrengungen, seinen hypothetischen Charakter z. B. durch Experimente zu überprüfen. Die naturwissenschaftlichen Perspektiven, die mit dem Atombegriff eröffnet wurden, blieben ungenutzt, und für die aristotelische Physik, die die weitere Naturphilosophie maßgeblich bestimmten sollte, spielte die Atomtheorie keine Rolle.

Ein philosophisch bedeutsamer Schritt in der Entwicklung des griechischen Denkens erfolgte durch die Sophisten und Rhetoren. Sie knüpften auf ihre, im Vergleich zu den Naturphilosophen gänzlich unterschiedliche Weise an Parmenides an. Hatte bereits bei Parmenides die Hinwendung auf das Denken eine zentrale Rolle gespielt, so thematisierte Protagoras, der erste und zugleich bedeutendste der Sophisten, den Menschen als den Ort des Denkens.

Seine Überlegung war: Wenn vom Denken die Rede ist, muß zugleich vom Menschen die Rede sein, dem allein das Denken zukommt. Und wenn das Denken über Sein und Nichtsein entscheidet, dann heißt das, daß der denkende Mensch der Maßstab des Seins ist.

Mit den Sophisten beginnt eine anthropologische Wende in der Geschichte des griechischen Denkens. Sie stellten aber nicht nur die Situation des Menschen auf eine bisher nicht gekannte Weise in den Mittelpunkt ihrer Überlegungen, sondern sie waren zugleich Lehrer und unterrichteten die politisch interessierte Jugend in allen Dingen, die sie tüchtig machen könnten, um am politischen Leben erfolgreich teilnehmen zu können: Politik, Recht, Rhetorik. In einer Zeit, in der immer deutlicher wurde, daß die Gesetze einer Stadt ihren Ursprung nicht einem Mythos verdanken, sondern daß sie willkürlich festgesetzt werden – ein Gedanke, den besonders der Sophist Antiphon deutlich aussprach –, kam daher alles darauf an, auf die Abfassung und Handhabung der Gesetze Einfluß zu nehmen. Das entscheidende Mittel hierbei war die Rede.

Von den Sophisten, die alle auch Lehrer der Rhetorik waren, wurde die Entdeckung gemacht, daß die Worte eine große Macht auf Menschen ausüben können. Dabei wurde die Sachbindung der Worte und Sätze gelockert, umsomehr aber die Wirkung der Worte auf die Zuhörer beachtet. Der aus der Sachbindung befreite »logos« konnte ungehemmt seine ganze psychagogische, und man darf hinzufügen, ohne den Sophisten Unrecht zu tun, seine ganze demagogische Macht entfalten. Derjenige, der der Macht der Worte am entschiedensten vertraute, war Gorgias, der sich selbst als Meister der Redekunst bezeichnete.

Damit ist die Linie des vorsokratischen Denkens abgeschlossen, zugleich aber der Übergang zu Sokrates bezeichnet. Dieser kommt nämlich mit seinem Gegner Gorgias darin überein, daß er ähnlich entschieden wie dieser die »Flucht in die logoi« angetreten ist. Der gravierende Unterschied zu ihm besteht allerdings darin, daß Sokrates nicht wie die Sophisten den Anspruch auf Wahrheit zurückstellt, sondern, trotz aller Skepsis gegenüber dogmatischen Wahrheitsansprüchen, der Wahrheit sich über den Umweg des Dialogs zu nähern sucht. Im Gegenzug zur Rhetorik entwickelte Sokrates sein Verständnis von Philosophie. Philosophie nimmt eine Zwischenstellung ein. Sie bedeutet für Sokrates weder Verzicht noch dogmatische Behauptung der Wahrheit, sondern Suche nach ihr. Indem Sokrates den Dialog einführte, entwickelte er nicht nur eine neue philosophische Methode, sondern bestimmte damit den Charakter der Philosophie auf eine neue Weise.

Überblickt man die Entwicklung des griechischen Denkens von Homer bis Sokrates, so ist ihre Charakterisierung als Weg vom Mythos zum »logos« – wie sehr an dieser Formel inzwischen auch Kritik geübt wurde – durchaus angemessen. Allerdings macht der »logos« selbst eine entscheidende Entwicklung durch. Der erste Abschnitt läßt sich deuten als Übergang der personalen Weltdeutung des Mythos zu einem sachlichen Weltverhältnis, bei dem der »logos« die Proportionen der thematisierten Sachverhalte der Welt meint. Diese Entwicklung hat in Heraklit ihren Höhepunkt. In einem zweiten Abschnitt findet eine Herauslösung des »logos« aus seiner engen Sachbindung statt, um sich bei den Sophisten als »Macht der Worte« auf sich selbst zu stellen. Sokrates, für den eine »Flucht in die logoi« ebenfalls charakteristisch ist, will dagegen über den Umweg des Dialogs in den Worten und Sätzen dem Wesen des Seienden, und damit der Wahrheit, auf die Spur kommen. Dieses Vorgehen bezeichnet er Philisophie.

3. Quellen

Kein einziges Werk der Vorsokratiker ist in seinem vollständigen Umfang erhalten, vielmehr handelt es sich um kürzere oder längere Textpassagen, um einzelne Sätze, ja manchmal nur Teilsätze oder gar nur einzelne Worte. Aus diesem Grunde hat es sich eingebürgert, die überlieferten Quellen als Fragmente zu bezeichnen. Wenn der Begriff Fragment nun auch zutreffend zu verdeutlichen vermag, daß wir es bei einem Textstück nur mit einem Teil, nicht aber mit dem Ganzen zu tun haben, so ist die Metapher, die das Wort darstellt, doch in anderer Hinsicht irreführend. Bruchstücke, Fragmente, haben wir z. B. von einer griechischen Vase oder einem Relief oder einer Skulptur. Mehrere solcher Bruchstücke lassen sich dann zusammenfügen, und die verbleibenden Lücken lassen immerhin ahnen, wie das Ganze einmal ausgesehen haben mag. Überträgt man dieses Modell auf die überlieferten vorsokratischen Texte, so ergeben sich zwei wichtige Unterschiede, die hier die Metapher des Fragments als nur bedingt tauglich erscheinen lassen: zum einen haben wir keine klaren Bruchlinien, d. h. unmetaphorisch gesprochen: es ist im Einzelfall nicht mit Sicherheit auszumachen, wie weit der originale Wortlaut des überlieferten vorsokratischen Textes reicht und an welcher Stelle der überliefernde Autor spricht; zum anderen aber ist auch der Wortlaut innerhalb des einem Vorsokratiker zugeschriebenen Textes keineswegs immer sicher: auch dies ein

Unterschied zu dem Fragment einer Vase oder eines ähnlichen Gegenstands.

Genau betrachtet handelt es sich bei den überlieferten Texten der Vorsokratiker nicht um Fragmente, sondern um direkte oder indirekte Zitate durch einen überliefernden Autor. In der englischen Literatur wird daher auch sehr viel zutreffender von »quotations« gesprochen. Es handelt sich um Zitate, bei denen der zitierende Autor oftmals nicht genau angibt, wo das Zitat beginnt, wo es endet und wo er eigene erläuternde Worte einfügt. Aber das sind nicht die einzigen Schwierigkeiten. Für einige frühe Vorsokratiker ist es ungewiß, ob sie überhaupt ein Buch geschrieben haben und wenn ja, so waren die Exemplare zum Teil schon zur Zeit des Aristoteles, der als erster sich für die Geschichte der Philosophie vor Sokrates interessierte, in einigen Fällen nicht mehr greifbar. Theoprast, ein Schüler des Aristoteles, der etwa 371 v. Chr. geboren wurde, war der erste, der die Schriften der alten Naturphilosophen sammelte und nach thematischen Schwerpunkten geordnet referierte. Dieses grundlegende Buch, das als eine Art Enzyklopädie der vorsokratischen Philosophie zu bezeichnen wäre, ging verloren und nur Reste davon sind von späteren Autoren überliefert worden. Das weitere Schicksal der Überlieferung der vorsokratischen Philosophie besteht darin, daß Exzerpte von Exzerpten angefertigt wurden und auf diese Weise in vielfältig gebrochener und vermittelter Weise in den Überlieferungsstrom der Antike einging. Gegen Ende des vorigen Jahrhunderts nun hat es der Altphilologe Hermann Diels unternommen, die antike Literatur auf die vorsokratischen Quellen hin zu untersuchen und eine Quellensammlung der vorsokratischen Philosophie zusammenzustellen. Nach seiner inzwischen von Walther Kranz mehrfach neu aufgelegten und revidierten Ausgabe wird nach wie vor zitiert.[39] Diels unterschied in seiner Ausgabe die Zeugnisse über Leben und Lehre der Vorsokratiker, Abschnitt A, die direkten, authentischen und wörtlichen Zitate, Abschnitt B, und schließlich Imitationen und Fälschungen, Abschnitt C. Für die Vorsokratiker erarbeitete er eine Chronologie, und so bedeutet DK 28 B 6, daß es sich um das in seiner Anordnung sechste wörtlich erhaltene Fragment des Autors Parmenides handelt. Sowohl für die wörtlichen Fragmente wie für die Zeugnisse läßt sich eine Chronologie ihrer Autoren erstellen, deren wichtigste folgende sind:

a) Wörtliche Zitate

Plato gibt vergleichsweise wenig direkte Zitate. Für ihn gilt, ebenso wie für Aristoteles, daß sie trotz oder vielleicht gerade wegen ihrer eigenen philosophischen Bedeutung kein Interesse an einer historisch treuen Überlieferung ihrer philosophischen Vorgänger hatten, sondern daß sie ihren eigenen philosophischen Gedanken verfolgten. Eine Auseinandersetzung mit anderen philosophischen Positionen hatte daher immer nur den Sinn, die eigene Auffassung im Kontrast zu jenen deutlicher hervortreten zu lassen. Plato erwähnt Heraklit und die Herakliteer, Parmenides, Anaxagoras, Protagoras und Gorgias. Dreien von ihnen, nämlich Parmenides, Protagoras und Gorgias, hat er eigene Dialoge gewidmet. Aber das, was er ihnen dort in den Mund legt, ist auf keinen Fall als wörtliches Zitat zu verstehen, wenngleich die von ihnen geäußerten Gedanken ihnen auch zum großen Teil zuzuschreiben sind. Plato ist daher als der erste Tradent, Interpret und Kontrahent der vorsokratischen Philosophen anzusehen, aber er ist in nur geringem Maße Tradent, in etwas größerem Interpret und ganz überwiegend Kontrahent. Aus diesem Grund ist der zeitlich nächste und mit Aristoteles philosophisch bedeutendste nachsokratische antike Philosoph unter quellenkritischen Gesichtspunkten keineswegs der wichtigste.

Aristoteles unterscheidet sich von Platon im Hinblick auf die Vorsokratiker dadurch, daß er ein eigenständiges Interesse an naturphilosophischen Fragen hat und unter diesem Gesichtspunkt nach Vorläufern seiner eigenen Theorie fragt. Im ersten Buch der »Metaphysik« nun erläutert er, daß es eine Wissenschaft gebe, die nach den Ursachen der Dinge frage. Es gebe vier Ursachen: Stoff, Form, Ursprung der Bewegung, Ziel der Bewegung. Aristoteles' These ist nun, daß die vorsokratischen Naturphilosophen sich eben diese Frage auch gestellt hätten und verschiedene Begriffe für die Ursachen der Dinge genannt hätten. Die meisten hätten verschiedene Stoffe als Ursache genannt, so Thales das Wasser, Anaximenes die Luft, Heraklit das Feuer, Empedokles die vier Elemente usw. Aristoteles gibt auf diese Weise wichtige Aufschlüsse über die vorsokratische Philosophie, und deshalb ist er als Quelle von großer Bedeutung. Es gibt auch keine Stelle bei ihm, bei der man ihm eine bewußte Entstellung der Intention des zitierten Autors unterstellen darf. Gleichwohl ist es ganz offenkundig, daß die Lehre von den vier Ursachen seine eigene Auffassung ist und daß es daher nicht zwingend ist anzunehmen, daß die vorsokratischen Philosophen ebenfalls diese Frage verfolgt hätten. Das heißt aber auch, daß alle Begriffe, die zur Beschreibung dieses Ansatzes gebraucht werden, wie Stoff, Ursache u. ä., zunächst einmal als aristotelische Begriffe aufzufassen sind und daß bei dem Versuch der Interpretation der vorsokratischen Quellen sehr genau geprüft werden muß, welche Wahrscheinlichkeit dafür spricht, hier ihre eigenen Worte wiederzufinden.

Der griechische Philosoph *Plutarch*, der 45 n. Chr. geboren wurde und Platoniker war, hat in seinen moralischen Schriften hunderte von Zitaten der Vorsokratiker überliefert, die er zum Teil jedoch erweiterte, interpolierte und umformulierte.

Sextus Empiricus, der skeptische Philosoph aus dem späten 2. Jh. n. Chr., schöpfte selbst vor allem aus hellenistischen Quellen und überlieferte eine Anzahl von Textstellen der Vorsokratiker über Erkenntnis und Verläßlichkeit der Sinne.

Clemens von Alexandria, der erste christliche Philosoph, wurde um 150 n. Chr. geboren, wahrscheinlich in Athen. Er behielt sein Interesse für griechische Philosophie und überlieferte in seinem »Protreptikus« und in den »stromateis« (»Teppiche«) Zitate von griechischen Dichtern und Philosophen.

Hippolytos war römischer Theologe des 3. Jahrhunderts und zitierte griechische Philosophen, um nachzuweisen, daß christliche Häretiker ihre Ansichten von jenen bezögen. Er starb um 235 n. Chr.

Diogenes Laertios lebte vermutlich am Ende des 3. Jahrhunderts n. Chr. In seinem Buch »Leben und Meinungen berühmter Philosophen« sammelte er eine Menge von Anekdoten über griechische Philosophen, die biographisch ganz unzuverlässig sind, aber oftmals Charakteristisches enthalten. Er ordnete die Philosophen Schulen zu und unterschied eine ionische und eine italische Richtung. Die bei ihm anzutreffenden wörtlichen Zitate sind in der Regel aus dritter oder vierter Hand, ohne daß sich die Zwischenstationen erschließen ließen.

Stobaios hat vermutlich im frühen 5. Jahrhundert n. Chr. gelebt und ein umfangreiches Exzerptenwerk über die griechische Philosophie verfaßt, das den Titel »Antilogion« trug. Den Hauptakzent legte er auf ethische Fragen.

Simplikios war ein griechischer Philosoph, der im 6. Jahrhundert n. Chr. lebte. Er war Neuplatoniker und verfaßte u. a. Kommentare zu Aristoteles.

b) Zeugnisse

Nach Plato und Aristoteles ist der bedeutendste Interpret der vorsokratischen Philosophie *Theophrast*, der um 371 v. Chr. geboren wurde und ein Aristotelesschüler war. Von seiner Schrift über die Theorien der Naturphilosophen ist lediglich das Kapitel über die Sinneswahrnehmung erhalten. Das Buch bildete die Grundlage für die gesamte spätere Doxographie.

Zur doxographischen Tradition gehört *Aetios*, ein griechischer Philosoph, der um 100 n. Chr. lebte und auf der Basis eines verlorengegangenen Werkes, das Diels als »Vetusta Placita« bezeichnete, Lehrmeinungen von Philosophen zusammenstellte. Außerdem sind hellenistische Biographen zu erwähnen, wie Hermippus, Hieronymus oder Neanthes, die bei Diogenes Laertios erwähnt werden. Ein anderer Typ von doxographischen Werken wird durch die sogenannten Diadochen repräsentiert, deren Urheber Sotion von Alexandria ist, der um 200 v. Chr. in der Nachfolge Theophrasts ein nach Schulen eingeteiltes philosophiegeschichtliches Werk schrieb. Es wurde die Vorlage für Eusebius, Irenaeus, Arnobius und Theodoretus. Schließlich muß Appollodor von Alexandria erwähnt werden, der in der Mitte des 2. Jahrhunderts v. Chr. eine Chronologie der Lebensdaten der Philosophen entwarf. Bei seiner Chronologie bestimmte er die »Blüte« eines Philosophen (akme) mit 40 Jahren und verknüpfte dieses Datum mit einem geschichtlich bedeutsamen Ereignis in der Lebenszeit dieses Mannes, z. B. die Eroberung von Sardis 546/5 v. Chr. oder der Gründung der Stadt Thurioi im Jahre 444/3 v. Chr. Außerdem setzt er für den Altersunterschied von Lehrer und Schüler ebenfalls 40 Jahre an. Diese Datierungsweise ist natürlich sehr ungenau, gibt aber oftmals zumindest einen Aufschluß über die relative Chronologie.[40]

I. Der Mythos – Eine personale Deutung der Welt

1. Homer (um 750 v. Chr.), Smyrna (?)

(So sprach er.) Doch dem Peleus-Sohn war es ein Schmerz, und drinnen
Sein Herz in der behaarten Brust erwog ihm zwiefach:
Ob er, das scharfe Schwert gezogen von dem Schenkel,
Die Männer aufjagte und den Atreus-Sohn erschlage,
Oder Einhalt täte dem Zorn und zurückhalte den Mut.
Während er dies erwog im Sinn und in dem Mute,
Und schon aus der Scheide zog das große Schwert, da kam Athene
Vom Himmel herab: sie schickte die Göttin, die weißarmige Here,
Die beide zugleich im Mute liebte und sich um sie sorgte.
Und sie trat hinter ihn, und bei der blonden Mähne ergriff sie den Peleus-
Sohn,
Ihm allein sichtbar, von den anderen sah sie keiner.
Und es erstarrte Achilleus und wandte sich um, und alsbald erkannte er
Pallas Athenaia, und schrecklich erstrahlten ihm ihre Augen.
Und er begann und sprach zu ihr die geflügelten Worte:
»Warum nur wieder, Kind des Zeus, des Aigishalters, bist du gekommen?
Wohl um den Übermut zu sehen Agamemnons, des Atreus-Sohns?
Doch ich sage dir heraus, und das, denke ich, wird auch vollendet werden:
Für seine Überheblichkeiten wird er noch einmal das Leben verlieren!«
Da sagte wieder zu ihm die Göttin, die helläugige Athene:
»Gekommen bin ich, Einhalt zu tun deinem Ungestüm, wenn du mir folg-
test,
Herab vom Himmel, und mich schickt die Göttin, die weißarmige Here,
Die euch beide zugleich im Mute liebt und sich um euch sorgt.
Doch auf! laß ab vom Streit und ziehe nicht das Schwert mit der Hand!
Aber freilich, mit Worten halte ihm vor, wie es auch sein wird.
[...]«
(Homer: Ilias 1, V. 188–211. Übersetzung von W. Schadewaldt)

Homers Lebenszeit fällt in die zweite Hälfte des 8. Jahrhunderts
v. Chr. Sein ursprünglicher Name soll Melesigenes gewesen sein,
und damit verbindet sich die Vermutung, daß sein Geburtsort
Smyrna oder Umgebung gewesen sei, unweit des Flusses Meles. Das
Wort »ὅμηρος« bedeutet Bürge, Pfand und ist als Kollektivbezeich-
nung für eine Vielzahl von Rhapsoden verstanden worden. Homer
soll sich längere Zeit auf Chios aufgehalten haben, sein Grab soll auf
Ios liegen. Zur Legende gehört die Mitteilung, daß Homer blind
gewesen sei.

Homer gilt als der Autor der beiden umfangreichsten und bedeutendsten Epen der griechischen Antike: der »Ilias« mit ca. 16 000 Hexametern und der »Odyssee« mit ca. 12 000. Allerdings ist schon in der Antike seine Urheberschaft bezweifelt worden, wobei die unterschiedlichen Anschauungen und Stileigentümlichkeiten beider Epen hierfür den Anlaß gaben. Diese als »homerische Frage« bezeichnete Problematik hat die Forschung bis in die jüngste Zeit beschäftigt. Einer Auffassung, nach der es sich bei den Epen um die lockere Komposition ursprünglich selbständiger Lieder handele, der sogenannten Liedertheorie, steht eine unitarische Auffassung gegenüber, nach der »Ilias« und große Teile der »Odyssee« von Homer verfaßt seien, so zuletzt Schadewaldt.[1] Unklarheit besteht auch hinsichtlich der Frage, ob Homer die schriftliche Fixierung vorgenommen hat und ob eine längere mündliche Tradition vorausgegangen sei.

Für die unitarische Auffassung spricht, daß die Epen trotz ihrer zahlreichen, sich wiederholenden formelhaften Wendungen eine künstlerisch gestaltete Gesamtkonzeption enthalten, die sowohl der Liedertheorie als auch dem Gedanken der mündlichen Improvisation enge Grenzen setzen. Eine erste bedeutsame Würdigung der Komposition der Epen erfolgt durch Aristoteles.[2] Er macht deutlich, daß das Epos im Gegensatz zu einer Geschichtserzählung, in der zahlreiche Ereignisse aufgereiht werden, sich um ein Handlungsgeschehen zentriert, und damit rückt das Epos in die Nähe der Tragödie.

Homer hat in seinen Epen in poetischer Weise aber nicht nur über den Krieg der Achaier gegen Troja berichtet, sondern eine Deutung der Situation des Menschen in der Welt entwickelt. Dabei zeigt es sich, daß für ihn die Welt durch eine Fülle von Gegensatzpaaren bestimmt ist. Sie ist durchgängig dichotomisch.[3] Solche Gegensatzpaare sind: Erde – Meer, Tag – Nacht, Alter – Jugend, Götter – Menschen, Worte – Taten, Hochzeit – Streit u. ä.

Krieg, der ja das beherrschende Thema der »Ilias« bildet, ist daher nur eine, wenn auch besonders dramatische Form der Auseinandersetzung und des Gegensatzes. In ihm manifestiert sich ein weiterer Gegensatz, der für Homer und die griechische Weltdeutung von Bedeutung ist, der von Leben und Tod. Der Krieg beinhaltet für jeden einzelnen den jederzeit möglichen Umschlag von höchster Kraftentfaltung und plötzlicher Vernichtung. Der Tod tritt bei Homer immer plötzlich auf. Die zahlreichen Verwundungen führen nie zu einem Siechtum und langsamem Sterben, sondern können entweder geheilt werden oder sind tödlich. Der Unterschied zwischen Göttern und Menschen besteht in der Sterblichkeit dieser und der Unsterblichkeit jener. Die Götter sind immer jung und strahlend, sie verkörpern das griechische Lebensideal. Der Tod ist daher den Göttern verhaßt.

Wollte man Homers poetische Ontologie auf eine Formel bringen, so ließe sich sagen: Welt existiert als Streit. Das von ihm betonte agonale Prinzip, das die griechische Lebensauffassung überhaupt spiegelt, ist eingesenkt in das Wesen der Dinge, dem die Menschen bei ihren Auseinandersetzungen entsprechen. Diesem agonalen Prinzip unterworfen zu sein und ihm nicht entgehen zu können, gibt der griechischen Lebensauffassung ihren tragischen Charakter.

Gleichwohl spielen sich alle Auseinandersetzungen in einem in sich geschlossenen, harmonischen und symmetrischen Weltbau ab. Homers Weltmodell – das Wort Kosmos oder gar Kosmologie taucht bei ihm zur Bezeichnung der Welt noch nicht auf – findet sich in einer Schildbeschreibung.[4] Die Darstellung der Welt auf einem Schild macht bereits einen Grundzug des homerischen und des griechischen Denkens überhaupt deutlich: der Entwurf von Modellen.[5] Der beschriebene Schild gibt das anschauliche Modell der sichtbaren Welt. Es ist dadurch ausgezeichnet, daß Erde und Meer eine kreisrunde Scheibe bilden, die an ihrem äußersten Ende von dem Okeanos begrenzt wird und über die sich der Himmel als Kuppel wölbt. An ihr sind die Sterne befestigt. Die Erde wird bewohnt von Pflanzen, Tieren und Menschen, und hier tauchen wieder eine Häufung von Gegensatzpaaren auf, von denen zum Teil bereits die Rede war: Stadt – Land, Hochzeit – Streit, Angriff – Flucht, Arbeit – Genuß, u. a.

Der sichbare Teil der Welt ist zu ergänzen durch eine unter der Erde gelegene Halbkugel, die sich zu der des Himmels symmetrisch verhält und als Hades zu bezeichnen ist. Die Erdscheibe halbiert so die insgesamt geschlossene Weltkugel.

Von Bedeutung ist, daß Homer den Okeanos nicht nur als den Ursprung der Götter[6], sondern geradezu als Ursprung von allem bezeichnet.[7] Die Rede von dem Okeanos macht deutlich, daß Homers Weltmodell, so sehr es als ein physikalisches anschaulich vorstellbar ist, selbst mythischen Ursprungs ist. Es ist ambivalent, da es eine sachliche physikalische Seite enthält, die der unmittelbaren Anschauung weitgehend entspricht, und eine im Mythos verwurzelte. Der Okeanos ist der die Erde am äußersten Rand umfließende Weltstrom, aber er ist als Ursprung von allem eine göttliche Gestalt.

Homers Götterwelt stellt nun in der Geschichte der Mythologie bereits eine Neuerung dar. Sie grenzt sich ab gegen eine ältere Mythologie, die zwar stellenweise in den Epen noch durchschimmert, die zu überwinden aber gerade das Ziel der von Homer eingeführten olympischen Götterwelt ist.[8]

Während es sich bei den homerischen Göttern des Olymp um helle, personale und betont männliche Gestalten handelt, sind die Götter der mythischen Vorzeit erdgebundene weibliche Mächte, die mit den Elementen, die sie darstellen, fest verbunden sind. Dazu gehören Erde, Zeugung, Blut und Tod, aber auch der Himmelsäther, die Winde, die Flüsse und Meereswogen. Es sind die Erinyen, die »Zürnenden«, die Eumeniden, »die Töchter der Nacht« und die Moiren, die ihre Schwestern sind. Als Mächte des Schicksals verfügen sie über Geburt, Hochzeit und Tod. Die Moira, das Schicksal, hat er in seinen Mythos übernommen, es steht noch über der olympischen Götterwelt. Gegen das Schicksal zu kämpfen, ist weder den Menschen noch den Göttern möglich, und wenn es versucht wird, dann ist die Übertretung nur von kurzer Dauer und die Strafe folgt unvermeidlich. Ebenso ist der Tod, als eine der alten mythischen Mächten, weder für Menschen noch für Götter zu besiegen, auch wenn diese selbst unsterblich sind.

Erinnerungen an die vorhomerischen Götter finden sich bei Hesiod und in der Tragödie. Die Art, in der Menschen diesen alten Mächten gegenübertreten, ist nicht das an eine Person gerichtete Gebet, sondern die Magie. Davon ist bei Homer nicht mehr die Rede. Überhaupt zeichnet sich die homerische Dichtung durch eine Tendenz zur Klarheit und Rationalität aus. Schlangengottheiten, Fruchtbarkeitsriten, orgiastische Zeremonien, die wilde dionysische oder bakchische Seite einer magischen Weltsicht, die uralt ist und sich in schwachen Anklängen behauptet, sind aus Homers Weltkonzept weitgehend verdrängt.[9] Gaia, »der Götter älteste, die ewige unerschöpfliche Erde«, wie es noch in der »Antigone« heißt[10], ist nicht nur Erd- und Fruchtbarkeitsgottheit, nicht nur Mutter der Lebenden, auch die Toten gehören ihr. Und so ist es wohl kein Zufall, daß mit der Ablösung dieser alten Vorstellungen auch die Erdbestattung bei Homer durch die Leichenverbrennung ersetzt wird. Der Tod hat bei Homer seine Heiligkeit verloren. Die olympischen Götter haben mit den Verstorbenen nichts zu tun, ja sie hassen das dunkle Reich des Todes.[11] Die olympischen Götter, das sind Zeus und Hera, Artemis und Apoll, Athene, Aphrodite, Hermes, Hephaistos, Ares, Poseidon, u. a. m. Zeus, der Göttervater, hat seine Macht gegen Kronos erkämpft, und auch darin spiegelt sich die Ablösung der älteren Mythologie durch die neue wider. Die olympischen Götter sind in ihrem Charakter männlich, und das trifft selbst noch für die Göttinnen zu. Ihnen zugeordnet sind bestimmte Wirklichkeitsbereiche, keineswegs nur begrenzte Funktionen.

Entscheidend aber ist, daß sie bestimmte Wirklichkeitsbereiche verkörpern und diese zugleich personhaft repräsentieren. Ares ist der Gott des Krieges und der Krieg selbst, Poseidon der Gott des Meeres und das Meer selbst, Aphrodite die Göttin der Liebe und die Liebe selbst, u. ä. Dadurch kommt in die mythische Auffassung der Wirklichkeit eine bedeutsame Ambivalenz. Das führt zu der paradoxen Situation, daß Ares selbst sich in einen Kampf mit einem Menschen einläßt und dabei verwundet wird[12], während Athene dem Kontrahenten des Ares zu Hilfe kommt. Deshalb muß zwischen dem Gott, der einen Wirklichkeitsbereich repräsentiert, und der Wirklichkeit selbst unterschieden werden. Die Ambivalenz entwickelt sich zu dem Unterschied von Person und Sache; er ist für die Entwicklung des griechischen Denkens von entscheidender Bedeutung. Indem sich die Götter bei Homer aus der unmittelbaren Einheit der alten mythischen Mächte mit den ihnen zugehörigen Wirklichkeitsbereichen lösen und unter Verwendung anthropomorpher Züge personale Qualitäten annehmen, wird die Wirklichkeit selbst der sachlichen Betrachtung zugänglich.

In aller Deutlichkeit kommt dies in dem bereits erläuterten Weltmodell Homers zum Ausdruck. Dort ist ja nicht mehr von der Erdgöttin Gaia und ihrem Handeln die Rede, sondern sie ist Teil eines geophysikalischen Modells, das seinen Ausgangspunkt in der Anschauung hat. Das Spezifische des Modells besteht darin, daß die anschaulich gegebenen Bereiche des Modells gedanklich ergänzt werden, so daß das Modell insgesamt eine konkrete, systematische Einheit darstellt, in der Anschauliches und gedanklich Extrapoliertes miteinander verflochten sind. In dieser Weise liefert Homer das Grundmuster aller späteren kosmologischen Modelle.

Von besonderer Bedeutung ist das Verhältnis der Menschen zu den Göttern. Der vorangestellte Textauszug bietet dafür ein gutes Beispiel. Die Götter sind den Menschen nah, zwar nicht ständig, aber doch zu gegebener Zeit. Sie ergreifen Partei und beeinflussen den Ablauf des Geschehens; dieses jedoch in der Regel in einer unscheinbaren und vermittelten Weise. Nur sehr selten unterbrechen sie den natürlichen Ablauf durch Verletzung des Prinzips der Kausalität. So wird das Schwanken Achills bereits vor dem Auftritt der Athene erwähnt, und seine Entscheidung gegen die Gewaltanwendung wäre auch ohne das Eingreifen der Göttin plausibel. Auch zwingt sie ihn nicht, und an keiner Stelle wird der Eindruck erweckt, daß sie seine freie Entscheidung aufhebt und seine Handlung determiniert wäre. Vielmehr verwickelt sie ihn in einen Dialog und ermahnt ihn, beinahe wie eine ältere Schwester. Achill beugt sich ihrer Autorität in einem Akt der freiwilligen Anerkennung.[13] Die Göttin ermahnt ihn, sich nicht im Zorn gehen zu lassen, sich zurückzuhalten, sich zu beherrschen, kurz: sie bringt das Prinzip zur Geltung, das Achill selbst kurz zuvor gegenüber Agamemnon ins Spiel gebracht hatte, nämlich Maß zu halten. So befindet sich Achill in einem Dilemma, das bestimmt ist durch den Zorn über die Verletzung seiner Ehre und der Aufforderung, Maß zu halten. Zwischen beiden Handlungsmaximen besteht eine Spannung, die den weiteren Verlauf des Geschehens maßgeblich bestimmt.[14] Diese Entgegensetzung erreicht ihren Höhepunkt in der Schändung der Leiche Hektors, sie ist auch in griechischer Sicht maßlos, und erst in der Übergabe des Leichnams an den greisen Priamos wird nicht nur der »Zorn« Achills beendet und damit das Epos selbst, sondern in ihr behält die griechische Auffassung von Humanität das letzte Wort, die durch Respektierung des richtigen Maßes bestimmt ist.[15]

Das Handeln der Menschen ist durch eine unscheinbare Präsenz der Götter bestimmt, ohne daß diese Unscheinbarkeit in jedem Fall durch eine Epiphanie aufgehoben werden müßte. Aufgrund der Tatsache, daß auf Wunder weitgehend verzichtet wird, ergibt sich die eigentümliche Situation, daß Ereignisse eine zweiseitige Interpretation zulassen, eine menschlich-natürliche und eine mythologische. So heißt es am Anfang des 11. Buches der »Ilias«: »Dort nun stand sie, die Göttin (Eris) und schrie mit furchtbarem Schalle / gellend, und rief in das Herz einem jeglichen Mann der Achaier / große Stärke zum Kampf und unablässigen Streite. / Und Agamemnon schrie: die Achaier sollten sich waffnen.../«.[16] Es ist Eris, die Göttin des Streites, die schreit und den Streit in das »Herz« der Achaier trägt, und es ist zugleich Agamemnon, der zu den Waffen ruft. Das göttliche Handeln erscheint an dieser Stelle dem menschlichen der Zeit und der Sache nach vorgeordnet, ohne damit den Menschen zu einer Marionette zu machen. Zugleich aber ist sich der Mensch bei Homer dessen bewußt, daß sein Handeln den Göttern unterworfen bleibt. Die Spannung beider Seiten und ihre Unauflösbarkeit ist es, die dem griechischen Selbstverständnis einen tragischen Ton geben. Der Zwiespalt aber, der in dieser Weise zum Ausdruck kommt, ist nicht nur der zwischen menschlichem und göttlichem Handeln, sondern findet sich im Menschen selbst. Um dieses deutlich zu machen, soll ein Blick auf Homers Anthropologie geworfen werden.

Homer versteht den Menschen als eine ganzheitliche, gleichwohl aber funktionelle Einheit seiner Organe und Glieder. Snell hat darauf aufmerksam gemacht, daß sich diese Auffassung auch in bildlichen Darstellungen des Menschen in der archaischen Zeit aufweisen läßt. Das Zentrum des Menschen ist nicht ein ovaler Leib, an den Kopf, Arme und Beine angefügt sind, so wie es in Kinderzeichnungen zu beobachten ist, sondern er ist zu verstehen als eine in seinen

Gliedern zweckmäßig zusammenwirkende funktionale Einheit, bei der jedem Glied und jedem Organ eine relative Autonomie zukommt.[17]

Diese relative Autonomie kommt z. B. in folgendem Vers zum Ausdruck: »Und auch mir selber verlangt der Mut (thymos) in meiner Brust / stärker danach zu kämpfen und zu streiten, / Und heftig drängen mir unten die Füße und die Hände darüber!«.[18] Das Beispiel zeigt auch, daß nicht eine strikte Unterscheidung von körperlichen und »seelischen« Aspekten vorgenommen wird. Die Unterscheidung von Seele (ψυχή) und Leib (σῶμα) ist ohnehin nur ein Grenzfall der Anthropologie Homers. Lediglich bei ihrer Trennung, d. h. beim Tode, treten sie überhaupt in Erscheinung. Die Psyche ist der Lebenshauch, den der Sterbende aushaucht und das Wort »soma« bezeichnet bei Homer konsequenterweise nicht Körper, sondern Leichnam. Vielleicht ließe sich in einer nur leicht vorgreifenden Weise sagen, daß die Psyche das Lebensprinzip ist, das die Glieder zusammenhält und in Bewegung versetzt und diese nach dem Verlassen des Körpers eben nur als Leichnam zurückläßt.

Gleichwohl kennt Homer für den lebenden Menschen eine Mehrzahl geistig-seelischer Zentren. Die wichtigsten sind θυμός (thymos), φρὴν (phren) und νόος (noos). Der »thymos« ist das Gemüt, es ist das Organ der Stimmungen und Gefühle, wie Ärger, Wut, Mut, Begehren, Wohlgefallen, Hoffnung, Schmerz, Staunen, Stolz und Härte.[19] Der »thymos« bekundet sich in Unternehmungslust, aber auch in Unlust und Gleichgültigkeit. Die »phren« ist dagegen die denkende, überlegende und wissende Vernunft. Sie bestimmt die Haltungen und die Gesinnung der Person und verarbeitet Inhalte und Vorstellungen. Gleichzeitig ist sie aber auch ein körperliches Organ: das Zwerchfell. Dagegen ist »noos« von der Sache her bestimmt und bezeichnet Einsicht, Verständnis, Gedanke und Plan. Dabei handelt es sich stets um beides: das Einsehen und das Eingesehene, das Verstehen und das Verstandene, den Gedanken und das Gedachte, den Plan und seine Ausführung.

Der homerische Mensch ist zu großen Emotionen fähig, und Tränen sind weder eines Achills noch eines Odysseus' unwürdig, gleichzeitig aber hat er ein klares und rationales, d. h. sachliches Verhältnis zu sich und seiner Umwelt. Er versteht es zu handeln und zu reden. Mitunter redet er z. B. auch seinem »thymos« zu, ohne daß es jedoch zu einem entwickelten Selbstgespräch käme.

Der Dialog spielt eine entscheidende Rolle in den homerischen Epen. Die Handlung wird wesentlich durch die Dialoge vorangetrieben. Viele haben einen agonalen Charakter und dienen praktischen Zwecken. In ihnen kommt zum Ausdruck, in welchem Ausmaß es dem Menschen bei Homer wichtig ist, sich und anderen über Probleme und Sachverhalte im Medium der Sprache Rechenschaft abzulegen. Es ist Fränkel zuzustimmen, wenn er darauf hinweist, daß der Mensch bei Homer nicht verworren und dumpf ist, sondern bewußt und klar, er ist ebenso leidenschaftlich wie sachlich. Das, was jemand als eine praktische Aufgabe ansieht, wird als ein Wissen ausgedrückt. So ist derjenige, der »Verderbliches« plant und auch ausführt, jemand, der »Verderbliches« weiß, der freundlich Gesinnte »weiß« Freundliches usw. Allgemein läßt sich sagen, daß die Moral in einem Wissen fundiert ist. Im Deutschen ließe sich dieser Sachverhalt mit der Formel wiedergeben: Jemand weiß, was sich gehört! Auch hier wird ein dem Wissen entsprechendes Handeln unterstellt. Die Dominanz des Wissens hat zur Konsequenz, daß bei dem Fassen eines Plans in der Regel stillschweigend auch dessen Ausführung mitgedacht wird. Von besonderer Bedeutung ist auch, mit welcher Illusionslosigkeit sich der Mensch bei Homer mit der Unabänderlichkeit des Schicksals, vor allem mit dem Tod, abzufinden weiß, obgleich er ihn durch keinerlei Wunschvorstellungen in seiner Härte zu mildern sucht.

In der »Odyssee« tauchen nun einige Veränderungen auf, die unabhängig von der Verfasserfrage zu beachten sind. Die »Ilias« repräsentiert die alte Welt des Adels, das heroische Zeitalter, das Homer in die Zeit Mykenes und Trojas zurückprojiziert. Seine eigene Zeit interpretiert er dagegen im Sinne eines Verfalls. In der »Odyssee« ist davon nicht mehr die Rede. Das Klima der Erzählung hat sich überhaupt verändert. Das kommt bereits in den Charakteren der Protagonisten zum Ausdruck. Achill ist nicht nur der strahlende Held, sondern verkörpert in seinen Handlungen das »Ethos« des Adels. Odysseus ist demgegenüber nicht nur der »Listenreiche« – ein Attribut, das für Achill ganz unpassend wäre –, sondern auch der »Vielduldende«. Während in der »Ilias« nur ein einziges Mal ein Mann aus dem Volk es wagt, in einer Versammlung das Wort zu ergreifen und sofort mit Schlägen zum Schweigen gebracht wird, kommen in der »Odyssee« auch einfache Leute, wie z. B. der Hirte Eumaios, zu Wort.

Die in der »Odyssee« beschriebenen »Listen«, die die Lüge mit einschließen, aber auch die »Duldungen«, die die Trauer, aber auch der aufgeschobenen Rache für erlittene Kränkungen einen größeren Raum geben, zeigen Menschen mit reicherem und komplizierterem Erleben und Denken. Den Wegen und Umwegen, die zum Ziel führen, kommt eine erheblich größere Bedeutung zu; ja die ganze »Odyssee« läßt sich als ein großer Umweg, als Rückkehr und Heimkehr interpretieren. Sie enthält erheblich mehr Zwischentöne im

Vergleich zu der »geradlinigen« »Ilias« und mutet daher »moderner« an.

Mit seiner Betonung der agonalen Aspekte der Wirklichkeit, die praktische, dialogische und gedankliche Auseinandersetzung provozieren, mit der bei ihm vollzogenen Ablösung des alten Mythos durch eine personale Götterwelt, die zugleich einen sachlichen Blick auf die Wirklichkeit ermöglicht, die Etablierung eines geophysikalischen Weltmodells und einer Anthropologie, in der der Mensch ein sachliches Selbstverhältnis zu sich entwickelt, vollzieht Homer nicht nur die folgenreiche Unterscheidung von Person und Sache, sondern eröffnet zugleich die Perspektive auf ein neues, sachlich bestimmtes Weltverhältnis.

2. Hesiod (um 700 v. Chr.), Askra/Boiotien

Zuallererst wahrlich entstand das Chaos, aber dann
die breitbrüstige Gaia, für immer der nicht wankende Sitz von allen
Unsterblichen, die das Haupt des schneebedeckten Olymp bewohnen,
und der dämmerige Tartaros im Innern der breitstraßigen Erde
und der Eros, der schönste unter den unsterblichen Göttern,
der gliederlösende. Von allen Göttern und von allen Menschen
bezwingt er in der Brust den Sinn und den klugen Ratschluß.
Aus dem Chaos entstand der Erebos und die dunkle Nacht,
aus der Nacht aber entstanden wiederum der Äther und die Tageshelle,
die sie gebar, nachdem sie empfangen und sich mit Erebos in Liebe verbunden hatte.
Gaia aber erzeugte als erstes, ihr selbst gleich,
den sternreichen Uranos, damit er sie ganz umhülle (und)
damit er den seligen Göttern für immer der nicht wankende Sitz sei.
(Hesiod: Theogonie, V. 116–128. Übersetzung K. Albert)

Horkos, der Hüter des Eids, verfolgt jede Biegung des Rechtes,
Wenn der Stromlauf des Rechts sich krümmt nach der Habgier der Männer,
Die das Gesetz sich biegen zurecht und fällen das Urteil.
Dike jedoch geht weinend durch Städte und Länder der Völker,
Schwebt in luftigem Kleid und bringt den Menschen Verderben,
Die sie jagten hinaus und nicht gerade verteilten.
Die aber jedem sein Recht, dem Fremden und Heimischen, geben
Ganz und gerad und sich nirgends vom Pfad des Rechten entfernen,
Denen gedeiht die Stadt, die Menschen blühen darinnen,
Friede liegt über dem Land und nährt die Jugend, und niemals
Drückenden Krieg verhängt über sie der Weitblick Kronions.
Auch kein Hunger verfolgt gerade richtende Männer,
Schaden bleibt ihnen fern, nur Glück erblüht ihren Werken.
(Hesiod: Werke und Tage, V. 218–230. Übersetzung A. Schirnding)

Perses, du aber laß dir davon das Herz nun bewegen:
Höre du jetzt auf das Recht und schlag die Gewalt aus dem Sinn dir!
Denn ein solches Gesetz erteilt den Menschen Kronion:
Fische zwar sollten und wildes Getier und gefiederte Vögel
Fressen einer den andern, weil unter ihnen kein Recht ist.
Aber den Menschen gab er das Recht bei weitem als bestes
Gut. Wenn nämlich ein Mann gewillt ist, das Rechte zu sagen,
Das er erkennt, so verleiht ihm gedeihlichen Segen Kronion.
Wenn aber einer als Zeuge, nachdem er den Meineid geschworen,
Absichtlich lügt und verletzt das Recht in heilloser Blindheit,
Dessen Geschlecht versinkt für alle Zeiten ins Dunkel,
Aber des Eidestreuen Geschlecht gedeiht in der Zukunft.
(Hesiod: Werke und Tage, V. 273–284. Übersetzung A. v. Schirnding)

Hesiod lebte um 700 v. Chr. Er ist nach Homer der bedeutendste Epiker der archaischen Zeit. Durch seine autobiographischen Hinweise in seinem Werk, allerdings auch fast ausschließlich durch sie, ist er als historische Person einigermaßen greifbar. Sein Vater war aus dem aiolischen Kyme ausgewandert und hatte sich in Askra in Boiotien niedergelassen.

Hesiod, der selbst als Bauer lebte, beschreibt in seiner »Theogonie« seine Berufung zum Dichter durch die ihm erscheinenden Musen. Er trat danach als Rhapsode öffentlich auf, vornehmlich wohl in seiner engeren Heimat, doch erwähnt er auch eine Reise von Aulis nach Chalkis, wo er bei den Leichenspielen für den verstorbenen König Amphidamas aufgetreten sei. Dort habe er auch einen Dreifuß gewonnen und ihn den Musen als Dankgeschenk geweiht. Zur Legende gehört der Wettstreit mit Homer, bei dem, trotz des höheren künstlerischen Rangs Homers, Hesiod der Preis zugesprochen wurde, weil er nicht den Krieg, sondern das friedliche bäuerliche Leben besungen habe.

Hesiod erwähnt in seinem Epos »Werke und Tage« eine längere Erbstreitigkeit mit seinem Bruder Perses. Die beiden überlieferten Werke, die »Theogonie« und das danach entstandene »Werke und Tage«, weisen inhaltliche und formale Beziehungen zu denen Homers auf. In seiner »Theogonie« beschreibt Hesiod die alten mythischen Mächte, von denen bei Homer nur noch andeutungsweise die Rede ist. Die »Theogonie« bewahrt daher, mythengeschichtlich betrachtet, eine ältere Tradition als die Epen Homers. So wird z. B. die Erde, die bei Hesiod nach dem Chaos entstand, als Mutter zahlreicher Gottheiten genannt. Wenngleich nicht völlig unpersönlich charakterisiert, ist es doch undenkbar, daß die Erde einem Menschen begegnete, wie es bei Homer von der Göttin Athene erzählt wird.

Die »Theogonie« Hesiods, die zugleich als Kosmogonie zu verstehen ist, erzählt die Vorgeschichte zu aller menschlichen Geschichte. Das gibt ihr eine entrückte, unangreifbare Bedeutung. Sie repräsentiert ein mythisches Apriori. Lediglich die Musen, die Hesiod am Berg Helikon erschienen sind, bilden ein reales Band zwischen dem auf diese Weise ausgezeichneten Dichter und der göttlichen Welt. Die Auszeichnung des einen, zum Dichter berufenen Hirten korrespondiert die Herabsetzung aller übrigen durch die Musen: »Ihr Hirten draußen, üble Burschen, nichts als Bäuche (...)«[20]

Das Prooimion dient der Legitimation des Dichters und garantiert den Wahrheitsgehalt seines Vortrags. Interessant ist, wie dabei das Problem der Wahrheit selbst ins Spiel gebracht wird. Zwar wissen die Musen »viel Falsches zu sagen, dem Wirklichen Ähnliches, wir wissen aber auch, wenn wir wollen, Wahres zu verkünden«.[21] Unstrittig aber ist, daß Hesiod aufgrund der ihm eingehauchten »weissagenden Stimme« die Wahrheit sagen wird, nämlich »was sein wird und was vorher war«. Eigentümlicherweise aber taucht die Wahrheit später unter den genannten Musen nicht mehr auf. Es ist bemerkenswert, daß der in den homerischen Epen mit der Anrufung der Musen nur implizit erhobene Wahrheitsanspruch bei Hesiod nun ausdrücklich zur Sprache kommt.

Neuartig gegenüber Homer, dessen Epen jeweils in einem konkreten Handlungszusammenhang einsetzen, ist Hesiods Konzept, vom Anfang der Welt zu berichten. Er setzt damit eine Spekulation in Gang, die später auch in philosophischer Begrifflichkeit in Angriff genommen wurde. Gleichwohl erscheint es als anachronistisch, Hesiods Rede vom Anfang der Dinge bereits als Philosophie zu bezeichnen, wie es Gigon getan hat.[22]

Hesiod fragt im Sinne des Mythos nach dem Anfang der Welt und nennt als diesen das Chaos. Es ist nicht wie die folgenden Götter weiblich oder männlich, sondern ein Neutrum, jedoch wie diese auch entstanden. Nach dem Ursprung des Chaos wird bei ihm nicht mehr gefragt. Entgegen allen demiurgischen Schöpfungsmythen wird bei Hesiod, wie in der griechischen Mythologie überhaupt, von einem Gewordensein der mythisch gedeuteten Bereiche der Wirklichkeit gesprochen und nicht von einem Gemachtsein. Die Bedingungen der Existenz drücken sich aus in den Bildern des Wachsens, aber auch von Zeugung und Geburt, nicht aber nach einem handwerklichen Modell. Darin kommt bereits die zentrale Rolle der »physis«, d. h. einer natürlichen Entwicklung, für das griechische Denken zum Ausdruck.

Das Wort Chaos bedeutet »gähnender, klaffender Schlund«, als mythologisches Grundwort bezeichnet es die »abgrundtiefe Leere des Raums«. Dagegen führt die Vorstellung eines »ungeordneten Durcheinanders«, von der aus sich der scheinbare Gegensatz von Chaos und Kosmos ergibt, in die Irre.

Von Bedeutung ist, daß Hesiod die Erde nicht aus dem Chaos hervorgehen läßt, sie entsteht lediglich »danach«. Dagegen ensteht aus dem Chaos Erebos, »die finstere Unterwelt, das Totenreich, der Sitz des Hades«, »das Dunkel, die Finsternis«, sowie die »dunkle Nacht«. Deutlich wird, daß Hesiod keine einlinige Genealogie der Götter entwirft, sondern einen zweifachen, verwickelten Anfang der Welt darstellt. Man kann darin einen Hinweis auf die eruptive Gewalt der ursprünglichen Mächte sehen, die sich dem Zwang der Geschlechterfolge noch entziehen.

Denkbar ist es daher, Erebos als aus dem Chaos entstanden zu denken, das dunkle Reich des Todes, nicht aber die »breitbrüstige Gaia«, den »niemals wankenden Sitz von allen Unsterblichen«. Zwischen ihnen tut sich vielmehr selbst noch einmal eine unüberwindbare »Kluft« auf, so daß zwar Chaos als erstes entstand, der Erde aber ein eigener Ursprung zugebilligt wird. Das aber, woraus Chaos und Erde entstanden sein könnten, wird nicht benannt, es ist, wenn nicht gerade das Nichts, etwas, das sich der Sagbarkeit entzieht.

Ebenfalls ursprünglich sind der Tartaros und Eros, das zeugende Prinzip. Mit ihm entsteht bei Hesiod »ein spekulativer Gedanke von originaler Prägung und unermeßlicher philosophischer Fruchtbarkeit«, wie Jaeger bemerkt.[23]

Die mythischen Mächte sind bei Hesiod zwar geworden, aber ihrem Entstehen korrespondiert kein Vergehen. Das einmal Gewordene ist für immer da. Das gilt auch für das Chaos, das auch an späterer Stelle als noch existent gedacht wird (V. 700 und 814).

Die matriarchalische Konzeption der Theogonie Hesiods kommt nicht nur darin zum Ausdruck, daß die Erde an erster Stelle nach dem Chaos genannt wird, sondern auch darin, daß Uranos, der Himmel, aus ihr entsteht und sie anschließend mit diesem, ihrem Sprößling, weitere Götter zeugt. Unter ihnen ist Kronos, der mit Hilfe der Mutter den verhaßten Vater entmachtet und entmannt. Hesiods Theogonie ist Kosmogonie und, indem sie die einmal entstandene, aber fortan bleibende Ordnung der sichtbaren Welt darstellt, zugleich Kosmologie. Die Erde ist eine sichtbare Gottheit, ebenso der Himmel, das Meer, die Flüsse.

Einen wesentlichen Teil der »Theogonie« bildet die sogenannte Titanomachie, der Kampf der neuen, olympischen Götter unter der Führung von Zeus gegen die alten, erdgebundenen, in dessen Verlauf diese unter die Erde verbannt werden und Zeus seine unumschränkte Herrschaft antritt.

Eine besondere Bedeutung innerhalb dieser Auseinandersetzung nimmt der Prometheus-Mythos ein, der Überlistung von Zeus durch Prometheus und dessen Bestrafung. Es handelt sich um zwei Geschichten, die Hesiod aus älterer Tradition übernommen und einer Umdeutung unterzogen hat. Seine Betonung der Vorrangstellung von Zeus widersprach der alten Tradition einer Überlistung durch Prometheus, und so läßt er Zeus den prometheischen Plan durchschauen. Gleichwohl handelt er so, wie es der alte Mythos berichtet, wodurch in die ganze Geschichte ein gedanklicher Bruch kommt.

Die eine Geschichte berichtet von der Überlistung des Zeus bei der Wahl der Opfergabe. »Als nämlich die Götter und die sterblichen Menschen sich trennten / zu Mekone, da legte er (Prometheus) ein großes Rind, nachdem er es bereitwillig / geteilt hatte, vor, den Sinn des Zeus zu täuschen«.[24] Die Geschichte erläutert nicht nur den Streit der alten mit den neuen Göttern, sondern enthält von vornherein einen anthropologischen Akzent. Er verdeutlicht die zwar entstandene, nun aber unaufhebbare »Trennung« von Menschen und Göttern. Er erklärt nicht nur einen Opferkult: »Von da an verbrennen die Geschlechter der Menschen auf der Erde / den Unsterblichen weiße Knochen auf rauchenden Altären«[25], sondern motiviert diesen Kult als einen immer wieder neu zu vollziehenden Akt der Versöhnung. Als Strafe enthält Zeus den Menschen das Feuer vor und provoziert damit den im weiteren Mythos berichteten Feuerdiebstahl des Prometheus und dessen Weitergabe an die Menschen. Die Strafe für dieses Vergehen ist die Erschaffung des Weibes, »einem verehrungswürdigen Mädchen ähnlich« durch Hephaistos, das fortan dem Mann das Leben schwer macht.

Prometheus aber wird von Zeus gefesselt, und er »stachelte einen breitflügeligen Adler gegen ihn auf. Dieser fraß / seine unsterbliche Leber. Sie wuchs aber überall (nach), so wie sie früher war«.[26] In dieser Weise werden die kulturellen Errungenschaften der Menschheit, aber auch der Geschlechterkampf durch den Mythos vom Streit der Götter erklärt.

Hesiod gibt nicht nur eine mythologische Deutung der sichtbaren Welt, sondern berichtet auch von der Entstehung sogenannter »Begriffsgötter«. Dazu gehört z. B. Themis und ihre Nachkommen, die Horen, »die Eunomia und die Dike und die blühende Eirene, / die den sterblichen Menschen ihre Werke behüten, / und die Moiren, denen der altweise Zeus die größte Ehre gab«.[27]

Dike, die Gerechtigkeit, spielt bei Hesiod und in der weiteren philosophischen Literatur eine entscheidende Rolle, so bei Solon, bei Heraklit u. a. Bezeichnend ist jedoch, daß die Moiren, die

Schicksalsgöttinnen, bei Hesiod von Zeus abstammen und ihm untergeordnet sind, bei Homer jedoch die Moira eindeutig noch über den Göttern steht. In solchen mythologischen Umdeutungen manifestieren sich wesentliche Verschiebungen der Weltdeutung.

Für das Selbstverständnis Hesiods als Dichter ist auch der Hinweis auf die »schönhaarige Mnemosyne« von Bedeutung, »aus der die mit goldenem Stirnband geschmückten Musen entstanden, / neun, denen Feste und die Freude am Gesang gefallen«.[28] Unmythologisch gesprochen ist die Mnemosyne das Gedächtnis, und indem sie als Mutter der Musen tituliert wird, zeigt sich zugleich, daß Hesiod seine Aufgabe in der Bewahrung des wirklich Gewesenen sieht.

Der Charakter der Dichtung ändert sich in dem zweiten Epos »Werke und Tage«. In ihnen entwirft Hesiod ein Bild der bäuerlichen Welt. Damit tritt gegenüber Homer, aber auch gegenüber der Theogonie ein neuer Wirklichkeitsbereich auf, der sich zu der epischen Form in einer eigentümlichen Spannung befindet. Die Sprache ist nüchtern und von einem herben Reiz. Wie in der »Theogonie« werden zu Beginn die Musen angerufen, doch nun, um Zeus »euren leiblichen Vater« zu rühmen. Der Musenanruf hat hier die Aufgabe einer speziellen Legitimation Hesiods: er will seinem Bruder Perses »wahrhafte Dinge erzählen«.

Trotz des geringen Umfangs haben auch die »Werke und Tage« eine komplexe Struktur. Der unmittelbare Anlaß ist die Erbstreitigkeit mit seinem Bruder, der durch Bestechung der Richter bereits für sich Vorteile verschafft hat und nun offensichtlich weitere Forderungen stellt. Thema ist also dieser Rechtsstreit, darüber hinaus aber die Frage nach dem Recht selbst. Dabei entwickelt Hesiod eine rechtsphilosophisch bedeutsame Einsicht. Das Recht ist eine Gabe des Zeus, und Recht gibt es nur unter den Menschen. Unter Tieren herrscht das Prinzip der Gewalt. Hesiod stellt diesen Gedanken in Form einer Fabel dar. Ein Habicht hält in seinen Krallen eine Nachtigall, trägt sie hoch in die Wolken und spricht zu der »Jammernden« die »herrische Rede«: / »Was denn, Verblendete, schreist du? Ein Stärkerer hält dich gefangen. / Dorthin mußt du, wohin ich dich bringe, und bist du auch Sänger. / Fressen tu ich dich, ganz wie ich Lust hab, oder ich laß dich. / Nur einen Narren verlockt es, mit stärkeren Gegnern zu kämpfen. / Sieg ist ihm versagt, und zur Schande leidet er Qualen«.[29] Hesiod richtet diese Rede an die Richter und identifiziert sie auf diese Weise mit dem Habicht, sich selbst aber mit der Nachtigall, der »Sängerin«. Bedeutsam sind dabei zwei Aspekte: Das Recht wird gegen das Prinzip der Stärke und der Gewalt gestellt, und das Recht ist nicht aus den Verhältnissen in der

Natur ableitbar. Dies ist für die spätere Diskussion eines Naturrechts von besonderer Bedeutung.

Hesiods Rechtsauffassung ist eingebettet in einen mythologischen Rahmen. Dike ist eine Göttin. Wird das Recht »verletzt« – eine Formulierung, die auch in unserem Sprachgebrauch noch den mythologischen Hintergrund deutlich macht –, so geht sie »weinend durch Städte und Länder der Völker«. Hesiods Überzeugung, oder besser Hoffnung, ist es, daß die Ungerechten von Zeus bestraft werden durch Hunger und Seuchen, durch Vernichtung der Stadtmauern oder der Schiffe, die gerecht Handelnden aber belohnt werden: »Reiche Nahrung trägt ihnen die Erde, die Eiche am Berghang. / Oben trägt sie die Früchte und weiter unten die Bienen. / Unter der Last ihrer flockigen Wolle schwanken die Schafe. / Und die Frauen gebären den Vätern ähnliche Kinder. / Dauernd blühn und gedeihn sie im Glück, und niemals auf Schiffen / fahren sie fort, und Frucht trägt üppig der spendende Acker«.[30] – Das ist Hesiods Utopie einer auf Gerechtigkeit gegründeten Gesellschaft. Dieser Utopie stellt er den Zustand seines eigenen Zeitalters gegenüber, das beherrscht wird durch Gewalt, Ungerechtigkeit und bösartigen Streit.

Entgegen der »Theogonie«, in der Streit überhaupt verurteilt wird, unterscheidet Hesiod in »Werke und Tage« zwei Formen des Streits, die gute Eris und die böse. Die gute besteht, in einem ganz wörtlichen Sinne, in der Konkurrenz: »Jeden ergreift ja die Lust zur Arbeit, wenn er des andern / Reichtum sieht, schon eilt er zu pflügen, zu pflanzen / Und das Haus zu bestellen. Der Nachbar läuft mit dem Nachbarn / Um die Wette nach Wohlstand; So nützt diese Eris den Menschen«.[31] Die bösartige Eris dagegen sucht »Hader und Händel« und schreckt auch vor Raub nicht zurück. Der Weg zu einem guten Leben, im moralischen und ökonomischen Sinn, führt dagegen über den Weg der Arbeit. Daher Hesiods ständige Ermahnung seines Bruders: »Arbeite, Perses!«

Dieses Lob der Arbeit ist in der antiken Literatur einzigartig. Es ist in der homerischen Adelsgesellschaft undenkbar und taucht auch in der späteren Literatur nicht auf. Gleichwohl wird auch bei Hesiod die Arbeit nicht als Eigenwert gepriesen. Sie ist eine von den Göttern verhängte Notwendigkeit. Vor das gute Leben »haben den Schweiß die unsterblichen Götter dir gesetzt«.[32] Wer die Gerechtigkeit achtet und nicht mit unlauteren Mitteln zum Wohlstand zu gelangen versucht, der ist auf den harten Weg der Arbeit angewiesen; das ist die nüchterne Botschaft Hesiods.

Die tragische Lebensauffassung bei Homer bekommt bei Hesiod eine eher pessimistische Färbung. Nicht der im Krieg jederzeit mögliche plötzliche Tod bildet den Kristallisationspunkt der Lebensauffassung bei Hesiod, sondern die andauernd entbehrungsreiche und harte bäuerliche Lebensweise. Er hat sie in zwei Mythen dargestellt, dem Mythos von der Büchse der Pandora und dem von den fünf Zeitaltern, die im Ergebnis jedoch auf dieselbe Einsicht hinauslaufen.

Nach dem ersten Mythos kommt das Leiden als Strafe für den Feuerraub des Prometheus in der Gestalt der Pandora, die den Deckel eines Kruges öffnet. Aus ihm strömen »schmerzliche Leiden«, »Krankheiten« und alle »Übel«, einzig die »Hoffnung« wird in dem Krug zurückgehalten. Aber gerade dieses gibt der Interpretation Rätsel auf. In einer späteren Version ist es nämlich gerade die nun allerdings trügerische Hoffnung, die die Menschen angesichts der zahllosen Leiden davor bewahrt, sich umzubringen. Bei Hesiod aber soll die zurückgehaltene Hoffnung dagegen wohl andeuten, daß das menschliche Leben voller Leid und zudem noch völlig hoffnungslos ist. Der Mythos bildet zur Utopie eines auf Arbeit, Wohlstand und Gerechtigkeit basierenden Lebens einen deutlichen Kontrast.

In dieselbe Richtung weist auch die zweite Sage (logos) von den fünf Zeitaltern. Nach ihr haben die Götter und die Menschen einen gemeinsamen Ursprung. Im ersten, goldenen Zeitalter lebten die Menschen »wie Götter«, ohne Kummer. Sie kannten kein Unheil. Das einzige, das sie von den Göttern unterschied, war ihre Sterblichkeit, doch auch der Tod war sanft. Sie starben »wie vom Schlaf überwältigt«. Das zweite, »viel geringere« silberne Zeitalter bescherte dem Menschen eine auf hundert Jahre ausgedehnte Jugend, doch »kurz war dann und von Leiden erfüllt die Zeit seines Lebens«; denn er lebte ohne Vernunft, war maßlos und ehrte nicht die Götter. Das dritte, eherne Zeitalter brachte Menschen hervor, die auf Krieg aus waren, sie schufen sich selbst ihren Untergang. Das vierte Geschlecht »war gerechter und besser, von heroischen Männern ein göttlicher Stamm«. Doch auch sie vernichtete zum großen Teil der Krieg »beim siebentorigen Theben« und vor »Troja der lockigen Helena wegen«. Ein Teil von ihnen lebt jedoch am Rande der Welt auf den »seligen Inseln«, »hochbeglückte Heroen, weil süße Früchte wie Honig, / Strotzende, drei mal im Jahr ihnen trägt der spendende Acker«.[33] Für dieses Zeitalter verläßt Hesiod sein metallurgisches Dekadenzschema. Es wird deutlich, daß die von Homer besungene Welt offensichtlich im Selbstverständnis seiner Zeit so tief verwurzelt war, daß es nicht übergangen werden konnte. Das fünfte Zeitalter, das eiserne, in dem Hesiod selbst gezwungen ist zu leben, ist völlig trostlos, »niemals am Tage / Ruhn sie (die Menschen) von quälender Mühe und Jammer, und nimmer die Nächte / Reiben sich auf mit drückenden Sorgen, Geschenken der Götter«.[34] Und es wird noch immer schlimmer. Die Familien sind zerstritten, die Eltern werden nicht geehrt, das Faustrecht gilt, Eide werden gebrochen, Güte und Gerechtigkeit bleiben ohne Dank. »Nur trauriges Elend / bleibt den sterblichen Menschen, und nirgends ist Abwehr des Unheils«.[35]

Trotz dieses pessimistischen Grundtons enthält das Epos keine Hinweise auf Resignation, im Gegenteil, in ihm finden sich eine Fülle von praktischen Regeln für das bäuerliche Leben. Sie beziehen sich auf Aussaat und Ernte, auf das Anlegen von Vorräten und ihrer richtigen Einteilung, auf Gastfreundschaft und Heirat, auf die Verwendung der Knechte und Mägde, ja sogar auf die Gefahren der Schiffahrt, die Hesiod ganz fremd ist. Die Anweisungen haben einen moralisch-praktischen und einen technisch-praktischen Sinn: Ihr übergeordneter Gesichtspunkt ist: »Halte die Maße ein; denn alles hat seine Stunde«.[36] Dazu gehört es zum Beispiel, weder verschwenderisch zu sein, noch geizig; man soll selbst kein Unrecht begehen, muß aber erlittenes Unrecht nicht dulden; einer Bitte um Versöhnung ist stattzugeben; Elend und Armut sind anderen nicht vorzuhalten; seine Zunge soll man hüten, u. a. m. In diesen Imperativen kündigt sich bereits jene Spruchweisheit an, die den Ruhm der sieben Weisen begründen sollte.

3. Solon (um 640 bis um 560 v. Chr.), Athen/Attika

Unsere Stadt wird nie nach Rat der unsterblichen Götter
Noch mit Willen des Zeus je ins Verderben gestürzt:
Denn als Hüterin hält des Allgewaltigen Tochter,
Pallas Athene, die Hand sorgenden Sinns über sie.
Aber die Bürger selbst und ihre verworfenen Führer
Bringen die große Stadt, Törichte, selber in Not.
[...]
Weder des Tempels Besitz, noch das Vermögen des Staats
Schonen sie, stehlen und rauben, wo immer die Beute sich bietet,
Wahren der Dike hoch-heilige Satzungen nicht.
Schweigend weiß die Göttin das Künftige wie das Gewesne,
Und mit der schreitenden Zeit kommt sie und rächt, was geschah.
[...]
Mir gibt das Herz den Befehl, die Athener so zu belehren:
Gilt kein Gesetz, wird viel Übel dem Staate zuteil.
Gilt das Gesetz, – es fügt zu schöner Ordnung das Ganze;
Die aber Unrecht tun, legt es in Fessel sogleich,

Glättet das Rauhe, bezwingt die Gierde, erniedrigt den Hochmut,
Dörrt der Verblendung frech wuchernde Blüten und stellt
Das verborgene Recht wieder her; vermessenes Handeln
Dämpft es und setzt dem Zwist zwischen den Bürgern ein Ziel,
Macht ein Ende dem bitteren Zank. Befolgt man das Rechte,
Wird bei dem Menschengeschlecht alles gerade und gut.
(fr. 3)

Hätt' ich den Plan, weswegen ich das Volk vereint,
Jemals im Stich gelassen, eh' ich ihn erfüllt?
Bezeugen kann es vor dem Richterstuhl der Zeit
Die große Mutter aller Götter des Olymps
Am besten: unsre schwarze Erde, die ich einst
Befreit von Pfändersteinen, dicht in sie gepflockt;
So machte ich die lang' Versklavte wieder frei.
Ich führte viele teils mit Recht teils ohne Recht
Verkaufte Sklaven in die gottgebaute Stadt
Athen zurück und andre, die von Not gedrängt
Geflüchtet waren, stets von Land zu Land gejagt,
Der attischen, der Muttersprache, schon entwöhnt.
Und manchem, der zu Hause hier im schnöden Joch
Der Knechtschaft zitterte vorm Übermut der Herrn,
Gab ich die Freiheit wieder. Denn durch meine Macht
Hab' ich Gewalt zugleich und Recht in eins gefügt,
Und redlich hab' ich ausgeführt, was ich versprach.
Gesetze schrieb für Edle ich und Niedere,
Bestimmte jedem so das Recht, das ihm gebührt.
Denn wenn ein anderer, ein böser, auf Gewinn
Erpichter Mann die Zügel nahm, – der hätte nie
Das Volk gebändigt. Hätte damals ich getan,
Was unsre Gegner wünschten, oder hätte ich
Getan, was unsre Freunde sich von mir erhofft –
Verwaist, geprellt um manchen Mann wär' diese Stadt!
So wehrte ich mich wie ein starker Wolf, wenn ihn
Das Rudel aufgehetzter Hunde rings umstellt.
(fr. 24)
(Solon: Fragmente. Frühgriechische Lyriker I. Übersetzung Z. Franyó

Solon aus Athen lebte von ca. 640 bis ca. 560 v. Chr. In der sozialen
und wirtschaftlichen Krise Athens wurde er 594/93 zum Archon
und Schiedsmann (διαλλακτής) gewählt, nachdem er bereits im
Krieg gegen Megara und Salamis politisch in Erscheinung getreten
war. Bei dem Versuch der rechtlichen Neuordnung trat er in die
Rolle eines Gesetzgebers (νομοθέτης) auf. [37] Solon führte die
Entschuldung (σεισάχθεια) der Bürgerschaft durch, eine Ordnung
von Maß, Gewicht und Münzen ein und entwickelte eine Gesetzge-

bung in den Bereichen des Familienrechts, des Prozeßrechts und der Wehrordnung. Von den beiden an ihn herangetragenen Forderungen, Tilgung der Schuldenlast und Neuverteilung des Landes, erfüllte er nur die erste.[38] Durch die Aufhebung aller öffentlichen und privaten Schulden verschwanden auch die auf den Feldern aufgestellten Hypothekensteine (ὅϱοι). Diese Entschuldung bedeutete eine Befreiung von Schuldknechtschaft und ermöglichte die Rückkehr der ins Ausland verkauften Sklaven und ihre eventuelle Ausstattung mit Grundbesitz. Solon soll ein Höchstmaß an Grundbesitz festgelegt haben.

Im Zuge einer in Athen beginnenden Münzprägung glich er den attischen Stater dem korinthischen an und machte die athenische Wirtschaft auf diese Weise im Außenhandel konkurrenzfähig.

Im Familienrecht verbot er die Ehe unter Vollgeschwistern, er gab dem kinderlosen Erblasser eine größere Testierfreiheit und führte ein Unterhaltsrecht für Witwen und Waisen ein.

Im Bereich des Wirtschaftsrechts verbot er die Ausfuhr aller Bodenprodukte, bis auf den Ölexport, gestattete die Einbürgerung von politischen Flüchtlingen und Techniten und ermöglichte einen durch keine Zinsauflagen beschränkten Geldverkehr.

Auch im Prozeßrecht kam es zu Neuerungen. So führte Solon die Popularklage ein, d.h. jeder, nicht nur der Sippenangehörige, konnte ein Verbrechen öffentlich anklagen. Er erließ eine allgemeine Amnestie, mit Ausnahme der wegen Mord oder versuchter Tyrannenherrschaft Verurteilten.

Die Reform der Wehrordnung war zugleich eine nach Klassen gebildete Timokratie. Entscheidend war hierfür, daß nicht mehr der Adel, sondern der Besitz als Einteilungskriterium fungierte. Die Bürger mit einem Jahresertrag von 500 Scheffeln konnten Archonten und Schatzmeister werden, die anderen Ämter waren auch Rittern (mit 300 Scheffeln) und Zeugiten (mit 200 Scheffeln) zugänglich. Das Vermögen grundbesitzloser Bürger wurde umgerechnet (1 Scheffel = 1 Schaf = 1 Drachme).

Von besonderer Bedeutung ist, daß Solon als Gegengewicht zum Areopag den Rat der 400 aus je 100 erlosten Ratsherren der vier Phylen (Stämme) bildete. Besonders diese Maßnahme führte dazu, daß er bereits in der Antike als Urheber der Demokratie genannt wurde. Solons Gesetze wurden auf drehbaren hölzernen Stelen (ἄξόνες) mit quadratischem Grundriß eingeritzt, und diese Stelen wurden in einen Rahmen (κύϱβεις) eingefügt. Teile davon sollen bis zum Jahre 200 v. Chr. erhalten geblieben sein.

Das Schriftenverzeichnis bei Diogenes Laertios (I,61) nennt außer den Gesetzen Elegien (5000 Verse), Jamben und Epoden. Erhalten sind ca. 220 Verse aus den Elegien und 70 aus Jamben und Trochäen. In Sprache und Form weist Solons Dichtung eine große Nähe zu Homer und Hesiod auf. Sein Stil ist einfach und anschaulich, in manchen Teilen auch lehrhaft oder politisch rhetorisch. Seinen Wahrheitsanspruch bringt er nur indirekt zur Geltung, indem er den der Dichtung infrage stellt: »viel lügen die Dichter« (fr. 21).

Solon galt in der Antike neben Kleobulos, Chilon, Thales, Pittakos, Bias und Periander als einer der sieben Weisen. Die Gesamtzahl schwankt jedoch erheblich, da auch noch andere Namen genannt werden. Der bekannteste ihm zugeschriebene Spruch lautet: Nichts zu sehr! (μηδὲν ἄγαν). Diese Maxime, verbunden mit der Suche nach dem rechten Maß, durchziehen alle erhaltenen Fragmente und bilden den Grundsatz seiner Ethik. Weitere, ihm zugeschriebene Sprüche sind: Fliehe die Lust, die Unlust gebiert! Freunde erwirb nicht rasch, die du aber erworben hast, verwirf nicht rasch! Wenn du gehorchen gelernt hast, wirst du auch zu befehlen verstehen! Rate deinen Mitbürgern nicht das Angenehmste, sondern das Beste! Sei gegen deine eigenen Angehörigen milde! Erschließe das Unsichtbare aus dem Sichtbaren![39] Besonders diese letzte Maxime wird in der späteren Ontologie und in der Medizin eine entscheidende Rolle spielen.

Solons Denken zentriert sich um den Begriff des Rechts. Dabei führt er den bei Hesiod entwickelten Rechtsgedanken fort und verbindet ihn mit politischen und legislativen Aspekten. Zwar hat das Recht auch für Solon einen mythologischen Hintergrund – der Garant des Rechts ist Zeus, dessen Überwachung untersteht Dike –, aber es genügt ihm nicht, sich auf die früher oder später eingreifende göttliche Gerechtigkeit zu verlassen.

Während bereits Hesiod das Recht als eine nur dem Menschen zukommende Sphäre herausgestellt hat, beansprucht Solon darüber hinaus eine besondere Verantwortung der Bürger einer »polis« für seine Verwirklichung. Die Notwendigkeit, für die Einhaltung des Rechts zu kämpfen, ergibt sich daraus, daß die Götter Rechtsverletzungen erstens nicht verhindern und zweitens keineswegs sofort ahnden. Solon rechnet damit, daß die göttliche Vergeltung in einzelnen Fällen sofort erfolgt, in anderen Fällen die unschuldigen Kinder oder gar Enkel trifft.

Neben Zeus und Dike treten die Moiren auf, die ebenfalls, wenn auch nicht immer deutlich erkennbar, im Dienste Zeus' und der Gerechtigkeit stehen. Aufgrund der Tatsache, daß die Götter in vielen Fällen nicht sofort eingreifen, stellt sich dem Menschen ihr Handeln als unvorhersehbares Schicksal dar. Keineswegs geht es den Guten immer gut und den Schlechten immer schlecht. Dem unbefangenen Blick stellt sich das Leben verwirrend, unvorhersehbar und ungerecht dar, denn »beides erteilt die Moira den Sterblichen: Böses und Gutes; / Keiner entflieht dem Los, das ihm die Götter geschenkt. / Was wir auch treiben, es birgt Gefahren; Keiner kann wissen, / wenn er sein Werk beginnt, wie ihm das Ende gerät. / Denn wer gut zu handeln versucht, stürzt – den er nicht ahnte – / Jäh in den tiefen Grund bitteren Unheils hinab; / Wer aber Böses plant, den überschütten die Götter / Gnädig mit Glück und Erfolg.../« (fr. 1)

Sicherlich kann man diese offenkundige Ungerechtigkeit des Schicksals, der Moira, mit dem Gedanken der Gerechtigkeit Zeus' harmonisieren, z. B. durch die von Solon betonte Kategorie der Zeit – Dike rächt sich »mit der schreitenden Zeit« –, aber dieser Ausweg bleibt ambivalent. Die von Solon so deutlich herausgestellte Ungerechtigkeit des Schicksals wird von ihm nicht in der Weise eines schnell zu widerlegenden Scheinarguments eingeführt, sondern in vollem Ernst. Es ist daher nicht auszuschließen, daß in der Ungerechtigkeit des Schicksals und der Gerechtigkeit des Zeus' Solon einen Nachklang des alten Streits der Götter selbst wahrnimmt.

Solons Götterwelt ist gegenüber der von Homer und Hesiod arm. Außer den genannten, die für ihn die wichtigsten sind, wird »γαῖα«, die schwarze Erde, genannt, die er durch Beseitigung der Schuldsteine selbst »befreit« hat, damit sie umso leichter den Menschen ihre Gaben bieten kann. Dieser Gedanke kommt in folgenden Versen zum Ausdruck: »Sie trinken und sie schmausen: Kuchen diese hier, / Brot jene dort, noch andere gebackenen Teig / Mit Linsenbrei gemischt. Nicht fehlt es hier / An irgendeiner Speise, wie die Erde sie, / Die schwarze neidlos schenkende, den Menschen gönnt.« (fr. 26)

Solons Verhältnis zu den Göttern ist ambivalent. In seiner »Elegie an die Musen« betet er: »Ihr, des olympischen Zeus und Mnemosynes strahlende Töchter, / Musen Pieriens, leiht meinem Gebete Gehör. / Bringt mir den Segen der seligen Götter und sichert allen / Menschen zu jeglicher Zeit mir meinen ehrenden Ruf«. (fr. 1)

Hier werden nicht den Musen selbst die Worte in den Mund gelegt, wie bei Homer, noch die Wahrheit der eigenen durch ihren Auftrag legitimiert, wie bei Hesiod, vielmehr bleibt Solon auf der Seite des bittenden Menschen, der sich der Erhörung seines Gebets keineswegs sicher sein kann. Solons Aussage: Dike wird früher oder später die Übertretungen des Rechts ahnden, ist daher im Sinne eines Optativs zu verstehen. Sein Engagement für die Verwirklichung des Rechts hat zweifellos eine göttliche Legitimation, aber es ist nicht als eine Intervention in den ohnehin garantierten Lauf der Gerechtigkeit zu verstehen. Die Notwendigkeit eines Engagements fürs Recht ist vielmehr Ausdruck einer gewandelten Einsicht hinsichtlich der Stellung des Menschen in der Welt. Dem Schicksal, der Moira, ist das menschliche Leben bei Solon unterworfen wie bei Homer, aber hinsichtlich des Kampfes um das Recht wird bei Solon zum erstenmal ein eigenes, nicht bloß stellvertretendes Handeln des Menschen thematisiert. In ihm kündigt sich eine Versachlichung der Dike an.

Die Bestätigung für die Richtigkeit dieser These ergibt sich daraus, daß es möglich wird, die sachlichen Aspekte des Rechts bei Solon, losgelöst von aller Mythologie, zu bezeichnen. Mag noch der Wohlstand, der der Beachtung des Rechts folgt, als mythologisch zu verstehende Belohnung aufzufassen sein, so lassen sich doch folgende Momente des Rechts streng begrifflich fassen: Das Recht erfüllt wesentlich die Funktion, den Streit zwischen den Bürgern zu schlichten. Das gelingt dadurch, daß alle übertriebenen Ansprüche zurückgewiesen werden. Eine besondere Rolle spielt dabei die Eindämmung der unstillbaren und grenzenlosen Habgier der Menschen. Aufgabe des Rechts ist es ganz allgemein, Grenzen zu ziehen, ja Solon bezeichnet sich selbst als einen Grenzstein zwischen den streitenden Parteien.

Der zweite Aspekt des Rechts ist, daß es einen Ausgleich schafft. Solon wählt zur Verdeutlichung Bilder aus dem Bereich der Natur. Während der Sturm, der das Meer aufwühlt, dieses in einen Zustand der Unausgeglichenheit bringt, ist die glatte See die »gerechteste« (δικαιώτατος). (fr. 11,18) Die Naturmetapher verlagert die Bestimmung des Begriffs auf eine sachliche Ebene. Die Ausgeglichenheit als entscheidendes Charakteristikum des Rechts ist nicht etwa die personale Eigenschaft eines Gottes, sondern hat ihren Bezugspunkt in einer sachhaften Naturanschauung. Die Frage, die sich in diesem Zusammenhang ergibt, ist allenfalls die, ob die Merkmale des Rechtsbegriffs auf Naturverhältnisse übertragen wurden oder umgekehrt.

Ist das Recht durch Ausgeglichenheit und Maß bestimmt, so besteht die Kunst der Rechtsprechung wesentlich in der Erkenntnis des richtigen Maßes. Und Solon scheint das Problem der Rechtsprechung im Auge zu haben, wenn er sagt: »Schwer zu erfassen ist verborgenes Maß der Erkenntnis, welches bündig allein die Grenze bestimmt.« (fr. 16) Und man möchte das folgende Fragment, das wie dieses selbst den Charakter einer Spruchweisheit hat, als Begründung ergänzen, denn »gänzlich verborgen ist ja den Menschen der Wille der Götter« (fr. 17). Ist aber der Wille der Götter verborgen, und ist auch der Vogelflug ein zu unsicheres Zeichen, ihn zu erkunden, auf den schon bei Homer nicht mehr viel gegeben wurde, wird eine vom Menschen selbst zu leistende Bestimmung des richtigen

Maßes, das das Recht ausmacht, umso dringlicher. Das Ergebnis eines gerechten Handelns ist eine wohlgefügte Ordnung des Ganzen (εὐκοσμία). Philosophisch bedeutsam ist aber auch, daß ein Verborgenes (ἀφανὴς) als Maßstab des Erkennens und Handelns eingeführt wird. Damit wird deutlich, daß sich Solon bereits im Medium der philosophischen Spekulation bewegt.[40]

Solon entwickelt aber nicht nur bedeutsame rechtsphilosophische Einsichten, sondern er ist ebenso als ein politischer Denker zu verstehen. Zum erstenmal in der griechischen Geschichte wird dem Volk (δῆμος) Einfluß (γέρας) – eigentlich ein Beuteanteil – zugestanden.[41] Wichtig auch, daß der politische Gegenspieler des Volkes für Solon nicht der Adel ist, sondern die Reichen. Der durch das Recht zu schaffende Ausgleich ist daher wesentlich als ein materieller Lastenausgleich anzusehen.

Nicht minder wichtig ist, daß die von Solon aufgehobene Schuldknechtschaft verbunden ist mit dem Gedanken der Freiheit in einem politischen Sinn. Freiheit wird bei Solon zu einer zentralen politischen Kategorie. Das spiegelt sich auch in seiner vernichtenden Kritik der Tyrannis wider, vor allem in seiner Warnung vor dem Tyrannen Peisistratos, der kurz vor Solons Tod seinen ersten Umsturzversuch unternahm und 561 v. Chr. die Macht ergriff.[42] Auf die Situation der Machtergreifung zielt folgendes Fragment: »Wenn ein erbärmliches Los euch traf durch eigene Verfehlung, / Rechnet die eigne Schuld nicht den Unsterblichen zu. / Habt ihr doch selbst diese Leute geholt, habt ihnen geholfen, / Dafür ward euer Lohn bitteres Sklavengeschick. / Einzeln wandelt ein jeder von euch auf füchsischer Fährte, / Aber zur Masse vereint handelt ihr ohne Verstand; / Denn ihr blickt nur auf Zunge und Wort des listigen Mannes, / Aber was folgt, die Tat, seht ihr Verblendeten nicht.« (fr. 8)

Solons Aussagen über den Menschen sind bestimmt durch den tragisch-pessimistischen Ton, der bereits bei Homer und Hesiod anzutreffen ist. Änlich wie nach ihm Sophokles beschreibt Solon die Situation des Menschen in einer eigentümlich distanzierten, halb verwunderten, halb bedauernden Haltung: »Jeder gefällt sich im Wahn eigener Größe, bevor / Ihn das Leid überfällt, dann jammert er; aber bis dahin / Gaffen wir nur, vom Schein flüchtiger Hoffnung erfreut. / Wen die quälenden Leiden aufs Krankenlager geworfen, / Immer hofft er darauf, daß ihm gesunde der Leib; / Dieser, ein Jämmerling, meint, er sei vollkommen und tüchtig, / Hält sich selbst für schön, fehlt ihm auch jeglicher Reiz; / Jener, der Güter bar, gequält von den Nöten der Armut, / Meint, er habe bestimmt bald es zu Reichtum gebracht. / Andere streben nach anderem. Der eine vertraut sich dem Meere / Mit seinen Schiffen, begehrt Heimkehr und reichen Gewinn, / Wagt sich hinaus aufs Reich der Fische, der tückischen Winde, / Schont sich nimmer und setzt sorglos sein Leben aufs Spiel. / Andre durchfurchen das baumreiche Feld und plagen sich bitter, / Fronende Jahr um Jahr, mit dem gebogenen Pflug. / Einer, geübt in Athenas Kunst und auch Hephaistos' / Werke, erwirbt sich das Brot durch seine tätige Hand. / Einen belehrte die schenkende Gunst der olympischen Muse, / Daß er sich auf das Maß lieblicher Weisheit versteht. / Einen erkor zum Seher der Gott mit dem Bogen, Apollon, / Und so sieht er fern drohendes Unheil voraus, / Wenn es die Götter gewähren; doch was das Schicksal verhängte, / Wehrt keine Vogelschau, wehrt auch Opfer nicht ab. / Manche besorgen das Werk des kräuterbewanderten Paion, / Ärzte: doch fraglich bleibt stets der erstrebte Erfolg.« (fr. 1)

Deutlich ist bei dieser Beschreibung der tragische Konflikt zu spüren: der Bewunderung der vielfältigen und erfindungsreichen Aktivitäten der Menschen steht die Trauer über die Vergeblichkeit und Vergänglichkeit aller menschlichen Anstrengungen gegenüber. Was nützen dem Menschen all die mühselig erworbenen Güter, wenn schließlich unumstößlich feststeht: »...die zahllosen Güter der Erde / Läßt ein jeder zurück, geht es den Hades hinab. / Denn du kaufst dich vom Tod nicht los und nicht von der Krankheit, / Auch nicht vom Alter, das schlimm unwiderruflich dir naht« (fr. 14). Das Resümee ist: »Glücklich ist keiner der sterblichen Menschen; denn alle sind elend. / Wie sie vom Himmel herab Helios wandernd erblickt.« (fr. 15) Von Bedeutung ist, daß trotz dieses pessimistischen Grundtons bei Solon so wenig wie bei Homer oder Hesiod sich Resignation einstellt.

Es gibt bei Solon keine Hinweise auf eine Kosmologie. Das Wort Kosmos taucht bei ihm nur als εὐκοσμία (eukosmia) auf und bezeichnet die Wohlgeordnetheit der »polis«, ein Zustand, der durch εὐνομία (Eunomia) bestimmt ist. Die von ihm verwendeten Naturmetaphern zur Beschreibung dieses Zustands lassen vermuten, daß er sich auch die Welt im ganzen als einen Wechsel von »disnomia« und »eunomia« dachte; aber sein ganzes Interesse galt eindeutig den politischen und rechtlichen Verhältnissen in der »polis«. In dieser Hinsicht repräsentiert Solon eine Denkrichtung, die nach einer langen Phase naturwissenschaftlichen und ontologischen Denkens in dieser Entschiedenheit erst wieder bei den Sophisten und Sokrates zur Geltung kommen sollte.

II. Das sachliche Denken – Milesische Kosmologie

1. Thales (624 bis 545 v. Chr.), Milet/Ionien

Als sie (die Lydier und Meder) mit gleichem Erfolg gegeneinander Krieg führten, geschah es im 6. Jahr, während sich ein Zusammenstoß ereignete und die Schlacht entbrannt war, daß der Tag plötzlich zur Nacht wurde. Diese Verwandlung des Tages hatte Thales aus Milet den Ioniern mit Bestimmtheit vorausgesagt, und zwar hatte er als Termin eben das Jahr (585 v. Chr.) angegeben, in dem dann die Verwandlung auch tatsächlich sich ereignete.
(Herodot I 74, DK 11 A 5)

Hieronymus sagt, er (Thales) habe die Pyramiden nach ihrem Schatten gemessen, indem er den Zeitpunkt benutzte, wo unser Schatten ebenso groß ist wie wir selbst.
(Diogenes Laertios I 27, DK 11 A 1).

Nach der zweiten (bei dem späteren Autor Aetios dem Thales zugeschriebenen) Erklärung sind die etesischen (Nordost-) Winde die Ursache der Aufstauung des Flusses, indem sie den Nil daran hindern, sich ins Meer zu' ergießen.
(Herodot II 20, DK 11 A 16)

Sie sagen, Thales habe als erster bewiesen, daß der Durchmesser den Kreis in zwei gleich große Hälften teile.
(Proklos in Eukl., S. 157, 10 f., DK 11 A 20)

Andere nehmen an, daß (die Erde) auf dem Wasser liegt. Diese Erklärung ist die älteste, welche uns überkommen ist; man sagt, Thales aus Milet habe sie vertreten, in der Annahme, die Erde ruhe, weil sie schwimmfähig sei, wie ein Stück Holz oder ähnliches (...)
(Aristoteles: Cael. B 13, 294 a 28 f.; DK 11 A 14)

Thales, der Urheber solcher Philosophie, sieht das Wasser als das Prinzip an, weshalb er auch erklärte, daß die Erde auf dem Wasser sei; eine Annahme, die er wahrscheinlich deshalb faßte, weil er sah, daß die Nahrung aller Dinge feucht ist und das Warme selbst aus dem Feuchten entsteht und durch dasselbe lebt (...)
(Aristoteles: Metaph. A3, 983 b 20 f.; DK 11 A 12)

Für die Datierung der Lebenszeit von Thales bietet die von ihm vorausgesagte Sonnenfinsternis im Jahre 585 v. Chr. einen Orientierungspunkt. Nach heutigen Berechnungen fand sie am 28. Mai statt. Apollodor verbindet mit diesem Datum seine Blütezeit (akme) und setzt seine Lebenszeit fest auf 624 bis 545 v. Chr., er ist somit ein nur wenig jüngerer Zeitgenosse Solons.

Thales lebte in Milet, einer griechischen Gründung, die wohl ins 11. Jahrhundert zurückreicht. Um 600 v. Chr. war sie unter der Herrschaft des Tyrannen Thrasybulos eine bedeutende Handelsstadt. Der von dort aus organisierte Handelsverkehr bot auch Thales Gelegenheit zur Reisen, u. a. nach Ägypten. So ist mit einiger Sicherheit anzunehmen, daß seine Voraussage der Sonnenfinsternis mit Hilfe der Kenntnis einer im babylonisch-ägyptischen Raum bis ins 8. Jahrhundert zurückreichenden Aufzeichnung von Mond- und Sonnenfinsternissen auf statistischem Weg erfolgte.[1]

Herodot berichtet über ihn, daß er den Ioniern empfohlen habe, sich politisch mit der Stadt Teos als Zentrum zu vereinigen, um so gegen die Macht des angrenzenden Lyderreiches gewappnet zu sein.[2] Aber auch seine technischen Fähigkeiten werden von Herodot betont. So berichtet er, daß er dem Heer des Kroisos bei ihrem Zug gegen die Perser das Überqueren des Flusses Halys dadurch ermöglichte, daß er den Fluß oberhalb des Heerlagers umleitete.

Ohne Zweifel gehen auch wichtige geometrische Erkenntnisse auf ihn zurück. So erkannte er die Ähnlichkeit gleichwinkliger Dreiecke und bestimmte mit ihrer Hilfe die Höhe der Pyramiden. Ebenso geht wohl die Bestimmung des Peripheriewinkels im Halbkreis auf ihn zurück und die Erkenntnis, daß Basiswinkel im gleichschenkligen Dreieck gleich sind.

Die mit einiger Sicherheit Thales zugeschriebenen Erkenntnisse und Aktivitäten zeigen ihn als einen weitgereisten und weltgewandten Mann, dem aus diesem Grund der Titel eines der sieben Weisen zugeschrieben wurde. Dagegen paßt die bei Plato überlieferte Anekdote, nach der er von einer »hübschen thrakischen Magd« ausgelacht worden sei, weil er bei der Betrachtung der Sterne in den Brunnen gefallen sei, eher zu Platos eigenem Ideal eines Weisen als zu der übrigen Überlieferung.[4] Es ist im übrigen nicht auszuschließen, daß Thales die dunkle Brunnentiefe von sich aus gesucht hat, um auch bei Tage Sterne beobachten zu können. Nicht minder anekdotisch, aber eher zu Thales passend, ist die von Aristoteles ihm zugeschriebene Geschäftstüchtigkeit, die Thales aufgrund einer von ihm vorausgesagten (!) reichen Olivenernte dazu veranlaßte, alle Ölpressen der Umgebung beizeiten zu mieten und sie gegen einen hohen Pachtzins zur Erntezeit wieder zu vermieten.[5] Aristoteles, der zum erstenmal die philosophischen Theorien seiner Vorgänger in einer kurz gefaßten Philosophiegeschichte darstellte, hat Thales darin eine bevorzugte Stelle eingeräumt. Er ist für ihn der erste Vertreter jener Art von Philosophie, die einen bestimmten Stoff (ὕλη) zur Ursache (ἀρχ) alles Seienden gemacht hätten. Aristoteles läßt es damit in gewisser Weise offen, ob er in Thales den Anfang einer bestimmten Philosophie sieht oder der Philosophie überhaupt.

Die spätere Philosophiegeschichte ist Aristoteles nicht nur in der ersten Möglichkeit gefolgt, sondern läßt mit Thales Philosophie überhaupt beginnen. Augangspunkt bildet dabei die Thales zugeschriebene Aussage, das Wasser sei der Ursprung von allem. Indem das Wasser als universales Seinsprinzip gedeutet wird, wird es gewissermaßen »entstofflicht«, und das führt dazu, daß es Hegel sogar als »spekulatives Wasser« bezeichnet.[6] Hegel möchte damit deutlich machen, daß das Wasser bei Thales nicht als etwas Physikalisches anzusehen ist, sondern daß das Wasser die Natur des Seienden bezeichne. Diesem Gedanken folgt auch noch Nietzsche, der ja im übrigen einen radikalen Bruch mit Hegel vollzieht. In seiner »Philosophie im tragischen Zeitalter der Griechen« ist für ihn Thales' Aussage über das Wasser »ein metaphysischer Glaubenssatz, der seinen Ursprung in einer mystischen Intuition hat, und dem wir bei allen Philosophien, sammt den immer erneuten Versuchen, ihn besser auszudrücken, begegnen: der Satz ›Alles ist Eins.‹«.[7]

Inzwischen sind jedoch an dieser Interpretation, die ja unbefragt die aristotelische Version übernimmt, Zweifel geäußert worden. Zum einen ist nicht zu übersehen, daß Aristoteles seine Thales-Interpretation in seine Lehre von den vier Ursachen einfügt und dabei Thales die Begriffe Stoff (ὕλη) und Ursache (ἀρχή) zuschreibt. Obgleich es nun angesichts der dürftigen Quellenlage äußerst schwierig ist, Tradition und Interpretation zu sondern, ist es mehr als unwahrscheinlich, daß diese Begriffe, die ja den Charakter von Kategorien haben, von Thales verwandt worden sind. Es spricht vielmehr einiges dafür, daß es sich dabei um genuin aristotelische Begriffe handelt.[8]

Allerdings bringt Aristoteles zur Erhärtung seiner These einen bedeutsamen Hinweis auf Homer: »Manche meinen auch, daß die Alten, welche lange vor unserer Zeit und zuerst über die göttlichen Dinge geforscht haben, derselben Ansicht seien; denn den Okeanos und die Thetys machten sie zu Erzeugern der Entstehung (genesis) und den Eid zum Wasser der Götter, das bei den Dichtern Styx heißt [...]«.[9] Und tatsächlich ist in der ›Ilias‹ der Okeanos nicht nur der Ahn der Götter[10], sondern der »Ahn und Schöpfer doch [...] von den Lebenden allen«.[11]

Nähme man diesen Hinweis wörtlich, dann gäbe es für das philosophische Theorem des Thales eine geschichtliche Ableitung aus dem Bereich der Dichtung. Gleichzeitig aber wäre der philosophische Gehalt seiner Aussage gegenüber ihrer mythologischen Vorgeschichte neu zu bestimmen. Thales' philosophische Leistung könnte darin bestanden haben, daß er den göttlichen Okeanos entmythologisiert und aus ihm das physikalische Phänomen Wasser gemacht habe.

Gleichwohl ergeben sich auch bei dieser Interpretation eine Fülle von Schwierigkeiten. Zum einen ist schon bei Aristoteles der Ableitungszusammenhang, der von dem Wasser als dem stofflichen Prinzip alles Seienden zu der Annahme führt, daß die Erde auf dem Wasser schwimme wie ein Stück Holz, keineswegs zwingend. Das eine spricht von der Natur des Seienden in einem metaphysischen Sinn, das andere ist ein geophysikalisches Weltmodell; zum anderen aber ist die mythologische Ableitung deswegen problematisch, weil der Okeanos stets als ein Weltstrom gedeutet wurde, der die Erde an ihrem äußersten Rand umströmt, nicht aber das Meer (pontos) oder gar einfach Wasser (hydor) meint.[12] So bietet der Hinweis auf Homer zunächst nur die Möglichkeit, die These von dem Ursprung aller Dinge von ihm abzuleiten, nicht aber die Annahme, die Erde schwimme auf dem Wasser.

Es ist nicht auszuschließen, daß erst Aristoteles, dem ein Buch von Thales nicht vorlag und dieser wahrscheinlich auch keins verfaßte, beide Gedanken verband und sie Thales zuschrieb. Berücksichtigt man, daß die Begriffe »Stoff« und »Prinzip« nicht auf Thales zurückgehen, dann liegt die Vermutung nahe, daß Thales die geophysikalische These aufstellte, die Erde schwimme auf dem Wasser wie ein Stück Holz. Diese These ist für Griechenland neu, nicht jedoch für Ägypten, von woher sie Thales übernommen haben könnte.[13] Sie paßt jedoch schlecht zu der anderen, nach der das Wasser der Ursprung von allem sei, d. h. auch der Ursprung alles Lebendigen, wie Aristoteles vermutet, denn dann müßte Thales mit der tiefsitzenden griechischen Vorstellung gebrochen haben, nach der das Meer unfruchtbar ist, im Gegensatz zum Okeanos, der als Süßwasserstrom gedacht wurde.[14]

Die Frage, ob für Thales das Wasser der Okeanos, das Meer oder einfach Wasser, d. h. Süßwasser ist, ist aus dem Horizont des griechischen Denkens nicht einerlei. Für die These vom Wasser als Ursprung aller Dinge hat Schadewaldt, unter Berücksichtigung des Thales mit einiger Wahrscheinlichkeit zuzuschreibenden Vokabulars, folgende Formel erschlossen: »hydor genesis hapanton«.[15] Aber diese Formel taucht so nirgendwo auf, und so muß angesichts der Quellenlage offenbleiben, ob Thales einen Gedanken entwickelt hat, der bereits diesen ontologischen Charakter hatte oder ob er in Anlehnung an ägyptische Traditionen ein für die Griechen neues kosmologisches Modell entwickelt hat.

Eine ähnlich große Schwierigkeit bietet sich bei der Interpretation der von Aristoteles Thales zugeschriebenen Aussagen über die Seele. An der einen Stelle führt Aristoteles aus, Thales habe die Seele als eine »Art Bewegendes« aufgefaßt, wenn er sage, der Magnet habe eine Seele, weil er Eisen anzieht, und an einer andern, die Seele sei mit dem All vermischt und deshalb glaube er, alles sei voll von Göttern. Fraglich ist, in welcher Weise beide Aussagen einen Zusammenhang bilden. Daß die Seele als Prinzip der Bewegung aufgefaßt wird, ist alte griechische Vorstellung. Der Magnet macht Bewegung sichtbar, grenzt damit aber zugleich das Nichtbewegliche aus. Die Aussage, alles sei voll von Göttern steht hierzu in keiner deutlichen Verbindung. Auch hier zeigen sich verschiedene Gedanken, die sich nur schwer verbinden lassen. Der erste Gedanke ist: der Magnet hat eine Seele, weil er das Eisen bewegt, der zweite: die Seele ist mit dem All vermischt und der dritte: Alles ist voll von Göttern.

Die Aussage, alles sei voll von Göttern, gibt sehr genau die homerische Weltauffassung wieder. Sie paßt jedoch wenig zu dem, was wir sonst über Thales wissen. So ist z. B. seine Vorhersage der Sonnenfinsternis bereits von seinen Zeitgenossen als eine Art Entmythologisierung aufgefaßt worden. Das kann man an der Art sehen, wie Herodot diesen Sachverhalt mit seinem Bericht über die Lydier und Meder kontrastiert, die ihren Krieg bei dem Eintritt der Sonnenfinsternis beenden, in der Annahme, sie sei ein göttliches Zeichen. Auch die übrigen Naturerklärungen von Thales, z. B. die Erklärung der Ursachen der Nilschwemme, zeigen ein Denken, das darauf ausgerichtet ist, die Naturphänomene aus sich selbst heraus zu erklären unter Anwendung des Prinzips der Kausalität.

Ähnliches gilt für seine geometrischen Entdeckungen, und selbst die von Aristoteles erzählte Anekdote über die Geschäftstüchtigkeit des Thales zeigten ihn als einen Mann großer Rationalität.

Nimmt man die Thales zugeschriebenen Aussagen und die biographischen Daten zusammen, so ergibt sich ein durchaus heterogenes Bild, das möglicherweise seine unterschiedlichen Forschungsinteressen zeigt. In der Frage nach dem Anfang des philosophischen Denkens kommt man jedoch zu keinem eindeutigen Ergebnis. Unsicher bleibt vor allem, welchen Charakter Thales' Aussagen über das Wasser hatten, deutlich wird dagegen das bei ihm zum erstenmal durchgängig anzutreffende sachliche Weltverhältnis, das zu einem neuen, d. h. sachlichen Denken, Forschen und Sprechen führt.

2. Anaximander (610 bis 547 v. Chr.), Milet/Ionien

Andere nehmen an, daß sich aus dem Einen die dort befindlichen Gegensätze ausscheiden, wie auch Anaximander behauptet.
(Aristoteles, Phys. A 4. 187 a 20 f.; DK 12 A 16).

Anaximander aus Milet sagt, der Ursprung (oder: Anfang) der seienden Dinge sei das Unbegrenzte. Denn aus diesem entstehe alles und zu diesem vergehe alles. Weshalb auch unbeschränkt viele Welten produziert werden und wieder vergehen zu jenem, aus dem sie entstehen. Er gibt auch den Grund an, weshalb es unbegrenzt ist: damit das faktische Entstehen in keiner Hinsicht nachlasse.
(Aetios I 3,3: PS.– Plutarch; DK 12 A 14)

Anaximander, des Praxiades Sohn, aus Milet, Nachfolger und Schüler des Thales behauptete, Anfang und Element der seienden Dinge sei das Unbeschränkte (ἄπειϱον), indem er als erster den Terminus Anfang einführte. Als solchen bezeichnet er weder das Wasser noch ein anderes der üblichen Elemente, sondern eine andere, unbeschränkte Wesenheit, aus der sämtliche Universa sowie die in ihnen enthaltenen kosmischen Ordnungen entstehen: »Aus welchen (seienden Dingen) die seienden Dinge ihre Entstehung haben, dorthin findet auch ihr Vergehen statt, wie es in Ordnung ist, denn sie leisten einander Recht und Strafe für das Unrecht gemäß der zeitlichen Ordnung«, darüber in diesen eher poetischen Worten sprechend. Es ist klar, daß er aufgrund der Betrachtung der Verwandlung der Elemente ineinander es nicht gutheißen wollte, daß eines von diesen als zugrundeliegendes bestimmt werde, sondern (daß er) etwas anderes neben und außer ihnen (ansetzte). Seiner Meinung nach wird der Entstehungsprozeß nicht durch die Verwandlung des Elements bestimmt, sondern indem sich aus ihm die Gegensätze durch die Bewegung des Ewigen ausscheiden.
(Simplikios in Phys. op. fr. 2 Diels; DK 12 A 9, B 1)

Die Erde sei schwebend, von nichts überwältigt, beharrend infolge ihres gleichen Abstandes von allen (Himmelskreisen). Ihre Gestalt sei rund, gewölbt, einem steinernen Säulensegment ähnlich. Wir stehen auf der einen Grundfläche; die andere ist dieser entgegengesetzt. Die Gestirne entstehen als Feuerkreis durch Abspaltung vom Feuer im Weltall und indem (das Abgespaltene) von Luft eingeschlossen wird. Aus ihnen seien gewisse röhrenartige Durchgänge vorhanden als Ausblasestellen; an diesen seien die »Gestirne« sichtbar. In dieser Weise entstünden auch Finsternisse, nämlich durch Verriegelung der Ausblasestellen. Der Mond erscheine bald als Vollmond, bald als Halbmond infolge der Verriegelung bzw. Öffnung der Ausblasestellen. Der Kreis der Sonne sei 27 mal so groß wie der der Erde, der des Mondes 19 mal so groß; die Sonne sei zuoberst, die Kreise der Fixsterne hingegen zuunterst angeordnet.
(Hippolytos, Haer. Ib, 3–5; DK 12 A 11)

Nach der Überlieferung von Apollodor lebte Anaximander von 610 bis 547 v. Chr. in Milet und war Schüler von Thales. Während es für Thales zweifelhaft ist, ob er ein Buch schrieb, wird dies für Anaximander ausdrücklich bezeugt, auch daß er Prosa schrieb. Es handelt sich somit um die erste Prosaschrift in Griechenland. Außerdem soll er eine Erdkarte angefertigt haben, die er auf ein Säulensegment zeichnete. Die Erdoberfläche teilte er in vier Landmassen auf, die durch vier Ströme getrennt wurden. Die Gestalt der Erde beschrieb er als säulenartig, wobei die Höhe ein Drittel des Durchmessers betragen haben soll.

Während sich die Griechen bis einschließlich Thales die Erde als eine flache Scheibe vorstellten, die selbst auf einem anderen aufruht – bei Thales auf Wasser – und damit das Problem auftauchte, worauf dieses Andere selbst aufruhen könne, löst Anaximander diese Aporie durch den kühnen Gedanken, daß die massive, zylindrige Erde wegen ihres gleichen Abstands zu ihrer Umgebung nirgendwo aufruhen müsse, sondern frei schwebt. Die Überlegung, daß es auf der Unterseite der Erde ebenfalls Lebewesen geben könne, die sogenannten Antipoden, liegt nahe, wird aber in den überlieferten Fragmenten nirgendwo ausgesprochen.

In ähnlicher Weise, d. h. unter der Annahme des Gedankens der Symmetrie, beantwortet Anaximander die Frage, weshalb die Sterne nicht auf die Erde stürzen. Sein Modell der Feuerringe, die als eine Art Schlauch aufzufassen sind, in denen sich Öffnungen befinden, durch die die Feuerstrahlen zu uns dringen, mag zunächst sehr abwegig erscheinen. Tatsächlich aber ist mit dem konzentrisch gleichen Abstand der Feuerringe gegenüber der Erde erklärt, weshalb die Sterne an ihrem Ort bleiben. Dieses Beispiel macht deutlich, daß man in vielen Fällen zunächst entlegene Aussagen dann in ihrem Kontext verstehen kann, wenn es einem gelingt, die Frage zu konstruieren, auf die eine isoliert überlieferte Aussage die Antwort ist.

Schließlich ist es in diesem kosmologischen Zusammenhang bemerkenswert, daß Anaximander für die Entfernung von Erde, Sternen, Mond und Sonne, die er sich in dieser Reihenfolge dachte, eine mathematische Proportion entwickelte, die dem sichtbaren Kosmos eine zahlenmäßige Harmonie unterlegte.

Von einem ähnlichen wissenschaftlichen Geist ist auch seine Anthropologie bestimmt, die zugleich eine Anthropogonie ist. In einer kühnen Intuition verbindet Anaximander den Evolutionsgedanken mit der weit vorausschauenden Einsicht, daß sich Leben im Wasser entwickelt hat. Dabei versucht er der Erkenntnis Rechnung zu tragen, daß der Mensch am Lebensbeginn besonders hilflos ist, d. h. von sich aus gar nicht überleben könnte. Der Mensch braucht, um überleben zu können, einen besonderen Schutzraum. Die Nachricht, daß eine bestimmte Art von Haien ihre Jungen mit besonderer Sorgfalt aufzögen, brachte ihn wohl zu der Annahme, daß auch die ersten Menschen dort ihren Ursprungsort gehabt hätten. Auch das ist im Vergleich zu den Mythen, die von der Erschaffung des Menschen handeln, ein völlig neuer Ansatz. Es ist gar keine Frage, daß Anaximander mit seiner Kosmologie und seiner Anthropologie die Perspektiven eines wissenschaftlichen Fragens eröffnet, wie sie bereits für Thales konstitutiv waren.

Bezieht man nun jedoch auch das einzig erhaltene wörtliche Zitat (B 1) von Anaximander in die Überlegungen ein, dann zeigt sich mit ihm eine weitere völlig neue Fragerichtung deutlich. Hier wird eine Aussage über die Ordnung der Dinge im ganzen gemacht und damit zugleich die Natur des Seienden bestimmt. Bei dem Versuch einer genauen Identifizierung des Fragments ist man in der Forschung inzwischen zu der Überzeugung gekommen, daß die Rede von Entstehen und Vergehen nicht auf Anaximander zurückgeht, sondern auf Theophrast. Bröcker meint, das unter B 1 überlieferte Zitat habe bei Anaximander ursprünglich folgenden Wortlaut gehabt: »Kaltes erwärmt sich, Warmes kühlt ab, Feuchtes trocknet, Dürres wird naß. Denn sie zahlen einander Strafe und Buße für ihr Unrecht nach der Anordnung der Zeit«.[16]

Von besonderer philosophischer Bedeutung ist der Begriff des »apeiron«. Fraglich ist es dagegen, ob Theophrast sagen wollte, daß Anaximander das Wort Ursprung (ἀρχή) als philosophischen Terminus einführte, oder aber als erste das »apeiron« als Ursprung aller Dinge annahm. Bröcker bemerkte dazu: »Grammatisch sind beide Auslegungen möglich, doch ist zu bedenken, daß Anaximander das Wort ›Ursprung‹ noch nicht in dem terminologischen Sinne des Aristoteles gebraucht haben kann, daß aber das Wort im nichtterminologischen Sinne des Anfangs und dessen, was zuerst da war, schon vor Anaximander gebräuchlich gewesen ist. ›Unendlich‹ ist dagegen vor Anaximander nur als Eigenschaftswort geläufig«.[17] Daher spricht einiges dafür, daß Anaximander als erster das »apeiron« als den Ursprung erklärt habe, nicht aber, daß er das Wort »Ursprung« als erster eingeführt hätte. In ähnlicher Weise argumentieren auch Kirk/Raven[18] und Schadewaldt[19], doch gibt es in der Forschung auch andere Auffassungen.[20]

Sicher ist dagegen, daß Anaximander aus dem Adjektiv »apeiron« ein Substantiv machte und damit die in der griechischen Sprache gelegene Möglichkeit der Begriffsbildung nutzte.[21] Das »apeiron« wird mit Anaximander zu einem philosophischen Terminus. Die Überlieferung zu Anaximander enthält keine Hinweise, wie Anaximander das »apeiron« verstanden haben könnte, vor allem nicht, ob er das Unbegrenzte in einem zeitlichen und räumlichen Sinne oder im Sinne einer qualitativen Unbestimmtheit verstanden hat.

In dieser Situation bietet es sich an, die literarische Tradition vor ihm zu befragen und den nichtterminologischen Gebrauch des Wortes aufzusuchen. Hilfreich ist auch hier wiederum ein Blick auf Homer. In der ›Ilias‹ (7,446) spricht Homer von der grenzenlosen Erde, ebenso in der ›Odyssee‹ (1,98). Außerdem ist in Ilias 1,35 vom grenzenlosen Meer die Rede: »Aber Achilleus / setzte sich weinend alsbald, abseits von den Gefährten / An den Strand der grauen Salzflut und blickte auf das grenzenlose Meer [...]«, ebenso Il. 24, 545 und Od. 4, 510. Lediglich die Götter, so z. B. Here, ist es möglich, bis an die Grenzen der Erde zu gehen, so Il. 14, 200: »Ich will gehen zu den Grenzen der vielnährenden Erde, um zu sehen Okeanos, den Ursprung der Götter[...]«.

Diese Stellen zeigen, daß Homer das Wort vornehmlich gebraucht, um den sichtbaren, aber gleichwohl grenzenlosen Horizont von Erde und Meer darzustellen. Das Bild macht deutlich, daß die Grenzenlosigkeit dadurch zustandekommt, daß die Grenzen von Erde und Meer über die Sichtbarkeit hinausreichen und das heißt, daß man bei einem gedachten oder wirklichen Durchschreiten des Raums immer noch ein Stück weiter gehen kann. Annäherungsweise könnte man vielleicht sagen, bei dem »apeiron« handelt es sich um ein potentiell und nicht um ein aktual »Grenzenloses«.

Gleichwohl bietet der Hinweis auf Homer nur eine Annäherung an die Bedeutung des Wortes, denn es ist ja nicht zu übersehen, daß Anaximander dem Wort, indem er es substantivierte, eine neue Bedeutung geben wollte. Versucht man, den Begriff im Kontext der Anaximander zugeschriebenen Worte und Gedanken zu erläutern, so liegt es nahe, ihn in einen Zusammenhang zu bringen zu dem Fragment B 1. Da ist davon die Rede, daß die Dinge einander Buße zahlen für ihre Ungerechtigkeit und dies in einem zeitlichen Wechsel geschieht. Es erscheint nun sinnvoll, z. B. Warmes und Kaltes als jeweils Begrenztes aufzufassen, das sich gegen seinen Gegensatz zu behaupten sucht und abgrenzt. Aber darin besteht eine Ungerechtigkeit, und so schlägt die zeitweilige Vorherrschaft des einen Begrenzten um in sein Gegenteil. Nur das Unbegrenzte nimmt an diesem Wechsel nicht teil, daher ist es auch »zeitlos« und »alterslos«. Zu betonen ist, daß die begrenzten Dinge sich nicht in einem Prozeß des Entstehens und Vergehens zu dem Grenzenlosen befinden, sondern daß sie »einander« Buße zahlen, d. h. »Kaltes erwärmt sich, Warmes kühlt ab« usw. Man könnte daran denken, daß das »apeiron« deshalb nicht von diesem Wechsel betroffen ist, weil es selbst so ausgeglichen ist wie das Meer bei Solon, das nicht durch Sturm aufgewühlt wird und das er daher als das »Gerechteste« bezeichnet.[22] Überträgt man dieses Bild auf Anaximander, so ließe sich sagen: Nur das Begrenzte ist ungerecht und muß daher dafür Buße leisten, das »Grenzenlose« ist dagegen das Gerechte.

Bei Anaximander standen wohl nicht im Vordergrund stoffliche Elemente, wie Wasser, Feuer, Erde, Luft, sondern es spricht von Qualitäten, wie Warmes, Feuchtes, Trocknes, Kaltes. Es ist mit Sicherheit anzunehmen, daß Anaximander seine Gedanken in Auseinandersetzung mit Thales entwickelt hat, schwierig dagegen zu bestimmen, wie diese Auseinandersetzung zu verstehen ist. Die Schwierigkeit ist nicht nur darin begründet, daß er sich nicht dazu geäußert hat, sondern ebenso darin, daß wir nur sehr vage den Ansatz von Thales nachzeichnen können. Gleichwohl ist folgende Argumentationslinie in einer unserem Sprachgebrauch angenäherten Redeweise plausibel: Die Natur des Seienden kann nicht das Wasser sein, denn das Wasser ist als das Feuchte ein Begrenztes, das sich vom Trockenen unterscheidet und daher nicht dessen Natur sein kann. Alles, was wir sehen, ist aber ein Begrenztes, das sich von einem gegenteiligen anderen Begrenzten unterscheidet. Die Natur des Seienden in einem umfassenden Sinne kann daher nur das Unbegrenzte sein.

Mit seiner Betonung der Gegensätze knüpft Anaximander an die alte griechische, bei Homer ja so deutlich greifbare antagonistische Weltauffassung an. Sollte Thales das Wasser als Ursprung aller Dinge aufgefaßt haben, dann ist die Fülle der Phänomene als Transformation des Wassers aufzufassen. Anaximander macht demgegenüber die antagonistische Weltauffassung deutlich.

Aber nicht nur die begrenzten Phänomene befinden sich in einem Gegensatz, sondern alle phänomenalen Gegensatzpaare stehen in einem Gegensatz zu dem »apeiron«. Anaximander sagt über das »apeiron«, daß es – anders als die begrenzten Phänomene – »ohne Alter« und »ohne Tod und ohne Verderben« sei. Damit weist es eine gewisse Ähnlichkeit auf zu dem Chaos bei Hesiod. Gleichzeitig aber hat es vorausweisend die metaphysischen Qualitäten, die Parmenides dem Sein zuspricht, wie es andererseits zurückweist in den mythologischen Bereich der unsterblichen Götter. Das Neue aber, das zugleich auch deutlich macht, daß wir hier eine philosophische Ebene betreten haben, besteht darin, daß es keinerlei personale Qualitäten hat. Es ist vielmehr durch eine außerordentlich hohe Begrifflichkeit ausgezeichnet.

Indem Anaximander das Seiende im Sinne einer Rechtsordnung deutet, wird ebenso wie bei Solon fraglich, ob er den Gedanken des

Rechts auf die natürliche Ordnung der Phänomene übertrug oder ob das Recht bereits im Sinne eines natürlichen Ausgleichs der Gegensätze gedeutet wurde. Sicher ist jedoch, daß er wie Solon den Faktor der Zeit ins Spiel bringt, nun aber auf eine gegenüber Solon erheblich prononciertere Weise. Stand noch bei Solon der Gedanke eines gerechten Ausgleichs unter dem Vorzeichen einer tröstlichen Zuversicht, daß jedes Unrecht, wenn auch spät, so doch gewiß (ἅπαντων) irgendwann einmal gesühnt werde, so wird bei Anaximander dieser Gedanke in einer denkbar knappen Formulierung als unbezweifelbare Gewißheit dem Geschehen von vornherein unterlegt.

Man kann in der Betonung der Notwendigkeit eines Geschehens nach einer festen zeitlichen Ordnung die Vorbereitung eines universalen Kausaldenkens sehen, das über die lebensweltlich vertraute punktuelle Verknüpfung zweier Ereignisse hinausgeht. Ebenso wird hier die Zeit nicht als Gott Chronos gedeutet, noch als eine spezifische Dauer eines bestimmten Geschehens aufgefaßt, wie es vor allem noch für Homer typisch ist[23], sie ist vielmehr ein universales Ordnungsschema, dem sich alles Geschehen zu fügen hat.

Indem bei Anaximander zum erstenmal allgemeine Aussagen über das Seiende selbst und im ganzen gemacht werden und diese Aussagen rein begrifflich und nicht mythologisch erfolgen, ist der Weg der Philosophie betreten worden.[24] Diese Philosophie hat den Charakter einer Ontologie, d. h. einer allgemeinen Lehre von der Natur des Seienden überhaupt, ohne daß der Titel selbst auch nur im entferntesten greifbar wäre.

3. Anaximenes (585 bis 525 v. Chr.), Milet/Ionien

Anaximenes, des Eurystrates Sohn, aus Milet, setzte als Anfang der seienden Dinge die Luft an; denn aus dieser entstehe alles und in diese löse sich alles wieder auf. Wie unsere Seele, behauptet er, die Luft ist und uns durch ihre Kraft zusammenhält, so umfaßt auch den ganzen Kosmos Atem und Luft (»Luft« und »Atem« werden synonym gebraucht).
(Aetios, I 3,4; PS.-Plutarch; DK 13 B 2)

Anaximenes, ebenfalls aus Milet, Sohn des Eurystrates, sagte, das Prinzip sei die unbeschränkte Luft, aus der das Entstehende und Entstandene sowie was sein wird und Götter und Göttliches hervorkämen. Die anderen Dinge rührten von denen her, die von ihr (der Luft) abstammten. Mit der Gestalt der Luft habe es folgendes auf sich: wenn sie am meisten ausgeglichen sei, bleibe sie dem Gesicht verborgen. Sie manifestiere sich aber mit Hilfe des Kalten und des Warmen und des Feuchten und indem sie sich bewege. Und sie bewege sich immer: denn alles, was sich ändere, würde sich nicht ändern, wenn sie sich nicht bewegte. Denn je nachdem sie sich verdichte oder verdünne, trete sie in anderer Verfassung in Erscheinung; denn wenn sie sich zu einer dünneren Verfassung auflöse, entstehe Feuer; Winde hingegen seien verfestigte Luft, und aus Luft, wenn sie geplättet werde, komme eine Wolke zustande, und wenn sie noch mehr geplättet würde, Wasser, wenn sie abermals noch weiter geplättet würde, Erde, und wenn sie sich maximal verfestige, Steine. Die Hauptfaktoren, die das Werden bestimmten, seien also Gegensätze: das Warme und das Kalte. (Hippolytos, Haer. I 7, 1–3; DK 13 A 7)

Anaximenes, Sohn des Eurystrates, aus Milet, ein Schüler des Anaximander, behauptet, wie auch sein Lehrer, daß die zugrunde liegende Wesenheit einzig und unbeschränkt ist; aber nicht, wie sein Lehrer sagte, undeterminiert, sondern determiniert; er sagt, sie sei Luft. (Simplikios in Phys., S. 24, 26 f.; Theophrast, Phys. op. fr. 2 Diels; DK 13 A 5)

Als die Luft sich zusammenzog, sagte er, sei zuerst die Erde entstanden. Diese sei besonders breit und flach. Deshalb sei es vernünftig, daß sie auf der Luft treibe. Die Sonne, der Mond und die übrigen Gestirne hätten den Anfang ihrer Entstehung aus der Erde. (PS.-Plutarch, Strom. 3 fr. 179 Sandbach; DK 13 A 6)

Über die biographischen Daten von Anaximenes ist nur wenig bekannt. Wie Anaximander, dessen Schüler er gewesen sein soll, lebte er in Milet. Seine indirekt erschlossenen Lebensdaten umfassen den Zeitraum von 585 bis 525 v. Chr. Es wird berichtet, er habe in »ionischer Mundart« geschrieben, »einfach und ungekünstelt.«[25]
Sein Grundgedanke läßt sich trotz der spärlich erhaltenen Originalworte aber mit einiger Deutlichkeit erkennen. In Auseinandersetzung und Anknüpfung an seine beiden Vorgänger Thales und Anaximander bestimmt er die Luft (ἀήρ) als das Prinzip alles Seienden. Prinzip ist es im Sinne von Ursprung und im Sinne von Substanz. Wie Anaximanders »apeiron« ist die Luft unbegrenzt, sie ist darüber hinaus wie dieses zumindest im Zustand des Ausgeglichenseins unsichtbar. Trotz dieser deutlichen Anklänge an Anaximander fragt es sich, was Anaximenes dazu bewogen haben könnte, daß grenzenlose Prinzip aller Dinge im Sinne einer stofflichen Substanz zu denken. Einige Forscher haben darin einen Rückschritt gegenüber dem philosophisch radikaler gedachten Ansatz von Anaximander gesehen. Anaximenes gibt selbst keine Begründung für die Wahl seines Prinzips, und so kann man nur vermuten, daß es ihm besonders auf die Verbindung des universalen Prinzips alles Seienden mit der phänomenalen Welt ankam. In dieser Hinsicht bietet die Luft, zu deren Aggregatzuständen auch die Wahrnehmbarkeit und die

Nichtwahrnehmbarkeit gehören, das geeignete Medium. In dieser Wahl zeigt sich also vielleicht zum erstenmal in aller Deutlichkeit, daß die Sachlichkeit des Denkens in zwei Richtungen erfolgt, nämlich der ontologischen und der naturwissenschaftlichen, und daß der Unterschied beider Fragerichtungen ebenso anerkannt wurde, wie der Versuch unternommen wurde, beide zu verbinden.

Die Luft schien ihm aber nicht nur wegen ihrer Möglichkeit, ontologische und wissenschaftliche Fragen zu verbinden, besonders geeignet zu sein, sondern auch wegen ihrer großen Erklärungsmöglichkeit hinsichtlich natürlicher Phänomene. Zum einen mag das Phänomen der Verdunstung und der Kondensation von Wasser seine Beachtung gefunden haben. Aber auch die Verbindung von Luft und Feuer entspricht griechischer Tradition. Die Luft weist also eine hohe Transformierbarkeit auf und die Fülle der phänomenalen Dinge lassen sich als unterschiedliche Aggregatzustände der einen Luft auffassen.

Diese Aggregatzustände kann man auf eine Skala abtragen, die dem Prinzip Verdichtung und Verdünnung gehorchen. Damit erscheint Anaximenes die bei Anaximander genannten zwei Gegensatzpaare auf eins reduziert zu haben. Feucht-trocken und heiß-kalt lassen sich auf der einen Skala der verdichteten oder verdünnten Luft eintragen. Für die Zuordnung von kalt und warm hat Anaximenes auf eine alltägliche Erfahrung zurückgegriffen – nicht eigentlich ein Experiment: Wenn wir den Mund weit öffnen und ausatmen, empfinden wir den Luftstrom als kalt. Also schloß er naheliegend, aber falsch, daß verdichtete Luft kalt, verdünnte Luft warm sei. Auf der Skala von dünner zu verdichteter Luft ergeben sich, unterschiedlichen Aggregatzuständen entsprechend, die Phänomene: Feuer, Luft, Wasser, Erde, Stein.

Die Frage, wo in dieser Skala die Lebewesen einzuordnen sind, wird in den erhaltenen Fragmenten nicht beantwortet. Gleichwohl schien ihm die Luft gerade zur Erklärung des Lebens besonders geeignet zu sein. Er griff dabei auf die bereits bei Homer anzutreffende Vorstellung zurück, daß die Seele als das Lebensprinzip zu gelten hat und als Atem existiert. Bei dem Tod verläßt die Seele mit dem letzten Atemzug den Körper; tot ist, was nicht mehr atmet. So wird die Luft bei Anaximenes zum durchgängigen kosmischen Prinzip. Bei dem Wort Kosmos ist jedoch Vorsicht angebracht. Es ist fraglich, ob Anaximenes das Wort gebraucht hat, wenn aber, dann nicht im Sinne von Welt. Kosmos heißt für ihn ebenso wie für Anaximander, für den seine Verwendung mit größerer Wahrscheinlichkeit gesichert ist, daß sich die Dinge in einer Ordnung befinden.[25]

Wenn daher von milesischer Kosmologie die Rede ist, dann ist immer nur gemeint, daß der im Mythos beheimatete Gedanke, daß jederzeit unvorhersehbar Götter in das Geschehen eingreifen können, aufgegeben wird zugunsten einer immer geltenden, verläßlichen Ordnung aller Dinge und alles Geschehens. Die natürliche Erklärung der Sonnenfinsternis, der Überschwemmung des Nils und der Erdbeben bei Thales, die Erklärung der Planetenbahnen und der Entwicklung von Lebewesen bei Anaximander und schließlich die natürliche Erklärung von Blitz, Regen, Regenbogen u. a m. bei Anaximenes stellen insgesamt den Versuch dar, diese Phänomene nicht als singuläre göttliche Zeichen zu deuten, sondern gemäß einer natürlichen Ordnung der Dinge. Zur Sachlichkeit ihres Denkens gehört nicht nur, daß die Sachen keine personalen Qualitäten aufweisen, sondern daß sie sich in einer gleichbleibenden, unverbrüchlichen Ordnung befinden. Während die Vertrautheit, die eine mythologische, personal verstandene Welt hatte, verloren ging, gewann sie durch den Gedanken einer beständigen Ordnung der Dinge eine eigene, neue Verläßlichkeit. Einen besonderen Akzent bekommt diese Ordnung dadurch, daß sie als eine Rechtsordnung gedacht wird, die nach dem Prinzip des Ausgleichs des zeitweiligen Vorherrschens von Extremen verstanden wird. Auf diese Weise wird auch unter dem Vorzeichen eines sachlichen Weltverhältnisses ein neues Weltvertrauen möglich.

Bei seinem Versuch der Entwicklung einer Kosmologie aus dem Prinzip der Luft heraus kommt Anaximes zu einem Weltmodell, das von dem Anaximanders erheblich abweicht. Der Gedanke, daß die Erde gemäß dem Symmetrieprinzip nirgendwo aufruhe, sondern frei schwebe, war für ihn nicht nachvollziehbar. Daher kehrte er zu der altgriechischen Vorstellung zurück, nach der die Erde eine flache Scheibe ist. Allerdings schien ihm andererseits bewußt gewesen zu sein, daß für jede Unterlage, auf der die Erde aufruhen könne, unabsehbare neue Unterlagen erforderlich sind. Offensichtlich hat er das Problem dadurch zu lösen versucht, daß er die Existenz einer geschlossenen Weltkugel annahm, wobei die Erdscheibe diese Kugel in zwei gleiche Teile teilt. Der Erdrand ist mit der umwölbenden Himmelskugel fest verbunden, so daß das Luftmeer unter der Erde nicht entweichen kann. Die Himmelskugel nennt er kristallähnlich, d. h. eisartig. An ihr sind die Fixsterne wie mit Nägeln befestigt.

Während Anaximenes mit diesem Modell das »Phänomen« der Erdschwere rettet und zugleich die Aporie endlos wiederholter Unterlagen vermeidet, ergeben sich für die Erklärung der Umlaufbahnen der Gestirne Schwierigkeiten, die ihn zu einer eigenwilligen Lösung zwingen. Während bei Anaximander die Erde freischwebend im Raum ist und die Feuerringe ebenfalls freischwebend sich in einem Abstand dazu befinden, gibt es im Modell des Anaximenes für einen Umlauf der Gestirne unterhalb der Erde wegen der festen Verbindung der Erde mit der Himmelskugel keinen Platz mehr. Er nimmt an, daß die Sterne, nachdem sie über den Himmel gezogen sind, hinter einem hohen Gebirge am Rande der Erde und daher für uns unsichtbar zu ihrem Ausgangspunkt zurückkehren.[26]

Anaximenes veranschaulicht den Lauf der Sonne am Beispiel eines Filzhutes, der auf dem Kopf gedreht wird. Auch dieses auf kleinste Verhältnisse übertragene Modell macht den Abstand gegenüber dem Mythos, nach dem Helios jeden Morgen neu seinen Himmelswagen besteigt, in aller Prägnanz deutlich.

Außer den Aussagen über die Seele gibt es bei Anaximenes keine Hinweise auf eine Anthropologie. Dagegen gibt es Quellen, nach denen er etwas über Götter gesagt hat. Es ist jedoch bemerkenswert, daß er sein Weltmodell nicht gegen den Mythos zur Geltung bringt, sondern die Existenz der Götter in sein Konzept integriert. Die Götter haben ihren Ursprung wie alles übrige Seiende in der Luft. Dieser völlig unpolemische Zug zeigt, daß in dieser Epoche des Denkens das neue sachliche Weltverhältnis zumindest für Anaximenes eine solche Selbstverständlichkeit hatte, daß in ihm Götter ihren Platz einnehmen konnten. Gleichzeitig aber übertrug er auf sein Prinzip alles Seienden die Attribute des Göttlichen. Cicero bemerkt, daß Anaximenes die Luft selbst für einen grenzenlosen, gleichwohl gewordenen Gott ansehe, der in ständiger Bewegung sei[27], und Aetios sagt, daß die Luft als das göttliche Prinzip mit ihrer Kraft alle Körper durchdringe.[28] Schließlich ist in diesem Zusammenhang zu erwähnen, daß Augustinus betont, daß nach Anaximenes nicht die Luft ihren Ursprung in einem Gott, sondern alle Götter ihren Ursprung in der Luft hätten.[29]

Diese Aussagen werfen ein bezeichnendes Licht auf die Denkbewegung bei den Milesiern, die man mit Einschränkungen als Entmythologisierung bezeichnen kann. Entmythologisierung heißt hier, die Abwendung von einer personalen Weltdeutung zugunsten eines sachlichen Weltverhältnisses. Gleichwohl aber werden der Natur und dem Ursprung alles Seienden die Attribute des Göttlichen zugeschrieben. Bereits für Anaximander ist das »apeiron« alterslos und ohne Tod, und er überträgt damit die Unsterblichkeit, die als das entscheidende Kriterium der Götter angesehen wurde, auf seinen Grundbegriff. Für Anaximenes wird nun bezeugt, daß die Luft geworden, aber unendlich und unvergänglich sei und alles in Bewegung setze. Das Göttliche ist bei den Milesiern ausgezeichnet durch Unpersönlichkeit und Singularität. Das unterscheidet sie von der

homerischen Götterwelt. Andererseits wird an dem Gedanken festgehalten, daß das Göttliche als eine wirksame Macht zu verstehen
ist.

Man könnte versucht sein, in ihnen die Rehabilitierung der mythischen Mächte anzunehmen, die im alten vorhomerischen Mythos
eine Rolle gespielt haben. Aber der Unterschied zu ihnen ist doch
unübersehbar. Das Verhältnis des Menschen gegenüber den mythischen Mächten, die es im Gegensatz zu den Prinzipien des Seins bei
Anaximander und Anaximenes in einer Mehrzahl gibt, war bestimmt durch magische Praktiken, das Verhältnis zum Seienden bei
den Milesiern ist durch sachliches Denken und Forschen ausgezeichnet. Indem das Göttliche an den Anfang aller Dinge zurückverlegt wird, ja in gewisser Weise anderer Art ist als das Seiende selbst,
das es gleichwohl bestimmt, wird das Seiende einem sachlichen
Verhältnis zugänglich gemacht. Andererseits ist die Betonung der
Göttlichkeit des Prinzips des Seienden keineswegs ein bloßes Zugeständnis an den Mythos. Die Göttlichkeit des Prinzips allein garantiert den Gedanken, daß das Seiende als Ganzes als ein immerwäh-
render, lebendiger Zusammenhang alles einzelnen verstanden werden kann. Lebendigkeit heißt in diesem Kontext, daß das Ganze aus
sich heraus in fortdauernde Bewegung versetzt ist und sich in ihr
erhält. Daher wird in den überlieferten Anaximenes-Texten immer
wieder betont, daß die Luft in ständiger Bewegung sei. Die Bewegung ist ja überhaupt die Ursache dafür, daß einzelnes entsteht. Die
Frage, woher aber die Bewegung der Luft kommt, wird deshalb
nicht zu einem Problem, weil die Bewegung zur Lebendigkeit und
d. h. zur Göttlichkeit der Luft gehört.

Die schrittweise Aufgabe der mythischen Weltdeutung zugunsten
eines sachlichen Weltverhältnisses erforderte einen nüchternen Mut.
Dieser Übergang läßt sich nach zwei Hinsichten beschreiben, die
sich als Verlust und als Gewinn interpretieren lassen. Zweifellos ist
es ein Verlust, wenn die personale Weltdeutung, die ihre Vertrautheit dadurch erhielt, daß das Verhältnis des Menschen zur Welt als
zwischenmenschliche Beziehung gedacht wurde, abgelöst wurde
durch unpersönliche Sachlichkeit. Als Gewinn mag es demgegenüber erscheinen, daß die jederzeit angenommene Willkür und Unvorhersehbarkeit göttlichen Handelns ersetzt wurde durch den Gedanken einer sich gleichbleibenden, unverbrüchlichen Ordnung aller Dinge. Zur Charakterisierung dieser Ordnung gewann der Begriff Kosmos zunehmend an Bedeutung. Das sich nun entwickelnde
sachliche Weltverhältnis differenzierte sich zugleich in zwei Fragerichtungen: in die einer »naturwissenschaftlichen Kosmologie« und
in die einer »philosophischen Ontologie«.

III. Das Viele und das Eine – Zur Vorgeschichte
der Ontologie

1. Pythagoras (um 570 bis um 497/96), Samos/Ionien

Alles entspricht der Zahl.
(Iamblichos, Vit. Pyth. 162)

Man muß die Leistungen und das Wesen der Zahl nach der Kraft bemessen,
die in der Zehnzahl liegt. Denn groß und vollkommen vollendet und alles
bewirkend und göttlichen und himmlischen sowie menschlichen Lebens
Anfang sowie Anteil nehmende Führerin ist die Kraft der Zahl und der
Zehn. Denn ohne diese (Kraft) ist alles unbegrenzt und undeutlich und
unklar.
(Stobaios I, S. 16, 21 f.)

Die Natur im Kosmos ist geordnet aus Unbegrenzten und Begrenzenden,
wie auch der ganze Kosmos und alles, was von ihm ist.
(Diogenes Laertios VIII, 84 f.)

Das erste (harmonisch) zusammengefügte, die Eins, in der Mitte der Kugel,
heißt »Herd«.
(Stobaios I, S. 189, 17 f.)

Wenn man auf jene hört, die das Altertum geschichtlich zu erforschen sich
bemühen, ist es möglich, dieses Theorem ($a^2 + b^2 = c^2$) auf Pythagoras zurückzuführen; sie sagen, er habe es entdeckt und zu Ehren dieser Entdek-
kung einen Ochsen geopfert.
(Proklos in Eukl., S. 426, 6 f.)

Die Quarte hat das Verhältnis 3 : 4, die Quinte das Verhältnis 2 : 3, die Oktave
das Verhältnis 1 : 2. Somit besteht die Oktave aus fünf Ganztönen und
zwei Halbtönen, die Quinte aus drei Ganztönen und einem Halbton, die
Quarte aus zwei Ganztönen und einem Halbton.
(Stobaios I, S. 188, 14 f.)

Als Ursprung der Erdbeben bezeichnete er eben eine Zusammenkunft der
Toten; die Iris (der Regenbogen) sei ein Glanz der Sonne; das Echo, das
mitunter unsere Ohren befällt, sei die Stimme der Besseren (der Götter).
(Aelianus, Var. hist. IV 17; Aristoteles fr. 196 Rose)

Am meisten wurden jedoch folgende Lehren bei allen bekannt: erstens, daß er behauptete, die Seele sei unsterblich; zweitens, daß sie sich ändere, indem sie in andere Lebewesen eingehe; außerdem, daß das Entstehende nach gewissen Perioden erneut entstehe und daß es überhaupt nichts Neues gebe; schließlich, daß man alles Entstehende, das beseelt ist, als verwandt betrachten solle. Pythagoras scheint der erste gewesen zu sein, der diese Lehre in Griechenland einführte.
(Porphyrios, Vit. Pyth. 19)

Rühr das Feuer nicht mit dem Messer auf. Wenn du auf Reisen dein Haus verläßt, so wende dich nicht um; denn die Erinnyen sehen dir nach. Schau nicht in den Spiegel beim Schein der Lampe. Enthalte dich der Bohnen. Enthalte dich der beseelten Lebewesen.
(Iamblichos, Protr. 21)

Pythagoras verließ seine Heimat Samos im 5. Jahr der Herrschaft des Tyrannen Polykrates im Jahr 532/31 v. Chr. Apollodor verbindet mit diesem Zeitpunkt seine »Blüte«. Daraus ergibt sich das ungefähre Geburtsjahr von 570/75. Sein Todesjahr soll um 497/96 v. Chr. gewesen sein. Nach dem Bericht des Diogenes Laertios (VIII, 3) reiste Pythagoras mit einem Empfehlungsschreiben von Polykrates nach Ägypten zum Pharao Amasis. Trifft dies zu, dann liegt die Vermutung nahe, daß sein Verlassen der Insel Samos nach dem Bruch eines zuvor guten Verhältnisses mit dem Tyrannen erfolgte. Pythagoras ließ sich in Kroton in Süditalien nieder und gründete dort einen Bund, der einen wissenschaftlichen und zugleich religiösen Charakter hatte. Wenngleich Pythagoras dem ionischen Bereich entstammte, schufen er und seine Schüler doch die Voraussetzungen für den Beginn einer eigenständigen italischen Denktradition, die in Parmenides und Zenon ihren Höhepunkt finden sollte.

Pythagoras soll auch politisch tätig gewesen sein und Einfluß auf die Verfassung Krotons genommen haben. Eine Schrift des Pythagoras scheintes nicht gegeben zu haben, sondern nur den mündlichen Lehrvortrag, und selbst dieser unterlag einer strengen Geheimhaltungspflicht. So ist die Überlieferung lückenhaft und unzuverlässig. Ein gegen die Pythagoreer gerichteter Aufstand zwang Pythagoras zum Verlassen Krotons. Er flüchtete ins unweit gelegene Metapont, wo er auch starb.

Die pythagoreischen Bünde waren hierarchisch organisierte Gemeinschaften, in denen gleichwohl Gemeineigentum bestand.[1] Bemerkenswert ist, daß auch Frauen aufgenommen wurden. Pythagoras wurde eine nahezu religiöse Verehrung zuteil, die schon früh zu seiner umfangreichen Legendenbildung führte. Die Formel »αὐτός

ἔφα« – ›er hat es selbst gesagt‹ wurde zu einem geflügelten Wort. Der
engere Kreis der Mitglieder, die in der wissenschaftlichen Begründung seiner Lehre unterrichtet wurden, nannten sich Mathematiker,
während der weitere Kreis, der sich auf die Übernahme der pythagoreischen Lebensweise beschränkte, Akusmatiker (Hörer) genannt
wurde.

Zu den Vertretern des älteren Pythagoreismus gehören Philolaos
(2. Hälfte des 5. Jahrhunderts) und Archytas von Tarent (1. Hälfte
des 4. Jahrhunderts). Obwohl ihre Lehren von denen des Pythagoras
so weit abweichen, daß Aristoteles sich genötigt sah, stets von den
sogenannten Pythagoreern zu sprechen, ist eine Scheidung der Lehrinhalte heute nicht mehr möglich.

Ein deutlicher Anklang an pythagoreische Lehre findet sich in
Platos Philosophie, als Schüler des Pythagoras gelten die im »Phaidon« auftretenden Simmias und Kebes, deren Auffassung über die
Sterblichkeit der Seele allerdings wohl kaum als pythagoreisch anzusehen ist.

Das Zentrum der pythagoreischen Lehre liegt in der Zahlentheorie einerseits und einer religiös motivierten Psycho-logie andererseits. Es ist als sicher anzunehmen, daß beide Bereiche für ihn einen,
heute jedoch schwer zu erschließenden Zusammenhang gebildet
haben.

Der zentrale Gedanke findet sich in dem bei Iamblichos und bei
anderen in mehrfachen Varianten zugeschriebenen Satz: Alles entspricht der Zahl. Dieser Satz ist interpretationsbedürftig. Bereits bei
Aristoteles tauchen zwei Interpretationen auf. Nach der einen haben
die Pythagoreer behauptet, »die Zahlen seien die Dinge selbst«[2]
und nach der anderen »das Seiende existiere durch Nachahmung der
Zahlen«.[3] Beide Interpretationen hat Aristoteles offenbar für
gleichbedeutend gehalten. Das von Iamblichos gebrauchte Wort
»entspricht« (ἐπέοικεν) scheint mehr die zweite Interpretation zu
stützen. Um diese Frage zu klären, ist es sinnvoll, weitere Aspekte
des pythagoreischen Zahlbegriffs zu berücksichtigen. Zum einen hat
Pythagoras die Zahlen offensichtlich auf die Reihe der natürlichen
Zahlen beschränkt, zum anderen hat er Zahlen als Konfiguration
und als geometrisch-räumliches Verhältnis von Punkteinheiten verstanden, die sich in Ordnungen befinden, die denen ähnlich sind, wie
sie etwa auf Dominosteinen verteilt sind. Schließlich ist bedeutsam,
daß alle Zahlen ihren Ursprung in der ungeteilten Eins haben, einer
Einheit, die den vielen Zahlen vorausliegt und daher für ihn in
gewisser Weise ein metaphysischer Grundbegriff ist.

Gleichzeitig aber weist Aristoteles darauf hin, daß die Pythagoreer die Einheiten als etwas größenmäßig Bestimmtes sich vorstell-

ten, »denn sie nehmen von den Einheiten an, daß sie eine Größe haben; wie jedoch das erste Eins sich zur Ausdehnung gebildet habe, darauf scheinen sie nicht antworten zu können«.[4] Aristoteles macht damit auf die Schwierigkeit aufmerksam, eine gedanklich mathematische Einheit in Beziehung zu setzen zu den sichtbaren einzelnen Dingen, ein Problem, das seit Parmenides und Plato das griechische Denken bewegt hat, das aber für Pythagoras und die Pythagoreer sich in dieser Schärfe noch nicht stellte.

Daher scheint es angebracht, auf die entscheidende Entdeckung hinzuweisen, die möglicherweise die pythagoreische Zahlentheorie initiiert hat. Es ist die Erkenntnis, daß die Intervalle der Tonleiter der Länge der schwingenden Saiten entsprechen. Durch die Halbierung der Saitenlänge ergibt sich die als harmonisch empfundene Oktav, mathematisch ausgedrückt als das Verhältnis 1 : 2. Entsprechend läßt sich die Quint als das Verhältnis 2 : 3 und der Quart als 3 : 4 bestimmen. Diese Verhältnisse gelten für jeden beliebigen Grundton, und so wird hier die universal gültige Einsicht gewonnen, daß sich natürliche Phänomene in mathematischen Proportionen ausdrücken lassen.

Möglicherweise hat diese Entdeckung Pythagoras zu der Annahme geführt, daß überhaupt alles mathematischen Proportionen gemäß ist. Für die Frage, ob seine Grundthese lautete: »Alles ist Zahl« oder »alles entspricht der Zahl«, bietet das Beispiel insofern einen Hinweis, als es sich bei Harmonien nicht um Zahlen, sondern um Zahlenverhältnisse handelt, d. h. um Proportionen. Die Oktave ist als das Verhältnis der ganzen zur halben Länge der Saite zu verstehen. In dieser Weise sind die natürlichen Phänomene mit mathematischen Proportionen identifizierbar.

Das Beispiel bietet aber den Ausgangspunkt für drei Aspekte der pythagoreischen Lehre: zum einen ist es die Entdeckung der Proportion überhaupt. Proportion heißt im Griechischen »logos« (λόγος). Mit der Entdeckung der mathematischen Proportionen der Musik wird ein »logos« entdeckt, der die natürlichen Phänomene miteinander verbindet. Zum zweiten aber entsteht die Einsicht, daß sich die Proportionen der natürlichen Dinge als das Verhältnis ganzer, natürlicher Zahlen auffassen lassen, womit die Perspektive einer mathematischen Erfassung des Seienden möglich wird, ein Ansatz, der in voller Konsequenz erst bei Galilei weiter verfolgt wird. Schließlich ergibt sich drittens die Intuition, daß das Verhältnis der Dinge zueinander harmonisch sei.

Innerhalb der Mathematik spielen die natürlichen, ganzen Zahlen eine entscheidende Rolle und innerhalb ihrer die vollkommenen Zahlen, die aus der Summe ihrer Teile gebildet werden können, z. B.

$6=1+2+3$. Eine Schlüsselstellung nahm die Vierheit ein, die »tetraktys«, die sich folgendermaßen darstellen läßt:

```
    0          1
   0 0         2
  0 0 0        3
 0 0 0 0       4
```

Die Tetraktys wurde als eine heilige Zahl aufgefaßt, bei der sogar geschworen wurde. Der Grund für ihre besondere Bedeutung läßt sich nur vermuten. Die Annahme, daß ihre Summe, d. h. die Zehn, die Anzahl der Finger darstellt, wäre naheliegend, ist aber nirgendwo überliefert. Eher schien für ihre besondere Stellung zu sprechen, daß sich an ihr die harmonischen Proportionen $1:2$, $2:3$ und $3:4$ ablesen lassen. Nicht unwichtig aber mag auch gewesen sein, daß die Eins den Punkt bildet, die Zwei die Linie, die Drei die Fläche und die Vier als Körper den Tetraeder.

Von Bedeutung waren auch die Rechteckzahlen, deren Punktkonfiguration Flächen ergeben nach der Proportion $n:(n+1)$, d. h. Rechtecke mit den Seitenproportionen $2:3$, $3:4$, $4:5$ usw. Von den Rechteckzahlen unterschieden waren die Quadratzahlen. Innerhalb der Quadratzahlen ergibt sich die Möglichkeit, eine Quadratzahl als die Summe von zwei anderen Quadratzahlen aufzufassen, so z. B. $5^2=4^2+3^2$. Es ist daher nicht ausgeschlossen, daß der sogenannte pythagoreische Lehrsatz seinen Ursprung in arithmetischen Überlegungen hatte und nicht in geometrischen, wenngleich zu berücksichtigen ist, daß in der pythagoreischen Lehre die Anordnung der Punkteinheiten immer auch geometrische Figuren darstellen.[5] Die geometrische Version des pythagoreischen Lehrsatzes war bereits den Ägyptern und Babyloniern bekannt und diente ihnen zur Konstruktion rechter Winkel. Es ist gut möglich, daß Pythagoras davon Kenntnis hatte.

Die Unterteilung der Zahlen in Quadratzahlen und Rechteckzalen war Teil einer umfassenderen Tafel von Gegensatzpaaren, die Aristoteles überliefert hat und die man geradezu als Urform einer Kategorientafel auffassen kann. Aristoteles stellt folgende Gegensatzpaare zusammen:[6]

Grenze	Unbegrenztes
Ungerades	Gerades (d. i. durch 2 Teilbares)
Eines	Vieles
Rechtes	Linkes
Männliches	Weibliches
Ruhendes	Bewegtes

Gerades	Gekrümmtes
Licht	Finsternis
Gutes	Böses
Quadratisches	Rechteckiges.

Diese Gegensatzpaare, deren Glieder sicherlich nicht gleichwertig sind, machen zum einen das im griechischen Denken seit Homer vernehmbare antagonistische Prinzip deutlich, zum anderen aber taucht mit dem Verhältnis ›Eines – Vieles‹ ein Thema auf, das die weitere Geschichte des Denkens maßgeblich bestimmen wird. Von Bedeutung ist nicht nur, daß im pythagoreischen Denken beide Begriffe ihren Platz haben, sondern mehr noch, daß das Eine von prinzipiell anderer Art ist als das Viele, d. h. daß das Eine nicht einfach nur ein Teil des Vielen ist, sondern als ungeschiedene Einheit von Gerade und Ungerade der Ursprung des Vielen.

Die Erkenntnis, daß musikalische Harmonien sich auf Zahlenverhältnisse zurückführen lassen, veranlaßte die Pythagoreer offensichtlich zu der Vermutung, daß überhaupt alle natürlichen Verhältnisse harmonisch seien. Bei dem Wort Harmonie ist daran zu denken, daß es zunächst als eine Zusammenfügung zu verstehen ist, also z. B. das Zusammengefügtsein von Bauholz. Sie meint eine bestimmte Ordnung, für die im Griechischen das Wort »Kosmos« steht. Es ist mit einiger Bestimmtheit anzunehmen, daß für Pythagoras der Begriff Kosmos eine zentrale Stelle in seinem Denken eingenommen und daß er als erster die Welt im ganzen als Kosmos bezeichnet hat.[7]

Aristoteles bemerkt dazu: »indem sie [...] die Bestimmungen (páthè) und Verhältnisse (lógoi) der Harmonie in Zahlen fanden, und ihnen somit sich alles andere, seiner Natur nach als den Zahlen nachgebildet, die Zahlen aber als das erste in der gesamten Natur zeigten, so nahmen sie an, die Elemente (stoicheîa) der Zahlen seien Elemente aller Dinge und der ganze Himmel sei Harmonie und Zahl.«[8]

Das kosmologische Modell der Pythagoreer, wenn möglicherweise auch noch nicht das von Pythagoras selbst, hat im Zentrum ein Zentralfeuer, um das sich die Erde, die Gegenerde, der Mond, die Sonne und die damals fünf bekannten Planeten drehten. Auf diese Weise gelangte man zu der bevorzugten Zehnzahl. Bereits Aristoteles bemerkt mit kritischem Unterton, daß die Pythagoreer dieser Zehnzahl wegen die »Gegenerde« hinzu »erdichteten«. Bedeutsam ist es jedoch, daß die Pythagoreer nicht nur wie vor ihnen schon Anaximander die Erde als freischwebend dachten, sondern diese sich sogar bewegen ließen. War dieses Modell auch noch nicht ein heliozentrisches System, wie es Aristarch von Samos im 3. Jahrhundert v. Chr. konzipierte, so war der Weg dorthin bereits gebahnt. Wie bereits Anaximander nahmen die Pythagoreer ebenfalls an, daß die Gestirnabstände durch festgefügte, d. h. harmonische zahlenmäßige Proportionen bestimmt seien, ein Gedanke, der noch bei Kepler in seiner Lehre von der Harmonie der Sphären nachweisbar ist.

Der Begriff Kosmologie bekommt daher erst mit Pythagoras und den Pythagoreern eine bestimmtere Bedeutung. Zum einen rückt der mythologische Aspekt der Weltentstehung ganz in den Hintergrund, bzw. er wird durch eine Spekulation über die ursprüngliche Eins in eine begriffliche Ebene gehoben, zum anderen aber meint Kosmos nun die zahlenmäßigen, festgefügten, d. h. harmonischen Proportionen der Dinge in der Welt. Das ist gegenüber dem mythologischen Weltmodell bei Homer und Hesiod völlig neu. Die verhältnisse der Welt sind nicht bestimmbar als die von Göttern zueinander, sondern es sind Zahlenproportionen. Die Proportionen (logoi) sind nicht als ein Verstandesschema zu denken, das den Dingen übergestülpt würde, sondern die Pythagoreer waren davon überzeugt, mit den harmonischen Proportionen das Wesen der Welt selbst erfaßt zu haben. Dinge sind zahlenmäßige Sachverhalte.

Der Gedanke der Ordnung ist für Pythagoras und die Pythagoreer das durchgängige Prinzip ihrer Wirklichkeitserfahrung. Er findet sich als musikalische Ordnung, als mathematische Ordnung, als astronomische Ordnung und schließlich als psychische Odnung mit ihren entsprechenden Auswirkungen auf individuelle und soziale Lebensweisen.

Die Sorge um die eigene Psyche wurde zu einem zentralen Motiv der pythagoreischen Lebensweise. Ausgangspunkt war dabei der Gedanke, daß die Seele im Leib verkörpert sei, sich von diesem aber auch wieder ablösen könne. Das mag im Traum geschehen oder aber auch beim Tod. Offensichtlich hat Pythagoras dabei Vorstellungen übernommen, die aus dem asiatischen Kulturkreis kommen. In diesen Kontext gehört auch der Gedanke, daß die Seele das Wesentliche im Menschen sei und daß sie durch ihre Verbindung mit dem Körper in ihrer Reinheit beeinträchtigt werde. Daher komme es entscheidend darauf an, daß in der Lebensweise dem Gedanken der Reinheit Rechnung getragen wird. Dazu gehören z. B. auch eine Fülle diätetischer Vorschriften, deren berühmteste das Tötungsverbot, das Verbot des Fleischgenusses und das Verbot des Bohnenessens ist. Aber auch andere Verhaltensregeln gehören in diesen Bereich, so das Verbot, zu Boden Gefallenes aufzuheben oder sich beim Weggehen noch einmal umzuschauen. Der spezielle Sinn dieser Vorschriften läßt sich kaum noch nachvollziehen, aber es ist bemerkenswert, daß einige eine große Ähnlichkeit haben mit denjenigen, die Hesiod nennt.

Im Vergleich zu Homer hat die Psychologie bei Pythagoras einen neuen Charakter. Während die Seele bei Homer, nachdem sie den Leichnam verlassen hat, ein schattenhaftes, kaum wirkliches Dasein im Hades fristet, ist die Seele bei Pythagoras nicht nur unsterblich, sondern geradezu göttlich. Daher nun wird ihr auch eine erheblich größere Bedeutung geschenkt als es bei Homer der Fall ist. Die Sorge um die Seele findet ihren Ausdruck in einer asketischen Lebensweise und in wissenschaftlichen Bemühungen. Dabei hat das Erkennen der durchgängigen Ordnung der Welt zugleich auch den Sinn, die eigene Seele als Teil dieser Ordnung wiederzuerkennen. Die Betrachtung (θεωρία) hat bei Pythagoras und den Pythagoreern daher zugleich eine wissenschaftliche und eine religiös-praktische Bedeutung.[9] Die Lehre von der Unsterblichkeit der Seele und der ethische Imperativ, der Sorge um die Seele, wird von Platon am entschiedensten aufgegriffen, und in dieser Hinsicht ist er selbst als ein Pythagoreer zu bezeichnen. Es bleibt anzumerken, daß in einer Auffassung, die in so umfassender Weise von der durchgängigen zahlenmäßigen Harmonie des Kosmos bestimmt war, die Entdeckung irrationaler Zahlenverhältnisse, wie sie z. B. bei der Diagonale eines Quadrats gegeben ist, dieses Denken in eine mehr als nur wissenschaftliche Erschütterung versetzt hat. Ist eine Proportion, die sich selbst als ganze Zahl auffassen läßt, als ihr »logos« zu verstehen, so ist ein Verhältnis, das nicht durch rationale Zahlen erfaßt werden kann, ἄλογος, »unvernünftig«, irrational.

2. Xenophanes (um 570 bis um 470 v. Chr.), Kolophon/ Ionien

Erde und Wasser ist alles, was entsteht und wächst.
(Porphyrios ap. Philoponos, in Phys., S. 125, 27 f.; DK 21 A 29, B 29)

Denn wir alle sind aus Erde und Wasser geboren.
(Sextus Empiricus, Adv. math. X 313; DK 21 B 33)

Die obere Grenze der Erde sehen wir hier zu unseren Füßen, / wie sie an die
    Luft stößt, die untere hingegen erstreckt sich ins Unermeßliche.
(Achilles, Isag., S. 34, 13 f. Maaß, DK 21 B 28)

Homer und Hesiod haben die Götter mit allem belastet, / was bei Menschen übelgenommen und getadelt wird: / stehlen und ehebrechen und einander betrügen.
(Sextus Empiricus, Adv. math. IX 193, DK 21 B 11)

Die Äthiopier behaupten, ihre Götter seien stumpfnasig und schwarz, / die Thraker, blauäugig und blond.
(Clemens von Alexandria, Strom. VII 22,1, DK 21 B 16)

Wenn aber die Rinder und Pferde und Löwen Hände hätten / und mit diesen Händen malen könnten und Bildwerke schaffen wie Menschen, / so würden die Pferde die Götter abbilden und malen in der Gestalt von Pferden, die Rinder in der von Rindern, und sie würden solche Statuen meißeln, / ihrer eigenen Körpergestalt entsprechend.
(Clemens von Alexandria, Strom. V 109,3 DK 21 B 15)

Die Götter haben den Menschen durchaus nicht gleich am Anfang alles enthüllt, / sondern im Lauf der Zeit suchen und finden sie Besseres hinzu.
(Stobaios I, S. 94, 2 f. III, S. 635, 11 f., DK 21 B 18)

Ein einziger Gott ist unter Göttern und Menschen der größte, / weder dem Körper noch der Einsicht nach den sterblichen Menschen gleich.
(Clemens von Alexandria, Strom. V 109,1, DK 21 B 23)

Als ganzer sieht er, als ganzer versteht er, als ganzer hört er.
(Sextus Empiricus, Adv. math. IX 144, DK 21 B 24)

Immer verbleibt er am selben Ort, ohne irgendwelche Bewegung, / denn es geziemt sich für ihn nicht, bald hierhin, bald dorthin zu gehen, um seine Ziele zu erreichen.
(Simplikios in Phys., S. 23, 11 f., DK 21 B 26)

Sondern ohne Anstrengung des Geistes lenkt er alles mit seinem Bewußtsein.
(Simplikios in Phys., S. 23, 20, DK 21 B 25)

Klares hat freilich kein Mensch gesehen, und es wird auch keinen geben, der es gesehen hat / hinsichtlich der Götter und aller Dinge, die ich erkläre. / Denn sogar wenn es einem in außerordentlichem Maße gelungen wäre, Vollkommenes zu sagen, / würde er sich dessen trotzdem nicht bewußt sein: bei allen Dingen gibt es nur Annahme.
(Sextus Empiricus, Adv. math. VII 49, DK 21 B 34)

Hätte Gott nicht den gelblichen Honig entstehen lassen, man würde meinen, / die Feige sei noch viel süßer.
(Herodian von Alexandria, περὶ μονήγους λέξεως II, S. 946, 23 f. Leutz. DK 21 B 38)

Denn nun ist ja der Fußboden rein und aller Hände und Becher. Gewundene Kränze legt uns einer ums Haupt, und ein anderer reicht duftende Salbe in einer Schale dar. Der Mischkrug steht da angefüllt mit Frohsinn, auch noch anderer Wein ist bereit in den Krügen, der nimmer zu versagen verspricht, ein milder, blumenduftender. In unsrer Mitte sendet heiligen Duft der Weihrauch empor, kaltes Wasser ist da, süßes, lauteres. Bereit liegen rötlich-blonde Brote, und der würdige Tisch bewegt sich unter der Last des Käses und des fetten Honigs. Der Altar steht in der Mitte ganz mit Blumen geschmückt, Gesang umfängt das Haus und Festesfreude. Da ziemt's zuerst wohlgesinnten Männern dem Gotte lobzusingen mit frommen Geschichten und reinen Worten.
(DK, B 1)

Für die Bestimmung der Lebensdaten des Xenophanes ergibt sich aus seinen eigenen Angaben, daß er mit 25 Jahren seine Heimatstadt Kolophon (Ionien) verließ und seitdem über 67 Jahre als Rhapsode durch Großgriechenland zog. Nimmt man als Zeitpunkt seiner Emigration die Unterwerfung Kolophons durch Harpagos, den Satrapen des Perserkönigs Kyros im Jahre 545 v. Chr. an, so ergibt sich eine grob geschätzte Lebenszeit von 570 bis 470 v. Chr.

Er ist bei seinen Reisen auch nach Elea gelangt und dort wohl mit Parmenides zusammengetroffen. Aristoteles berichtet, daß Parmenides sein Schüler gewesen sein soll[10], eine Vermutung, die durch den Altersabstand der beiden gestützt wird. Eine Interpretation der ihnen zugeschriebenen Texte macht jedoch auch eine gegenseitige Beeinflussung wahrscheinlich.

Die überlieferten Fragmente zeigen in ihrem Aussagegehalt keine einheitliche Tendenz, so daß sogar angenommen worden ist, daß es sich um zwei Personen handele.[11] Als nicht minder wahrscheinlich gilt die Vermutung, daß Xenophanes in seinem langen Leben zu neuen Überzeugungen gekommen ist.[12]

Xenophanes wählte nicht wie die Milesier vor ihm die Prosaform, sondern Lyrik. Sie hat die Form der Elegie, daneben gibt es Silloi, Spottgedichte, Hexameter mit Jamben verbunden. Ebenfalls in Gedichtform soll er ein Buch »Über die Natur« geschrieben haben, was aber sehr zweifelhaft ist.[13] Der Ausgangspunkt dieser Annahme ist, daß Xenophanes sich über kosmologische und physikalisch-meteorologische Fragen geäußert hat.

Die überlieferten Texte lassen sich drei Themenkreisen zuordnen: es gibt naturwissenschaftlich-kosmologische Aussagen, theologisch-ontologische und anthropologisch-erkenntniskritische. In seinen physikalischen Aussagen setzt Xenophanes die milesische Tradition fort. Die zentralen Worte von Thales, Anaximander und Anaximenes, Wasser, das »apeiron« und die Luft, tauchen bei ihm auf, ergänzt durch die von ihm ins Spiel gebrachte Erde. Wenn Aristoteles betont, daß keiner der frühen Naturphilosophen die Erde als Ursprung der Dinge angesehen habe[14], so scheint das im Widerspruch zu stehen zu der auf Aetius zurückgehenden Aussage in B 27, nach der alles aus der Erde entstehe und in sie zurückkehre. Dieser scheinbare Widerspruch löst sich, wenn man berücksichtigt, daß im Zusammenhang der übrigen Fragmente, so B 29 und B 33, Xenophanes offenkundig in Anlehnung an alte, bis auf Hesiod und weiter zurückreichende Mythologie die Verbindung von Wasser und Erde als Ursprung der Entwicklung angenommen hat.[15] Xenophanes scheint das bei Hesiod entwickelte Mythologem, das Uranos die Erde mit seinem Regen befruchtete, aufgenommen und entmythologisiert zu haben zu der These, daß Leben aus der Verbindung von Erde und Wasser entstehe.

Die Vermischung und Trennung von Wasser und Erde fügt sich bei ihm zu einem umfassenden zyklischen Prozeß, über den es bei Hippolytos ein indirektes Zitat gibt: »Xenophanes behauptet, es finde eine Mischung der Erde mit dem Meer statt, und die Erde werde im Laufe der Zeit vom Feuchten aufgelöst. Er führt folgenden Beweis dafür an: mitten im Lande und auf den Bergen werden Muscheln gefunden und, sagt er, in Syrakus ist in den Steinbrüchen der Abdruck eines Fisches und von Robben gefunden worden, auf Paros tief im Gestein der Abdruck eines Lorbeers, auf Malta plattenartige Formen von allen möglichen Seetieren. Er meint, dies sei geschehen, als alles damals Schlamm gewesen sei, und der Abdruck im Schlamm sei trocken und hart geworden. Alle Menschen würden umkommen, wenn die Erde in das Meer geschwemmt und dann zu Schlamm würde; danach fange sie aber wieder an zu entstehen, so stellt er fest, für alle Welten«.[16]

Das Referat zeigt, daß Xenophanes die Frage nach dem Anfang der Welt aufgegeben hat und stattdessen ein zyklisches Weltgeschehen annimmt. In dieses hat er gleichwohl den Gedanken der Evolution eingefügt, wie er ja bereits bei Anaximander vorlag. Die Stelle macht insgesamt den Denkstil von Xenophanes gut deutlich. Da ist zum einen die starke Betonung empirischer Beobachtung. Xenophanes sucht die sinnliche Erkenntnis; gleichzeitig aber wird das Beobachtete in ein umfassendes spekulatives kosmologisches Modell eingefügt.

In ähnlicher Weise, wenngleich noch kühner über das Beobachtbare hinausgreifend, hat er sich zu der Beschaffenheit und der Bewegung von Sonne und Mond geäußert. In Anlehnung an Anaximenes interpretiert Xenophanes die Gestirne als glühende Wolken. Bei der Sonne handele es sich um Feuerteilchen, die sich zu einer Kugel verdichten und von Ost nach West sich bewegen, wo sie im Unbegrenzten sich verlieren und erlöschen. Die Sonnenbahn denkt Xenophanes nicht als Kreis, sondern als eine gerade Linie. Die Kreisbahn sei vielmehr eine optische Täuschung. Die Sonne entstehe an jedem Tag neu, und so kann er die Nacht als ihr Ausgelöschtsein interpretieren. Auch der Mond ist für ihn ein selbstleuchtendes Gestirn.[17] Ebenso deutet er den Regenbogen: »Und was sie Iris nennen, auch dies ist nach seinem Ursprung eine Wolke, purpurn und rot und gelb anzuschauen« (B 32).

Xenophanes kommt bei seinen Naturerklärungen nicht über den Erkenntnisstand der Milesier hinaus, bleibt vielmehr in manchem weit hinter ihnen zurück. Entscheidend aber ist die unbezweifelbar entmythologisierende Tendenz, die in allen seinen kosmologischen Aussagen zum Ausdruck kommt. Für ihn sind Sonne, Mond und Regenbogen »nichts anderes als« Wolken. Dieser Ton der Reduktion ehemals göttlicher Gestalten auf natürliche Phänomene bestimmt seine kosmologischen Aussagen. Gigon vermutet, daß die naturwissenschaftlichen Aussagen dem frühen Xenophanes zuzuordnen seien und daß er in Süditalien das Pythagoreertum kennenlernte und sein Denken eine neue Wendung nahm.[18] Nun entwikkelt er nicht nur seine einzigartige philosophische Theologie, sondern verbindet diese mit philosophischer Ontologie.

Ausgangspunkt dafür ist seine gegen Homer und Hesiod gerichtete Mythologiekritik. Sein erster Vorwurf ist, daß diese den Göttern moralisch verwerfliche Handlungen unterstellt hätten. Aber es geht Xenophanes nicht um eine moralisch gereinigte Götterwelt, sondern er wendet sich überhaupt gegen alle anthropomorphen Vorstellungen. Sein Vorwurf ist: die Menschen machen sich dabei die Götter nach ihrem Bilde. Diese Kritik zielt jedoch nicht darauf ab, die Existenz des Göttlichen überhaupt zu leugnen, sondern nur die Relativität und Unangemessenheit der Götterbilder deutlich zu machen. Xenophanes lehnt daher die personal gedeutete Götterwelt Homers und Hesiods ab. An ihre Stelle setzt er den Gedanken des einen Gottes. Er ist allumfassend, allgegenwärtig und allmächtig. Er hat es nicht nötig, sich »hierhin oder dorthin« zu bewegen, wie es von Homers Göttern berichtet wird. Die Bewegungslosigkeit wird bei Xenophanes zu einem entscheidenden göttlichen Prinzip. Obwohl selbst unbewegt, lenkt der eine Gott alles ohne Anstrengung mit seinem Bewußtsein (phrén). Es ist sicher nicht abwegig, hierin einen Vorläufer des aristotelischen Gedankens des unbewegten Bewegers zu sehen. Aber auf diese Parallele hat Aristoteles nicht hingewiesen, wie es überhaupt charakteristisch ist, daß er Xenophanes mit einer gewissen Verachtung behandelt.[19]

Der von Xenophanes gedachte Gott ist ein Gott der Philosophen, seine Aussagen bilden den Grundriß einer philosophischen Theologie, der ersten im griechischen Denken. Und wenn er von einem Gott sagt, daß er als ganzer sieht, versteht und hört, dann wird man diese Aussage nicht als einen Rückfall in anthropomorphe Vorstellungen deuten dürfen, sondern als einen Hinweis auf die ihm zukommende höchst sublimierte Vernünftigkeit. Wenn also aus Xenophanes' Gottesbegriff alle personalen Aspekte entfernt sind, dann bedeutet das nicht, daß sein Gott unbestimmt oder nur negativ bestimmbar sei.

Aristoteles legt den besonderen Akzent darauf, daß es Xenophanes war, der »zuerst die Einheit lehrte« und gesagt habe »das Eins sei die Gottheit«. Allerdings habe er »zu wenig philosophische Bildung« besessen und daher nicht erklärt, ob dieses »Eins« »stofflich« (kata ten hýlen) oder »begrifflich« (kata ton lógon) zu verstehen sei. Spätere Interpreten haben aus dieser Aristotelesstelle geschlossen, Xenophanes habe gelehrt, das göttliche Eins sei beides, bewegt und unbewegt, begrenzt und unbegrenzt. Dabei werden in Anlehnung an die zenonischen Paradoxien Argumente für jeweils beide Thesen angeführt. Dies wird in einer pseudo-aristotelischen Schrift ausgeführt, die den Titel trägt »Über Melissus, Xenophanes und Gorgias« (MXG). Es ist einsichtig, daß diese Schrift nur wenig mit dem historischen Xenophanes zu tun hat.[20] Aber bereits die aristotelische Unterscheidung von »stofflich« und »begrifflich« ist für Xenophanes unangemessen.

Tatsächlich entwickelte Xenophanes eine Problemstellung, die von Parmenides an die weitere Entwicklung des Denkens bestimmen sollte. Ausgehend von seinem Gottesbegriff stößt Xenophanes auf das ontologische Problem der Einheit, das gegenüber der Vielfalt der einzelnen Erscheinungen abgesondert und gleichwohl doch nur als die Einheit der Erscheinung zu deuten ist. Es ist die Entdeckung der eigenständigen ontologischen Fragestellung gegenüber der Erklärung der Vielheit der natürlichen Phänomene, die für ihn zum Problem wird. Weil bei Xenophanes als erstem dieses Problem des Verhältnisses von Einheit und Vielheit auftritt, worauf ja im übrigen Aristoteles in seiner Weise selbst hinweist, nimmt er einen wichtigen Platz in der Geschichte des vorsokratischen Denkens ein.

Allerdings ist es richtig, daß die Rede über das Eine und den einen Gott bei Xenophanes ambivalent bleibt. Zum einen ist darauf hinzuweisen, daß trotz des erklärten Monotheismus Xenophanes auch von einer Mehrzahl von Göttern spricht. Das scheint inkonsequent zu sein. Wenn es überhaupt nur einen Gott gibt, wie kann dieser dann der größte unter allen Göttern sein? Und wie ist der Hinweis

auf die Verehrung der Götter zu verstehen? Offensichtlich liegt hier
eine ähnliche Situation vor wie bei Anaximenes, bei dem ja die Luft
das Prinzip alles Seienden, das Göttliche schlechthin war und andererseits davon die Rede war, daß die Götter in der Luft ihren
Ursprung hätten. Wie bei Anaximenes entwickelt sich philosophisch begriffliches Denken trotz der bei ihnen anzutreffenden Mythologiekritik und der naturwissenschaftlich motivierten Entmythologisierung nicht im Zeichen eines generellen Kampfes gegen den
Mythos. Vielmehr ist es so, daß die vorsokratischen Denker mit
ihrem neuen sachlichen Denken fortschreitend Bereiche durchdringen, die bis dahin ausschließlich mythologisch gedeutet wurden.

Trotz dieses unpolemischen Zuges sind einige von ihnen wegen
Gottlosigkeit angeklagt worden, wie Anaxagoras, Protagoras und
Sokrates selbst. Man kann sagen, daß die Vorsokratiker für bestimmte Bereiche eine gegenüber der traditionellen mythologischen
Weltdeutung alternative sachliche, entweder ontologisch begriffliche oder aber naturwissenschaftlich erklärende Deutung der Welt
entwickelten. Diese Zweigleisigkeit der Weltdeutung, d. h. der traditionellen Anerkennung bestimmter Kulte und Lebensformen einerseits und die Durchdringung anderer Bereiche mit dem neuen
sachlichen Denken andererseits, wird man auch für Xenophanes
annehmen dürfen. In dem Maße, in dem durch ein monotheistisches
Denken sich das Göttliche nicht mehr in einer Vielheit von Wirklichkeitsbereichen darstellte, wurden diese einer sachlichen Betrachtung zugänglich. Daher schließen sich monotheistische Spekulation
und sachliches Denken keineswegs aus.

Ein weiteres Problem, das mit seiner Konzeption der Einheit
zusammenhängt, betrifft die Frage, ob der eine Gott mit dem Weltganzen identisch ist oder ob er rein gedanklich das ontologische
Prinzip der Einheit vertritt. Im ersten Fall hätte der Gedanke der
göttlichen Einheit einen pantheistischen Sinn, im anderen einen
logischen. Diese Alternative stellte sich für Xenophanes so wohl
noch nicht, und man wird annehmen können, daß sein Gottesbegriff
Züge von beiden Intentionen enthält.[21] Der Gott ist die Einheit
des Weltganzen, die alles umfaßt und steuert und zugleich als Einheit etwas, das sich von dem bloß Vielen unterscheidet.

Von besonderer Bedeutung sind Xenophanes' Überlegungen zur
Erkenntnissituation des Menschen. Ausgangspunkt ist seine Unterscheidung menschlichen und göttlichen Wissens, die ein fester Topos im griechischen Denken ist.[22] Sie hat ihren bestimmten Ort in
den Musenanrufungen bei Homer und Hesiod. Der Dichter kann
nicht von sich aus die Wahrheit sagen, sondern er bedarf der göttlichen Eingebung. Das Wissen der Götter aber ist bestimmt durch

unmittelbare Präsenz – »denn ihr seid Göttinnen und seid bei allem dabei und wißt es, wir aber hören nur die Kunde und wissen nichts«.[23] Darüber hinaus ist göttliches Wissen dadurch ausgezeichnet, daß ihm Vergangenes und Zukünftiges ebenso präsent ist wie Gegenwärtiges und damit verbunden, daß es jedes als ein Vollendetes kennt, d. h. bei jeder Sache ihr Ende weiß.

Diese Überlegungen setzt Xenophanes fort. Doch nimmt er zugleich eine wesentliche Änderung vor. Für Homer war das göttliche Wissen deshalb umfassend, weil die Musen bei allem selbst dabei waren, wohingegen die Menschen immer nur einzelnes wahrnehmen und deshalb nur einiges wissen. Xenophanes dagegen unterscheidet menschliches und göttliches Wissen nicht so sehr in quantitativer Hinsicht, sondern qualitativ. Das menschliche Wissen ist trügerisch. Allem ist Schein beigefügt. Das führt dazu, daß der Mensch auch dort, wo er »Vollendetes« trifft, dieses nicht weiß. Damit trifft er die Unterscheidung von Wissen und Meinung bzw. Wahrheit und Schein, eine Unterscheidung, die bereits bei Hesiod anklingt, wenn er den Musen die Fähigkeit zuschreibt, sowohl Wahres als auch Täuschendes, der Wahrheit Ähnliches zu wissen.

Von einem Fall eines Scheins ist ja bei Xenophanes die Rede, wenn er darauf hinweist, daß die Sonne sich scheinbar in einer Kreisbahn, in Wirklichkeit aber in gerader Linie von Ost nach West sich bewegt. Während für Homer das Dabeisein, das eigene Gesehenhaben der höchste Garant der Erkenntnis war, werden bei Xenophanes deutlich Zweifel an der Zuverlässigkeit der Sinne erhoben. Ein weiteres Beispiel für die Skepsis, die gegenüber der Zuverlässigkeit der menschlichen Erkenntnis vorgebracht wird, bietet eine Aussage über den Geschmack von Feigen und Honig. »Die Feigen schmeckten uns viel süßer, wenn es den Honig nicht gäbe.« Hier ist nicht der Zweifel an der Klarheit unserer Erkenntnis das Entscheidende, sondern die Einsicht, daß jeder Erkenntnis ein Maßstab zugrundeliegt. Ähnlich wie in seiner Mythologiekritik die Relativität der Götterbilder thematisiert wird, verallgemeinert sich hier der Gedanke zum Problem der Relativität der Erkenntnis überhaupt.

Entscheidend ist nun, daß die Einsicht der Ungenauigkeit und Relativität der menschlichen Erkenntnis bei Xenophanes nicht zur prinzipiellen Resignation hinsichtlich der Erkenntnismöglichkeit führt. Vielmehr wird bei ihm der Gedanke des Erkenntnisfortschritts aktuell. Dabei wird für ihn die Unterscheidung menschlichen und göttlichen Wissens zum Motiv, in einer gegenüber der Dichtung völlig neuen Weise, sich auf die menschlichen Fähigkeiten des Wissenserwerbs selbst zu verlassen. Die Unzuverlässigkeit der menschlichen Erkenntnis wird zum Ansporn, selbst immer genauer zu forschen und das jeweils für wahr Befundene als vorerst Verläßliches festzuhalten. Xenophanes initiiert damit einen kulturellen Fortschrittsgedanken, der einige Zeit später bei Protagoras wichtig werden sollte.

3. Heraklit (um 540 bis um 480 v. Chr.), Ephesos/Ionien

Für der Lehre Sinn (logos) aber, wie er hier vorliegt, gewinnen die Menschen nie ein Verständnis, weder ehe sie ihn vernommen noch sobald sie ihn vernommen. Denn geschieht auch alles nach diesem Sinn (logos), so gleichen sie doch Unerprobten, so oft sie sich erproben an solchen Worten und Werken, wie ich sie erörtere, nach seiner Natur jegliches zerlegend und erklärend, wie es sich verhält. Den anderen Menschen aber bleibt unbewußt, was sie nach dem Erwachen tun, so wie sie das Bewußtsein verlieren für das, was sie im Schlafe tun.
(Sextus, Adv. math. VII 132; DK 22 B 1)

Darum ist es Pflicht, dem Gemeinsamen zu folgen. Aber obschon der Sinn gemeinsam ist, leben die Vielen, als hätten sie eine eigene Einsicht.
(Sextus Empiricus, Adv. math. VII 133; DK 22 B 2)

Das widereinander Strebende zusammengehend; aus dem auseinander Gehenden die schönste Fügung.
(Aristoteles, Nik. eth. Θ2, 1155 b 4 f.; DK 22 B 8)

Verbindungen: Ganzes und Nichtganzes, Einträchtiges Zwieträchtiges, Einklang Zwieklang, und aus Allem Eins und aus Einem Alles.
(Ps.-Aristoteles, Mund. 5,396 b 20 f,; DK 22 B 10)

Denen, die in dieselben Flüsse hineinsteigen, strömen andere und wieder andere Wasserfluten zu. Aber auch Seelen dünsten aus dem Feuchten hervor (?).
(Arios Didymos fr. 39 Diels; Kleanthes SVFI, fr. 519; DK 22 B 12)

Wann sie geboren sind, haben sie Willen zu leben und dadurch ihr Todeslos zu haben – oder vielmehr auszuruhen – und sie hinterlassen Kinder, daß wieder Todeslose entstehen.
(Clemens von Alexandria, Strom. III 14,1; DK 22 B 20)

Diese Weltordnung, dieselbige für alle Wesen, schuf weder einer der Götter noch der Menschen, sondern sie war immerdar und ist und wird sein ewig lebendiges Feuer, erglimmend nach Maßen und erlöschend nach Maßen.
(Clemens von Alexandria, Strom. V 104,2; DK 22 B 30)

Eins, das allein Weise, will nicht und will doch mit dem Namen des Zeus
benannt werden.
(Clemens von Alexandria, Strom. V 115,1; DK 22 B 32)

Der Seele Grenzen kannst du im Gehen nicht ausfindig machen, und ob du
jegliche Straße abschrittest; so tiefen Sinn hat sie.
(Diogenes Laertios IX 7; DK 22 B 45)

Haben sie nicht mich, sondern den Sinn vernommen, so ist es weise, dem
Sinne gemäß zu sagen, alles sei eins.
(Hippolytos, Haer. IX 9,1; DK 22 B 50)

Sie verstehen nicht, wie es auseinander getragen mit sich selbst im Sinn
zusammengeht: gegenstrebige Vereinigung wie die des Bogens und der
Leier.
(Hippolytos, Haer. IX 9,2; DK 22 B 51)

Die Lebenszeit ist ein Knabe, der spielt, hin und her die Brettsteine setzt:
Knabenregiment!
(Hippolytos, Haer. IX 9,4; DK 22 B 52)

Krieg ist aller Dinge Vater, aller Dinge König. Die einen erweist er als Götter,
die anderen als Menschen, die einen macht er zu Sklaven, die anderen zu
Freien.
(Hippolytos, Haer. IX 9,4; DK 22 B 53)

Unsichtbare Fügung stärker als sichtbare.
(Hippolytos, Haer. IV 9,5; DK 22 B 54)

Alles, wovon es Gesicht, Gehör, Kunde gibt, das ziehe ich vor.
(Hippolytos, Haer. IX 9,5; DK 22 B 55)

Der Weg hinauf hinab ein und derselbe.
(Hippolytos, Haer. IX 10,4; DK 22 B 60)

Meer: reinstes und scheußlichstes Wasser: Fischen trinkbar und lebenserhal-
tend, Menschen untrinkbar und tödlich.
(Hippolytos, Haer. IX 10,5; DK 22 B 61)

Gott ist Tag Nacht, Winter Sommer, Krieg Frieden, Sattheit Hunger. Er
wandelt sich aber gerade wie das Feuer, das, wenn es mit Räucherwerk
vermengt wird, nach dem Duft eines jeglichen heißt.
(Hippolytos, Haer. IX 10,8; DK 22 B 67)

Sich wandelnd ruht es aus.
(Plotin, Enn IV 8,1; DK 22 B 84 a)

Helios wird seine Maße nicht überschreiten; sonst werden ihn die Erinyen, der Dike Schergen, ausfindig machen.
(Plutarch, De exil. 604 A; DK 22 B 94)

Ich durchforschte mich selbst.
(Plutarch, Adv. Col. 1118 C; DK 22 B 101)

Für Gott ist alles schön und gut und gerecht; die Menschen aber haben das eine als ungerecht, das andere als gerecht angenommen.
(Schol. vet. ad Hom., Il. Δ4, Erbse I, S. 445, 82 f.; DK 22 B 102)

Gesund Denken ist die größte Vollkommenheit, und die Weisheit besteht darin, die Wahrheit zu sagen und zu handeln nach der Natur, auf sie hinhörend.
(Stobaios III, S. 129, 13 f.; DK 22 B 112)

Die Natur (das Wesen) liebt es sich zu verbergen.
(Themistios, Or. 5,69 B; DK 22 B 123)

Der Seele ist der Sinn eigen, der sich selbst mehrt.
(Stobaios Flor. I, 180 a; DK 22 B 115)

Den Menschen ist allen zuteil geworden, sich selbst zu erkennen und gesund zu denken.
(Stobaios III, S. 257, 3 f.; DK 22 B 116)

Das Kalte erwärmt sich, Warmes kühlt sich, Feuchtes trocknet sich, Dürres netzt sich.
(Tzetzes, Schol. ad Exeg. in Iliad., S. 126, 16 f. Hermann; DK 22 B 126)

Heraklit, dessen Lebenszeit den Zeitraum von ca. 540 bis 480 v. Chr. umfaßt, war Bürger der ionischen Stadt Ephesos. Seine »Blüte« fällt nach Diogenes Laertios in die 69. Olympiade (504/01 v. Chr.). Der Fixpunkt dieser Datierung ist Heraklits angebliche Beziehung zum Perserkönig Darius I. Heraklit lebte somit in der politisch unruhigen Zeit der Aufstände der griechischen Kolonien in Ionien gegen die Perser und deren Niederwerfung. Es wird berichtet, daß Heraklit die ihm zustehende Priesterwürde an seinen Bruder abgetreten habe. Daraus darf jedoch nicht geschlossen werden, daß er kein Interesse an den öffentlichen Angelegenheiten gehabt hätte, wohl aber kritisiert er die politischen Zustände von Ephesos scharf (B 121).

Sein Buch, das wie alle Bücher dieser Art unter dem Titel »περὶ φύσεως« zitiert wurde, legte er im Artemis-Tempel seiner Heimatstadt nieder und machte es auf diese Weise der Öffentlichkeit zugänglich. Der Tempel ist als ein Raum der Öffentlichkeit anzusehen.[24] Obwohl auf diese Weise »veröffentlicht«, hat er seinen Mitmenschen ein Verständnis seines Werkes nicht zugetraut. Heidegger interpretiert das Niederlegen des Buches im Tempel nicht als eine Form der Veröffentlichung, sondern als eine inhaltlich bedeutsame Zueignung des Buches zur Göttin Artemis.[25]

Außer dem Anfang des Buches, der einzigen längeren Textpassage, liegen nur einzelne Sätze und Teilsätze vor, und es ergibt sich die Aufgabe, sie zu einem nachvollziehbaren Zusammenhang zusammenzufügen. Trotz der sprichtwörtlichen Dunkelheit vieler Aussagen, die dazu führten, Heraklit selbst als den »Dunklen« (ὁ σκοτεινός) zu bezeichnen, wird der Versuch, die Intention des Buches zu erfassen, dadurch erleichtert, daß zum einen eine relativ große Zahl authentischer Zitate überliefert ist, diese Zitate einen gedanklichen Zusammenhang deutlich machen und die Struktur der Sätze eine geschlossene Form aufweist. Die Sätze haben oftmals den Charakter von Sentenzen und die ihnen zukommende strenge Form.

Es spricht einiges dafür, daß Heraklit einen für ihn zentralen Gedanken entdeckt und die Gültigkeit dieses Gedankens in unterschiedlichen Sachzusammenhängen zu verdeutlichen gesucht hat. Dieser Gedanke läßt sich verstehen als die Einheit des Gegensatzes. In einer Fülle von Beispielen weist er darauf hin, daß die Wirklichkeit durch Gegensätze bestimmt ist und daß die beiden Seiten jeweils eine unlösbare Einheit bilden. Der Begriff, den Heraklit zur Charakterisierung der Einheit des Gegensatzes gebraucht, ist »λόγος«. Heraklit erhebt damit ein umgangssprachlich vertrautes Wort mit einer breiten Bedeutungsskala zu einem philosophischen Zentralbegriff. Schadewaldt hat darauf hingewiesen, daß das Wort »logos« zwar in vielen Fällen »das gesprochene Wort« meint, daß es aber nicht den Laut des Wortes bedeutet, sondern »die geprägte, sinnhafte Form, die in der Materie der Laute ausgeprägt ist«, der »logos« hat einen »eigentümlich strukturellen Charakter«.[26]

Bei Heraklit bedeutet »logos« Verhältnis, Proportion, Zusammenhang, Gedanke und Wort. Im Vordergrund steht bei ihm dabei eindeutig der sachliche Aspekt. Der »logos« sagt etwas aus über das Wesen, die Struktur, die »φύσις« der Dinge.[27] Er bezeichnet den strukturellen Zusammenhang der Dinge. Jedes einzelne Seiende ist selbst bereits als ein »Verhältnis« aufzufassen bzw. als ein Sach-Verhalt. Sachverhalte lassen sich denken, aber auch der Gedanke, d. h. der gedachte Sachverhalt, ist selbst ein Sachverhalt, der als »logos« zu verstehen ist. Schließlich kann »logos« bei Heraklit das bloße Wort meinen.

Entscheidend ist, daß der »logos« ontologisch fundiert ist. Heraklit entwickelt nach Anaximander, und in Auseinandersetzung mit ihm in einer beziehungsvollen Abgrenzung, eine Ontologie, ohne natürlich dieses Wort zu gebrauchen. Deutlich wird dabei, daß sein Hauptinteresse nicht die Fortführung naturwissenschaftlicher Fragen galt, wie seinen benachbarten milesischen Vorgängern, sondern daß er ein spezifisch philosophisches, genauer ontologisches Problem thematisierte. Dieses läßt sich charakterisieren als die Frage nach dem einheitlichen Wesen des Seienden überhaupt. Ihm kam es darauf an, deutlich zu machen, daß alles Seiende, wie unterschiedlich es sich auch phänomenal darstellt, einen identischen Wesensaufbau hat. Bei Heraklit zeichnet sich daher stärker noch als bei Anaximander die Unterscheidung einer philosophisch-ontologischen und einer naturwissenschaftlichen Fragerichtung ab.

Heraklit setzt dabei in bedeutsamer Weise Anaximanders Aussage über das Wesen des Seienden fort. Hatte dieser deutlich gemacht, daß sich alles Seiende in einer Rechtsordnung befinde, die nur zeitweise gestört, aber mit Notwendigkeit auch immer wieder hergestellt wird, konzipiert Heraklit den Gedanken, daß auch noch das Verhältnis von Recht und Unrecht einer übergeordneten Rechtsordnung entspricht. Der Streit, die Entzweiung stört nicht die Rechtsordnung, wie Anaximander meinte, sondern konstituiert diese vielmehr.

Heraklit steht mit seiner Deutung des Seienden in der griechischen Tradition. Gerade seine Kritik an Homer zeigt dies deutlich. Für Homer stellt sich die Welt, wie erwähnt, als »Streitgeschehen« dar, gemäß einem universalen agonalen Prinzip polarer Gegensätze. Heraklit erklärt zum erstenmal ausdrücklich diese Struktur zum Wesen des Seienden. Aber indem er im agonalen Prinzip eine universal herrschende Notwendigkeit entdeckt, muß ihm die bei Homer ausgesprochene Hoffnung, es möge doch der Streit aus der Welt verschwinden, als unsinnig vorkommen. Homers Wunsch: »Das doch der Streit aus Göttern und aus Menschen vertilgt sei (...)« (Il. 18, 107), mag der Anlaß gewesen sein für Heraklits Homerschelte in B 42: »Homer, sagte er, verdient es, aus den Wettbewerben hinausgeworfen und verprügelt zu werden, und Archilochos etwa dasselbe«. Heraklit setzt dagegen: »Man soll aber wissen, daß der Krieg gemeinsam (allgemein) ist und das Recht der Zwist und daß alles geschieht auf Grund von Zwist und Schuldigkeit« (B 80). Das ist seine Neuinterpretation des agonalen Prinzips im Unterschied nicht nur zu Homer, sondern ebenso gegenüber Anaximander.

Die Einheit des Entzweiten wird für Heraklit zu einem durchgängigen Prinzip seiner Aussagen, das bis in die Satzbildung hinein zu verfolgen ist. Heraklits Sätze bilden in der Regel ein strenges Gefüge, und so wird die Abgrenzung des originalen Wortlauts im Kontext des zitierten Autors erleichtert. In der knappsten, aber zugleich sofort einsichtigen Form zeigt sich die Struktur des heraklitischen Satzbaus z. B. in B 60: »Der Weg hinauf hinab ein und derselbe«. Die Gegensätze »hinauf« und »hinab« werden zur Identität desselben Weges zusamengefügt. Daneben finden sich Satzgefüge, die die Struktur einer viergliedrigen Proportion nach dem Schema a:b = b:x haben, wobei aus zwei bekannten Größen eine unbekannte erschlossen werden soll, so z. B. in dem Fragment B 79 »Der Mann heißt kindisch vor der Gottheit so wie der Knabe vor dem Manne« oder B 83 »Der weiseste Mensch wird gegen Gott gehalten wie ein Affe erscheinen in Weisheit, Schönheit und allem andern«. In beiden Fällen ist Gott die unbekannte Größe, die aus dem bekannten Verhältnis vergleichsweise, aber gleichwohl nur annähernd erschlossen werden kann.

In manchen Fällen jedoch liegt diese strenge Fügung nicht vor, die eine Seite fehlt und die andere wird unsinnig, so z. B. in B 3: »(Die Sonne hat) die Breite des menschlichen Fußes«. Es ist wohl nicht glaubhaft, daß Heraklit nach seinen milesischen Vorgängern diese These vertreten hat. Vielmehr kann man hierin den paradoxen Teil eines unausgeführten Gedankens sehen, der sich jedoch mit Hilfe anderer Fragmente zu einem heraklitischen Satzgefüge ergänzen läßt. Durch Hinzufügung von B 99 ergibt sich: Die Sonne, die doch das größte und bedeutendste Gestirn ist, so daß gilt »Gäbe es keine Sonne, trotz der übrigen Gestirne, wäre es Nacht«, hat doch, so wie sie uns erscheint, nur die Breite eines menschlichen Fußes. Das in Wirklichkeit unermeßlich Große ist in der Erscheinung außerordentlich klein.

Heraklit hat den »logos« in vielen Fällen metaphorisch umschrieben. Am bekanntesten ist die Metapher des Krieges, die in B 53 gebraucht wird. Der Krieg entzweit und verbindet die konträren Seiten. Er wird bei Heraklit bezeichnenderweise nicht unter dem Aspekt der Zerstörung, sondern der Erzeugung eingeführt – ein Aspekt, der in vielen Fällen überhaupt nicht beachtet wird. Der Krieg erzeugt Götter und Menschen, Freie und Sklaven.

Interessant ist es nun, daß Heraklit keine eindeutig fixierbare Metaphernsprache ausbildet. Vielmehr bleiben die von ihm geprägten Metaphern kontextabhängig. Hatte der Krieg in B 53 die Stelle eingenommen, die übergreifende Einheit des Gegensatzes von Göttern und Menschen, Freien und Sklaven zu bezeichnen, so kann der Krieg in einem anderen Kontext selbst Teil eines Gegensatzpaares werden, so in B 67: »Gott ist Tag Nacht, Winter Sommer, Krieg Frieden, Sattheit Hunger.« Die Gegensätze sind hier auf eine unüberbietbare Weise zusammengefügt, indem noch auf die »Kopula« »ist« verzichtet wurde.

Gott steht hier wie der Krieg in B 53 für den »logos«. Der »logos« hat für Heraklit selbst eine göttliche Qualität. Er ist ewig, alles erzeugend, alles steuernd. Aber er ist keine Person, es wäre undenkbar, zu ihm zu beten. Der göttliche »logos« ist entmythologisiert, er ist versachlicht. Das Göttliche ist unter Beibehaltung der Attribute der Unsterblichkeit und der unbeschränkten Herrschaft zugleich ganz sachhaft. Der Versuch, dieses zur Sprache zu bringen, führt zur Ambivalenz: »Eins, das allein Weise, will nicht und will doch mit dem Namen des Zeus benannt werden.« (B 32)

Da Heraklit keine festgelegte Metaphernsprache entwickelt, sondern die Worte ihre Bedeutung erst im jeweiligen Kontext bekommen, kann er mit der Vieldeutigkeit und Kontextabhängigkeit von Worten spielen, so B 48 »Des Bogens Name also ist Leben (βιός : βίος), sein Werk aber Tod.« Da für Heraklit der »logos« primär eine Sachstruktur meint, die in einem Satz zum Ausdruck kommt, ist die später bei Plato im »Kratylos« erörterte Frage, ob die »Namen« naturgemäß oder willkürlich sind, für Heraklit unangemessen. Für Heraklit ist der »logos« nicht im Sinne eines Wortes das natürliche Zeichen für einen Gegenstand oder eine Sache, sondern er ist als Satz die adäquate Wiedergabe eines Sachverhalts.[28]

Der »logos« ist eine »Harmonie«, eine Zusammenfügung von Auseinanderstrebendem. Dabei ist bei dem Wort zunächst nicht einmal an Musik zu denken. Vielmehr wird das Wort bei Homer gebraucht zur Beschreibung z. B. der Art, wie Hölzer zu einem Floß zusammengefügt werden. Heraklit gebraucht dieses Wort in einem metaphorischen Sinn. Es bezeichnet bei ihm die unsichtbare Zusammenfügung der Gegensätze und betont, daß dieser stärker sei als jede sichtbare (B 54). Das Wesen der Dinge, das gerade durch diese Zusammenfügung bestimmt ist, bleibt verborgen, wie er in B 123 sagt.

Diese Verborgenheit des Wesens bedeutet aber nicht, daß es prinzipiell unerkennbar wäre, aber es bedarf einer besonderen Aufmerksamkeit, um es zu erkennen. Zu dieser Aufmerksamkeit aber sind die meisten Menschen nicht bereit – dies wirft Heraklit in immer neuen Wendungen seinen Zeitgenossen vor. Die Menschen stoßen tagtäglich und überall auf den »logos«, und doch bleibt er ihnen fremd. Und selbst die berühmtesten Männer der hellenischen Geschichte, wie Homer, Hesiod, Pythagoras, Xenophanes und Hekataios, die doch so viel erkundeten und wußten, sind an der elementaren Einsicht des »logos« achtlos vorübergegangen. Es ist daher übereilt, Heraklit eine besonders elitäre Haltung zuzuschreiben, wie dies in der Literatur teils bewundernd, teils kritisch getan wurde. Entscheidend ist vielmehr der Gedanke, daß es nicht ausreiche, sich in der bloßen Vielheit der Phänomene auszukennen, ohne die unsichtbare verbindende Einheit des Zusammenhangs zu erfassen. Er betont ausdrücklich, daß »philosophische« Männer, d. h. Leute, die auf Wissen aus sind, viele Dinge kennen müssen, aber das Entscheidende ist doch, den verbindenden »logos« zu erfassen, sonst bleibt jede Kenntnis bloße »Vielwisserei«.

Betrachtet man die von Heraklit beispielhaft genannten Gegensatzpaare genauer, so fällt auf, daß dabei zwei Arten zu unterscheiden sind. Es handelt sich zum einen um Gegensatzpaare, die eine Einheit der Zeit konstituieren. Dazu gehören: Tag-Nacht, Winter-Sommer, Leben-Tod, Krankheit-Gesundheit, Hunger-Sattheit u. a. m. So behauptet Heraklit gegenüber Hesiod, einem der von ihm kritisierten »Vielwisser«, er wisse nicht, daß Tag und Nacht eins seien. Ein Wort wird für die beide Seiten umfassende Zeiteinheit nicht genannt. Daneben gibt es Gegensätze, die unter einem synchronen Aspekt die entgegengesetzten Bestimmungen einer Sache darstellen, z. B. Meerwasser ist trinkbar und untrinkbar; der Weg hinauf und hinab ist derselbe; der Weg der Schraube ist gerade und krumm. Diese Beispiele haben Plato, und logisch stringenter Aristoteles, dazu veranlaßt, Heraklit einen Verstoß gegen das Prinzip des zu vermeidenden Widerspruchs vorzuwerfen.[29] Aristoteles folgert, daß eine Leugnung des Prinzips der Widerspruchsfreiheit dazu führe, daß alles eins sei »und Mensch, Gott, Schiff samt den Verneinungen« dasselbe würden.[30]

Aber es ist die Frage, ob dieser Vorwurf gegenüber Heraklit berechtigt ist. Aristoteles formuliert den Satz vom zu vermeidenden Widerspruch als das Axiom, »daß nämlich dasselbe demselben in derselben Beziehung (und dazu mögen noch die anderen näheren Bestimmungen hinzugefügt sein, mit denen wir logischen Einwürfen ausweichen) unmöglich zugleich zukommen und nicht zukommen kann«.[31] Nun ist es allerdings fraglich, ob Heraklit gegen dieses Prinzip verstoßen hat; denn keineswegs behauptet er ja, daß das Meerwasser in derselben Beziehung zugleich trinkbar und untrinkbar sei. Das, worauf Heraklit aufmerksam machen möchte, ist die Tatsache, daß dieselbe Sache in sich entgegengesetzte Aspekte enthält, ohne ihre Identität zu verlieren. Es ist die unsichtbare, aber stärker als alle sichtbaren Zusammenfügungen in den Dingen selbst liegende Harmonie des »logos«, die die Einheit der Sache trotz der in ihr enthaltenen Gegensätze zusammenhält. Es ist der erstaunliche Sachverhalt, daß es derselbe Mensch ist, der in der einen Zeit Säugling ist, zu einer anderen Jugendlicher, dann Erwachsener und schließlich noch als Toter als derselbe »identifiziert« wird. Das Erstaunliche ist, daß dieselbe Sache solche unterschiedlichen Momente aufweist, ohne ihre Einheit zu verlieren. Hätte Heraklit gegen das Prinzip des Widerspruchs verstoßen, so wie es Aristoteles formuliert hat, dann müßte seine Aussage über die Trinkbarkeit bzw. Untrinkbarkeit des Meerwassers falsch sein, was aber offensichtlich nicht der Fall ist.

Für die Charakterisierung der Umwandlung desselben in der Zeit wählt Heraklit häufig die Metapher Feuer. Feuer wird als Prinzip der Wandlung schlechthin verstanden. Der Ausgangspunkt mag das Phänomen der Umwandlung brennbarer Stoffe durch Feuer gewesen sein. Eine ähnliche Funktion erfüllt die Metapher des Geldes, bzw. Goldes, das als universales Tauschmittel in der Handelsstadt Ephesos zunehmend an Bedeutung gewann. Indem Heraklit beide Metaphern für denselben Sachverhalt gebraucht, wird deutlich, daß er bei dem Feuer nicht an ein physikalisches Element gedacht hat, sondern daß bei ihm das Metaphorische im Vordergrund stand. Zwar hat er sich den kosmologischen Prozeß als einen ständigen Kreislauf von Erde, Meer und Gluthauch gedacht (B 31), aber er entwickelt keine explizite Elementenlehre wie nach ihm Empedokles. Feuer ist für ihn nicht eins der Elemente, sondern Prinzip der Wandlung schlechthin. Deshalb nennt er auch das Feuer »vernünftig« (B 64). Als Vernünftiges bestimmt und durchdringt das Feuer alles.

Nach Pythagoras, und möglicherweise durch ihn beeinflußt, wird der Seele bei Heraklit eine große Aufmerksamkeit geschenkt. Wenn Heraklit sagt, daß die Grenzen der Seele nicht durchschritten werden können (B 45), weil sie einen solch tiefen »logos« besitze, dann wird deutlich, daß er anschaulich und abstrakt zugleich in neuer Weise Erfahrungen zur Sprache bringt, die vor ihm noch niemand so ausgedrückt hat. Seine Aussage: »Ich durchsuchte mich selbst« (B 101), kann als ein Forschungsprogramm einer späterern Psychologie verstanden werden. Dazu gehört auch die Aussage, daß der Seele der »logos« eigen sei, der sich selbst vermehrt (B 115). Gerade an diesem Beispiel zeigt sich, wie sich bei Heraklit eine neue Sprache entwickelt. Zum einen wird über die Seele in einem objektiven Sinne geredet, wie es bei Homer, aber auch noch bei Pythagoras der Fall war. Die Seele wird als ein Seiendes verstanden, dem ein besonderes Schicksal zuteil wird. Zum anderen aber tritt die Seele bei Heraklit bereits als Vollzugsorgan der Erkenntnis auf, d. h. »subjektiv«, und nähert sich damit dem Selbstverständnis des Menschen an. Nur im Vollzug nämlich ist die Seele ständig über sich hinaus, praktisch unbegrenzt, nicht aber als ein »objektiv« Seiendes.[32]

Heraklits Überlegungen zur Ethik sind ebenfalls aufs engste mit seinem Verständnis des »logos« verbunden. Im politischen Bereich betont er die Bedeutung des Gesetzes, das für alle gilt. Allerdings kann dies auch bedeuten, »dem Willen eines einzigen« zu folgen (B 33). Gleichwohl steht im Mittelpunkt der Gedanke, daß es darauf ankomme, auf das Allgemeine zu achten. Dieses ist als das gerechte Verhältnis eines Gegensatzpaares anzusehen.

Von besonderer Bedeutung ist nun, wie Heraklit in diesem Kontext die Gerechtigkeit als ein übergeordnetes, göttliches Prinzip zur Geltung bringt. Es besteht keineswegs nur darin, Recht und Unrecht zu unterscheiden, sondern zu erkennen, daß die göttliche Gerechtigkeit, anders als die menschliche, die sich innerhalb dieses Gegensatzes bewegt, dafür sorgt, daß zwischen gerecht und ungerecht noch einmal ein gerechter Ausgleich entsteht.

Diese übergreifende Perspektive hat Auswirkungen auch für die Lebenspraxis. Sie bedeutet, daß es z. B. unsinnig wäre, bei den Gegensätzen von Gesundheit und Krankheit, Mühe und Ruhe, Hunger und Sattheit von einer Seite absehen zu wollen. Heraklits Ethik besteht nicht in einer Anleitung zum sittlichen Leben oder in der Vermittlung von Techniken, mit denen man die positive Seite erreichen und negative vermeiden kann, sondern in einem Appell an die Einsicht, daß es keine Seite ohne die andere geben kann. Er spitzt diesen Gedanken zu der Aussage zu, es wäre für die Menschen nicht besser, wenn sie das erreichten, was sie wollten (B 110).

In diesem Sinne ist wohl auch B 112 zu verstehen, nach dem Heraklit betont, es komme darauf an, die Wahrheit zu sagen und zu handeln, nach der Natur auf sie hinhörend, d. h. auf das zwiespältige Wesen der Dinge zu achten. Es ist ganz offensichtlich, daß Heraklits Ethik ontologisch fundiert ist. Für alle Dinge bestehen fest gefügte Proportionen, sie bilden eine unauflösbare Rechtsordnung. Auf sie gilt es zu achten. Jeder Versuch, sich gegen sie zu erheben, ist Hybris und ist noch eher zu löschen als eine Feuersbrunst. Die Rechtsordnung ist ebensowenig zu ändern wie es der Sonne unmöglich ist, ihre Bahn zu verlassen, ja die Sonne unterliegt selbst dieser Rechtsordnung (B 94).

Heraklit stellt in mehrfacher Hinsicht einen Wendepunkt in der Geschichte des griechischen Denkens dar. Entschiedener noch als seine Vorgänger entwickelt er den Gedanken der Ontologie als Frage nach dem Wesen des Seienden selbst. Er macht das umgangssprachliche Worte »logos« zu einem philosophischen Begriff und eröffnet damit sowohl die Perspektiven für Sachforschungen im Sinne einer Bio-logie, Psycho-logie, Kosmo-logie usw. als auch den Ansatzpunkt einer ontologisch fundierten Logik und Dialektik. Er thematisiert »Relation« und »Bewegung« als philosophisches Problem und führt damit Themen ein, die die weitere Geschichte der Philosophie bestimmen werden. Er entwickelt schließlich Ansätze einer spezifischen Form der Metaphysik, nach der das übergreifende Allgemeine, der »logos«, etwas von allem »Abgesondertes« ist (B 108) und gleichwohl nur der Zusammenhang des einzelnen.

Indem Heraklit gerade auf die alles einende Kraft des »logos« setzt, ist er keineswegs der Denker des »alles fließt«, wozu ihn Plato machte, sondern derjenige, der Ruhe und Bewegung selbst noch einmal in ein Verhältnis setzte. Das Fragment B 84 a: »Sich wandelnd ruht es aus« bezeugt dies ebenso unmißverständlich wie das sogenannte Flußfragment B 12, dessen Pointe gerade darin liegt, daß trotz der ständig neuen Wasserfluten vom selben Fluß die Rede ist. Die Identität des Flusses konstituiert sich gerade als »ständiges« Fließen.

Heraklit gehört in den Kontext des ionischen Denkens, weil er die Existenz der vielen Phänomene anerkannt hat, aber gleichzeitig zielt sein Denken ab auf das Eine, demgegenüber das bloß Viele von untergeordneter Bedeutung ist. In dieser Hinsicht weist er voraus auf eleatisches Denken.

IV. Denken und Sein – Auf dem Weg zur Logik

1. Parmenides (um 515 bis nach 450 v. Chr.), Elea/ Süditalien

Die Stuten, die mich fahren so weit nur mein Wille dringt,
trugen mich voran, da sie mich auf den Kunde-reichen Weg
der Göttin gebracht hatten, der den wissenden Mann durch alle Städte führt.
Darauf fuhr ich: da nämlich fuhren mich die aufmerksamen Stuten,
die den Wagen zogen; und Mädchen lenkten die Fahrt.
Und die Achse in den Naben gab den Kreischton einer Rohrpfeife von sich
vor Hitze, so wurde sie getrieben von den zwei gedrehten
Rädern zu beiden Seiten, wenn schleuniger sich sputeten
die Sonnenmädchen, mich voranzufahren, hinter sich das Haus der Nacht,
dem Lichte zu, und von den Häuptern mit Händen die Schleier aufschlugen.
Da ist das Tor der Straßen von Nacht und Tag,
und ein Türsturz umschließt es und steinerne Schwelle.
Das Tor selber, aus Ätherlicht, ist aufgefüllt von großen Türflügeln.
Zu dem hat Dike, die genau vergeltende, die einlassenden Schlüssel.
Ihr sprachen nun die Mädchen mit sanften Reden zu
und bewogen sie klug, daß sie ihnen den verpflöckten Riegel
gleich vom Tor zurückschöbe. Und das, im Aufspringen,
ließ einen gähnenden Schlund aus den Türflügeln erscheinen, während es
seine bronzebeschlagenen
Pfosten, mit Nägeln und Nieten gezimmert, einen nach dem andern in den
Pfannen drehte.
Dort denn mitten durch
lenkten die Mädchen, gradaus der Straße nach, Wagen und Pferde.
Und die Göttin empfing mich freundlich, sie ergriff mit ihrer Hand
meine Rechte, redete mich an und sprach diese Worte:
Jüngling, Gefährte unsterblicher Lenkerinnen!
da du mit den Stuten, die dich fahren, zu unserem Hause gelangst,
Heil dir! denn es war kein schlechtes Geschick das dich leitete,
diese Reise zu machen – sie liegt ja wahrlich fernab vom Verkehr der
Menschen –
sondern Fug und Recht: Du darfst alles erfahren,
sowohl der runden Wahrheit unerschütterliches Herz
wie auch das Dünken der Sterblichen, worin keine wahre Verläßlichkeit ist.
Aber gleichwohl wirst du auch dies verstehen lernen, wie das ihnen Dün-
kende
gültig sein mußte und alles durchaus durchdringen.
(1–30 Sextus VII § 111 ff., 28 b–32 Simplicius de caelo S. 557, 28 b–30 Dioge-

nes Laert. IX § 22, 29–30, Clemens Strom. V § 59, Plutarch adv. Col. 1114;
DK 28 B 1)

So komm denn, ich will dir sagen – und du nimm die Rede auf, die du hörst –
welche Wege des Suchens allein zu denken sind.
Der eine: daß (etwas) ist, und daß nicht zu sein unmöglich ist,
ist der Weg der Überzeugung, denn die geht mit der Wahrheit.
Der andre: daß (etwas) nicht ist, und daß nicht zu sein richtig ist,
der, zeige ich dir, ist ein Pfad, von dem keinerlei Kunde kommt.
Denn was eben nicht ist, kannst du wohl weder wahrnehmen – denn das ist
    unvollziehbar –
noch aufzeigen.
(Proclus Tim. I S. 345, 3–8 Simplicius Phys. S. 116; DK 28 B 2)

Denn dasselbe kann gedacht werden und sein.
(Clemens Strom. VI § 23, Plotin Enn. V 1,8, Proclus Parm. S. 1152; DK 28
    B 3)

Richtig ist, das zu sagen und zu denken, daß Seiendes ist; denn das kann sein;
Nichts ist nicht: das, sage ich dir, sollst du dir klarmachen.
Denn das ist der erste Weg des Suchens von dem ich dich abhalte;
sodann aber von dem, worauf ja die Sterblichen, die nichts wissenden,
umherwanken, die doppelköpfigen: denn Ohnmacht lenkt in ihrer
Brust ihren schwankenden Verstand, und sie treiben dahin
so taub als blind, blöde, verdutzte Gaffer, unterscheidungslose Haufen,
bei denen Sein und Nichtsein dasselbe gilt
und nicht dasselbe, und es in allen Dingen einen umgekehrten Weg gibt.
(1–2 a Simplicius Phys. S. 86, 1 b–9 S. 117, 8–9 a S. 78; DK 28 B 6)

Parmenides ist im süditalienischen Elea geboren, unweit von Paestum. Über seine Lebensdaten werden in der Forschung unterschiedliche Auffassungen vertreten. Einen Anhaltspunkt bietet Platons Angabe in seinem Dialog »Parmenides«, daß dieser als 65jähriger Mann mit dem noch sehr jungen Sokrates in Athen zusammengetroffen sein soll. Nimmt man als Geburtsjahr für Sokrates das Jahr 470 v. Chr. an, dann könnte die Begegnung um 450 v. Chr. stattgefunden haben, und Parmenides wäre dann um 515 v. Chr. geboren. Gegen diese Rechnung ist eingewandt worden, daß Plato, um seinem Dialog einen historischen Charakter zu geben, die Zeitangaben verfälscht habe. So hat Karl Reinhardt in seinem viel beachteten und einflußreichen Buch ›Parmenides und die Geschichte der griechischen Philosophie‹ aus dem Jahre 1916 seine Lebenszeit zurückverlegt. Sein Hauptargument besteht in einer angenommenen inhaltlichen Auseinandersetzung von Heraklit mit Parmenides. Von ihr her entwickelt er eine »innere Chronologie«, deren Logik in folgender

Überlegung besteht: »Mußte nicht erst das Werden, als der Gegensatz zum wahren Sein, für etwas Unwahres, Unwirkliches, Unmögliches angesehen werden, ehe man sich die Mühe nehmen konnte, seine Möglichkeit mit allen nur verfügbaren Mitteln zu beweisen? Und bekanntlich dreht sich Heraklits Philosophie um die Behauptung, daß ein Werden wirklich möglich sei, ja daß das Sein nur durch das Werden möglich sei.«[1] Aber diese Entwicklungslogik ist keineswegs zwingend. Ein Vergleich beider Texte zeigt vielmehr, daß Heraklit, in der ionischen Tradition stehend, das Verhältnis von Vielheit und Einheit thematisiert, während Parmenides demgegenüber einen philosophischen Neuansatz wagt, indem er von dem Einen das Viele ausschließt.

In keinem der beiden Texte gibt es im übrigen Anhaltspunkte für eine Auseinandersetzung mit dem jeweils anderen. Das ist bei Parmenides wenig verwunderlich, weil er überhaupt keine historischen Namen nennt. Erstaunlich wäre es dagegen bei Heraklit, wenn er bei der Erörterung seines zentralen Gedankens nicht auf Parmenides polemisch Bezug nähme, zumal bei ihm eine Fülle von Namensnennungen vorliegen. Es spricht einiges dafür, daß Parmenides nach Heraklit geboren wurde und beide in ihren Werken nicht aufeinander Bezug genommen haben. Auch die Tatsache, daß Plato durch seine Datierung eine Begegnung von Parmenides und Sokrates in den Bereich des Möglichen rückte, darf nicht völlig übergangen werden.[2] Auch wenn die Begegnung nicht stattgefunden hat, mußte Plato glaubwürdige Anhaltspunkte haben, um sie als wahrscheinlich darstellen zu können. In der englischen Forschung ist dagegen kontinuierlich an der Chronologie Herkalit – Parmenides festgehalten worden, und inzwischen wird diese Reihenfolge allgemein anerkannt.

Parmenides soll nach Angaben Plutarchs für seine Vaterstadt auch als Gesetzgeber tätig gewesen sein. Ebenso wurden ihm Beziehungen zum Pythagoreertum nachgesagt. Mit einiger Sicherheit hat er auch Reisen unternommen, und sein Aufenthalt in Athen darf als wahrscheinlich angenommen werden.

Parmenides hat sein Werk in Hexametern verfaßt. Damit stellt er sich, im Gegensatz zu den milesischen Naturphilosophen, in die poetische Tradition Homers, Hesiods und Xenophanes'. Anders als diese jedoch ist der Inhalt seines Gedichts, das zum größten Teil erhalten ist, von einer philosophischen Begrifflichkeit bestimmt, so daß sich für sein Werk der Ausdruck »Lehrgedicht« durchgesetzt hat. Verglichen mit Xenophanes ist die Sprache bei Parmenides schwer und ungelenk, obwohl sie gleichwohl seinen zentralen Gedanken, den er in immer neuen Wendungen umkreist, angemessen zu sein scheint. Das Werk lag dem Neuplatoniker Simplicius noch vollständig vor, und er zitiert große Teile aus ihm mit dem Hinweis, daß das Buch bereits selten geworden sei.[3] Aufgrund dieses Umstandes ist ein relativ großer, in sich geschlossener und in seinem Wortlaut als authentisch anzusehender Teil des Lehrgedichts erhalten geblieben.

Das Werk umfaßt drei Teile: ein Proömium, dann den ersten Hauptteil, in dem Parmenides seine Theorie des Seins mit dem Anspruch unverbrüchlicher Wahrheit vorträgt, und schließlich sind von dem zweiten Teil, der den Schein, die bloßen Meinungen zum Inhalt hat, nur kurze Stücke erhalten. Insgesamt sind es 154 Verse.[4]

Der Gedanke, den Parmenides in den Mittelpunkt seines Werkes stellt, läßt sich so umschreiben: Es gibt nur das eine, unteilbare, in sich vollendete und begrenzte, in sich ruhende, bewegungslose Sein. Daraus folgt negativ: Es gibt kein Nichts, es gibt kein Werden oder Vergehen, denn beide setzen einen Übergang von Nichtsein in Sein oder von Sein in Nichtsein voraus und damit die unmögliche Existenz eines Nichtsein. An diesen zentralen Gedanken schließt sich der weitere an: Nur das Sein kann gedacht werden.

Zu diesem Gedanken des Seins stehen die beiden anderen Teile des Gedichts in einem eigentümlichen Mißverhältnis. Entgegen der Leugnung der Bewegung wird nämlich im Proömium von einer geradezu atemberaubenden Wagenfahrt berichtet, bei der ein nicht näher bezeichneter Jüngling, der aber, wie es der Text nahelegt, nur Parmenides selbst sein kann, von einer Göttin, die ebenfalls nicht benannt wird, von dem Haus der Nacht in das des Lichts gebracht wird, um dort von der Göttin die Wahrheit zu hören. Es liegt nahe, die Göttin mit der Wahrheit selbst zu identifizieren.[5]

Die Beschreibung des Wagens, der kreischende Ton der rotglühenden Achsen und der Mechanik der Tür sind anschaulich und realistisch. Gleichwohl ist die ganze Szene von einer eigentümlichen Unbestimmtheit und Ortlosigkeit. Der Autor läßt keinen Zweifel daran, daß es sich bei seiner Darstellung um einen mythisch-allegorischen Sachverhalt handelt. Dieser hat, ähnlich wie bei Hesiod, die Aufgabe der göttlichen Legitimation des Sprechers. Es handelt sich zugleich aber um die Beschreibung eines Denkwegs, der als allgemeinverbindlich aufgezeigt wird, und um die Erzählung eines ekstatischen Erlebnisses, das den Autor aus den alltäglichen Lebensbezügen entrückt.

Sicherlich nicht zufällig taucht an zentraler Stelle im Proömium Dike auf, die Einlaß gewährt in das Haus des Lichts und der Wahrheit. Damit setzt Parmenides die Tradition Hesiods und Solons fort, bei denen ja ebenfalls Wahrheit und Recht einen engen Zusammenhang bilden. Das Wahre sagen heißt, dem Sein das zuzusprechen, was ihm zu Recht zukommt.

Die rasende Fahrt steht in einem extremen Gegensatz zu dem bewegungslosen Reich der Wahrheit, das den Jüngling erwartet. Aber es ist gerade der Kontrast zu der rasenden Fahrt, der dem bewegungslosen Reich der Wahrheit seine eigentümliche Prägnanz gibt. Nicht nur müssen dem Jüngling während der Fahrt alle Sinne vergehen, die Bewegung selbst wird bei der Erreichung des Ziels abrupt negiert. Deutlich wird zudem, daß derjenige, dem die Wahrheit verkündet wird, diese nicht aus eigener Fähigkeit erreicht, sondern zu ihr hingeführt wird.

Mit der Anrede des Jünglings durch die Göttin beginnt der Hauptteil des Gedichts. Alles Folgende ist Rede der Göttin. Ein Lehrgedicht ist das Werk vor allem deshalb, weil die Göttin ihre Rede in Form eines Lehrvortrags vorträgt, und erst über diesen Umweg wird das Vorgetragene zur Lehre für den Leser oder Hörer.

Die Göttin entwickelt in ihrem Vortrag drei Thesen: 1. Seiendes ist, 2. Nichtsein ist nicht und 3. Sein und Nichtsein sind unverträglich. Der erste Satz wird als Behauptung vorgetragen. Die beiden anderen Sätze werden dadurch bewiesen, daß ex negativo ihre Umkehrung als unvereinbar mit dem ersten Satz nachgewiesen wird.

Die Argumentation erfolgt mit logischer Stringenz, die selbst aber unterstützt wird durch Mahnungen: »Du aber halte den Gedanken von diesem Weg des Suchens fern.« (fr. 7) Die Göttin beendet ihren Vortrag mit dem deutlichen Hinweis: »Hier beendige ich die zuverlässige Überlegung und das Denken um die Wahrheit.« Und sie fährt fort: »Sterbliches Wähnen lerne von hier an verstehen, wenn du das trügerische Gefüge meiner Worte hörst.« (fr. 8).

Was folgt ist eine Art Kosmologie, die auf den polaren Größen von Feuer und Nacht basiert. Das Feuer ist das »ätherische Feuer der Flamme, als das milde, ganz leichte, sich selber überall gleiche«, während »die entgegengesetzte Seite, die unbewußte Nacht, als dichte, schwarze Gestalt« beschrieben wird. Alle Phänomene der Welt sind als Mischung von Licht und Nacht zu deuten. Parmenides macht Andeutungen zu einer Kosmologie, dem Verhältnis von Erde, Mond und Sonne und ihnen zugehörige Feuerringe, sowie zur Anthropologie, vor allem der Zeugung, Geburt und Zweigeschlechtlichkeit des Menschen.

Fragt man nach dem Verhältnis dieser Überlegungen zu dem Gedanken über das Sein, nach dem sie ja ganz unmöglich sein müßten, so gibt Parmenides selbst eine Begründung: »Diese ganz und gar passend erscheinende Welteinrichtung verkündige ich dir, so wird gewißlich niemals irgendeine Ansicht von Sterblichen dich überholen.« (fr. 8) Aber es erscheint mehr zu sein als eine pädagogisch-didaktische Argumentationshilfe zur Abwehr der verbreiteten falschen Meinungen, die die kosmologischen Ausführungen motivieren. Als »ganz und gar unpassend« ist die Welterklärung für alle Sterblichen, die sich nicht völlig auf den reinen Gedanken des Seins zurückbegeben können, sondern dem Reich der Phänomene verhaftet bleiben.

Aus diesem Grunde ist Parmenides' Werk trotz der prononciert vorgetragenen Hauptthese nicht einheitlich.[6] Mythologische, philosophische und naturwissenschaftlich-kosmologische Momente sind keineswegs bruchlos miteinander verbunden. Der Hauptakzent liegt jedoch zweifellos auf dem philosophisch-ontologischen. Ähnlich wie Heraklit ist Parmenides nicht zentral an physikalisch-kosmologischen Fragen interessiert, sondern daran, das Wesen des Seienden zu bedenken.

Der Sache nach entwickelt er den Grundriß einer Ontologie und der Logik. Beide stehen in einem engen Zusammenhang. Die These, daß das Seiende ist und daß nur das Seiende ist, stellt für ihn eine unmittelbare Gewißheit dar, die durch nichts zu begründen und von keinem anderen Satz abzuleiten ist. Aber die Wahrheit dieser These wird dadurch erhärtet, daß das Denken einen anderen Weg nicht zuläßt und jeder andere Denkweg in die Irre führt. Es ist Dike selbst, die ihre Fesseln nicht locker läßt, sondern das Sein festhält, so daß es weder nicht sein noch anders sein kann. Es ist geradezu das »Schicksal«, die »Moira«, die das Sein gebunden hat, ganz und unbeweglich zu sein. Aus diesem Grunde darf das Denken zu keinen anderen Aussagen über das Sein kommen. Ein Nichtsein ist nach Parmenides zwar weder »sagbar« noch »denkbar«, aber das heißt nicht, daß die Sagbarkeit und Denkbarkeit über den Charakter des Seins entscheidet. Vielmehr gilt umgekehrt: Ein Denken, das die Wahrheit des Seins sagen will, kann nichts anderes sagen als daß Seiendes ist. In dieser Weise hat die »Moira«, die das Sein bindet, zugleich einen bindenden Charakter für das Denken oder, unmythologisch ausgedrückt: Die Logik, der Gedanke der Identität und der des unmöglichen Widerspruchs, der von Parmenides vorgedacht wird, wird ontologisch begründet.

Die unteilbare Präsenz des Seins schließt nun jedoch konsequent Vielheit, Bewegung, Vergangenheit und Zukunft aus. »Und welches Bedürfnis hätte es auch veranlassen sollen, später oder früher, aus dem Nichts beginnend, sich zu bilden? Also muß es entweder ganz und gar sein oder nicht. Noch auch wird die Gewalt die Gewißheit zulassen, daß jemals aus einem Seienden irgend etwas über es hinaus

wird – aus diesem Grunde hat weder zum Werden noch zum Vergehen die Rechtmäßigkeit es in seinen Fesseln lockernd losgelassen,
sondern hält es fest.« (fr. 8).

Parmenides verwendet mythologische Figuren, um einen Sachverhalt zu erläutern, der selbst sich jeder Mythologie entzogen hat
und rein denkerisch zu erfassen ist: das Wesen des Seins. »Dike« und
»Moira« sind es, die »Seinsnotwendigkeit« und »Denknotwendig-
keit« verbinden. Beide Göttinnen, einschließlich der andeutungsweise eingeführten Göttin der Wahrheit, sind die einzigen mythologischen Gestalten bei Parmenides. Entgegen den elementaren, d. h.
bestimmten Elementen zugeordneten Göttern, wie Poseidon, Gaia
oder Uranos, haben sie ohnehin bereits eine bestimmte Nähe zum
Begrifflichen. Besonders der Moira kommt eine Sonderstellung zu.
Ihr müssen selbst die Götter sich fügen. Sie ragt über die übrige
Götterwelt hinaus, und vielleicht kann man in einer nahezu paradoxen Redeweise sagen: In der Gestalt der Moira wird in der Sprache
der Mythologie über sie selbst hinausgedacht. Ähnliches ließe sich
über Dike sagen. Bei der Wahrheit hat Parmenides selbst bereits den
mythologischen Bezug gelockert. Eine namenlose Göttin verkündet
die Wahrheit, aber *ist* sie nicht in einem unmittelbaren Sinne. Auf
diese Weise wird bei Parmenides der Übergang von der mythologischen Erzählung zum philosophischen Gedanken deutlich.

Das Seiende selbst aber, dessen Wesen Parmenides in das Zentrum
seines Denkens stellt, hat nun überhaupt nichts Mythologisches an
sich. Es wird an keiner Stelle mit Attributen des Göttlichen verse-
hen, ebensowenig wie das Denken. Hier ist der Übergang von
personal bestimmter Mythologie zur Sachlichkeit des Denkens vollzogen.

Gleichwohl steht die strenge Sachlichkeit, die den Hauptteil des
Werkes auszeichnet, zur mythologischen Einkleidung des philosophischen Lehrvortrags in einer spannungsvollen Beziehung. Die
philosophische Sachlichkeit ist von einer mythischen Aura umge-
ben. Der Ernst, der diese Passagen durchzieht, wird bestimmt durch
den protreptischen, feierlichen Klang der göttlichen Weisung.

Einige Schwierigkeiten hat den Übersetzern und Interpreten das
Fragment 3 geboten. Diels übersetzt: »denn dasselbe ist Denken und
Sein«. Diese Übersetzung ist in der Tat mißverständlich. Sie kann zu
zwei Fehlinterpretationen führen. Die eine besteht darin, daß das
Sein ein bloßer Gedanke sei, die andere, daß das Denken das Sein sei.
Offensichtlich aber meint Parmenides weder das eine noch das
andere. Hölscher versucht daher in seiner Übersetzung diese Miß-
verständnisse dadurch zu beseitigen, daß er weder das Denken noch
das Sein als Subjekt des Satzes ansetzt, sondern Dasselbe. Dasselbe

ist das Subjekt, von dem sowohl das Gedacht-werden-können als das Sein-können prädiziert wird.[7] Das entscheidende Argument für die Richtigkeit dieser Interpretation besteht in der angemessenen Übersetzung des Wortes »νοεῖν«. Denken heißt bei den Griechen Seiendes denken. Ein Denken von Nichtseiendem ist ein falsches Denken und daher im eigentlichen Sinne gar kein Denken. Denken hat nicht den Charakter von »etwas Ausdenken«. Das Denken ist ein Vernehmen, und ein Denken, das nichts vernimmt, gibt es nicht. Aus diesem Grunde ist ein Nicht-Haus oder ein Nicht-Pferd nicht denkbar.[8]

Von diesem Ansatz aus wird auch die Aussage verständlich: »Denn nicht ohne das Seiende, worin eine Aussage ihr Sein hat, wirst du das Erkennen finden.« (fr. 8) Die ontologische Bindung des Denkens und Redens bildet die Grundüberzeugung der Griechen von Homer bis Parmenides und noch über ihn hinaus. Erst bei den Sophisten wird diese Bindung gelockert.

Es ist nur konsequent, wenn Parmenides bei seiner These über das Sein mit dem Nichtsein auch Bewegung, Zeit und Vielheit ausschließt, denn diese wären nur unter Akzeptierung eines Nichtseins denkbar. Bewegung meint nicht nur Ortsveränderung, sondern allgemein ein Anderswerden, d. h. aber eine Aufhebung des Sich-selbst-Gleichseins des Seins, ein Nicht-mehr-so-Sein und im Falle der Ortsveränderung ein Nicht-mehr-hier-Sein oder ein Noch-nicht-dort-Sein. So oder so müßte ein Nicht zugelassen werden. Für die Zeit gilt eine ähnliche Überlegung: Vergangenheit heißt ein Nicht-mehr-Sein und Zukunft ein Noch-nicht-Sein, und schließlich heißt Vielheit, daß das Eine »nicht« das Andere ist.

Parmenides hat das eine, unbewegliche, in sich vollendete Sein mit der Gestalt einer Kugel verglichen, nicht aber behauptet, das Sein sei eine Kugel. Die Kugel wird als geschlossene, in sich völlig homogene und daher vollkommene Gestalt gedacht. Sie ist, wie alles Vollkommene, begrenzt. Was aber ist jenseits der Grenze? Offenkundig das Unbegrenzte, aber das Unbegrenzte ist kein Sein, sondern ein Nichtsein, nämlich das Nichtsein einer Grenze. Wenn es aber ein Nichtsein nicht gibt, kann es auch nicht das Nichtsein jenseits der Grenze geben. Unbegrenztes ist unmöglich.

Parmenides wird, ausgehend von seinen Aussagen über die Kugelförmigkeit des Seins, die These von der Kugelgestalt der Erde zugeschrieben.[9] Träfe diese Zuschreibung zu, dann läge hier der bedeutsame Fall vor, daß eine weit vorgreifende kosmologische Einsicht nicht durch physikalische Forschungen gewonnen worden wäre, sondern durch eine rein spekulative Stringenz des Denkens. Die Radikalität eines die Sinnlichkeit beiseiteschiebenden reinen

Denkens antizipierte in diesem Fall eine Erkenntnis, die das naturwissenschaftliche Denken erst über viele Umwege und unter Relativierung der unmittelbaren sinnlichen Gewißheit sich erschloß.

Parmenides stellte den Kosmos, ähnlich wie Anaximander, als ein Gefüge von konzentrischen Kränzen dar, die aus Dünnem und Dichtem, bzw. Licht und Finsternis gebildet sein sollen. Er entwirft ein geozentrisches Weltbild. Als Begründung führt Aetius aus: »Parmenides und Demokrit lehren, daß die Erde durch ihren gleichen Abstand nach allen Seiten in Ruhe verharre, indem es wegen dieses Gleichgewichts keine Ursache gebe, weshalb sie hierhin oder dorthin fallen sollte. Aus diesem Grunde bebe sie nur, aber bewege sich nicht von der Stelle«.[10]

Der Mond verfügt über kein eigenes Licht, sondern reflektiert das der Sonne. In einer Formulierung, die auf eigentümliche Weise mythologische und naturwissenschaftliche Rede miteinander verbindet, heißt es: »(Der Mond) immer hinschauend nach den Strahlen der Sonne« (fr. 15).

Hinsichtlich der Zeugung vertritt Parmenides die These, daß »das Männliche im rechten Teil der Gebärmutter empfangen werde», »auf der rechten Seite Knaben, auf der linken Mädchen«. Nach Aristoteles lehrt Parmenides über die Erkenntnis: »Denn so wie jeweils die Mischung in den immer schwankenden Körperteilen ist, so widerfährt den Menschen die Erkenntnis. Denn die Beschaffenheit der Körperteile ist dasselbe, was sie denkt, bei allen Menschen und bei jedem. Das Mehrere nämlich ist die Erkenntnis« (fr. 16). Offensichtlich hat Parmenides dabei das Prinzip »Gleiches erkennt Gleiches« im Blick, aber bereits Theophrast[11] weist darauf hin, daß Parmenides seinen Gedanken nicht weiter ausführt. Vergleicht man das Denken von Parmenides mit dem Heraklits, so fällt auf, daß der von Plato stilisierte Gegensatz beider sich so nicht halten läßt. Zwar ist Parmenides der Denker eines unveränderlichen Seins, aber Heraklit ist nicht der Denker des reinen Werdens, wie Plato ihm unterstellt, sondern derjenige, der den Zusammenhang von Ruhe und Bewegung, Vielheit und Einheit denkt.

Parmenides ist nicht nur der Begründer einer ontologisch fundierten Logik, sondern auch der Metaphysik. Er initiiert ein Denken, nach dem das wahre Sein ein nur denkbares, unveränderliches Allgemeines ist, während die sichtbaren Dinge bloßer Schein und daher im eigentlichen Sinne überhaupt nicht sind. Indem Parmenides jedoch im zweiten Teil seines Gedichts Zugeständnisse an die Welt der Phänomene macht, kommt eine Ambivalenz nicht nur in sein Denken, sondern in das aller nachfolgenden Metaphysik. Die Frage ist: Wie lassen sich die Phänomene erklären? Es bieten sich zwei Möglichkeiten an: Nach der radikalen Lösung wird deren Existenz überhaupt geleugnet: nur das Sein ist, der Schein aber hat kein Sein. Nach der gemäßigten wird die Erklärungsbedürftigkeit des Scheins anerkannt. Nun ist der Schein ein Abbild des Seins, nicht ein volles Sein, aber auch kein reines Nichtsein, sondern ein minderes Sein, das gleichwohl in gewisser Weise am Sein »teilhat«. Die bei Plato erörterte Frage der »Teilhabe« hat hier ihren Ursprung.

Von besonderer Bedeutung für die Entwicklung des philosophischen Denkens ist die Tatsache, daß Parmenides zum ersten Mal »das Seiende« in den Rang eines philosophischen Begriffs erhebt. Das Seiende, τά ὄντα, hat im Griechischen die alltagssprachliche Bedeutung von Gebrauchsding, »Zeug«. So konnte z. B. einem Sklaven befohlen werden, »τά ὄντα« hinaüszutragen.[12] Es charakterisiert die denkerische Radikalität von Parmenides, daß er von der phänomenalen Vielfalt der Dinge abstrahierte, um nach dem Wesen des Seienden selbst zu fragen. In ihr manifestiert sich auf philosophisch bedeutsame Weise die ihn leitende Sachlichkeit des Denkens.

2. Zenon (um 490 bis um 430 v. Chr.), Elea/Süditalien

Das der Größe nach Unendliche legte er vorher nach demselben Beweisgang dar. Er zeigt zuerst, daß wenn das Seiende keine Größe besitze, es auch nicht sei. Dann fährt er so fort: Wenn es aber ist, so muß notwendigerweise ein jeder Teil eine gewisse Größe und Dicke und Abstand der eine vom anderen haben. Und von dem vor jenem liegenden Teile gilt dieselbe Behauptung. Auch dieser wird nämlich Größe haben und es wird ein anderer vor ihm liegen. Die gleiche Behauptung gilt nun ein für allemal. Denn kein derartiger Teil desselben (des Ganzen) wird die äußerste Grenze bilden, und nie wird der eine ohne Beziehung zum anderen sein. Wenn also viele Dinge sind, so müssen sie notwendig zugleich klein und groß sein: klein bis zur Nichtigkeit, groß bis zur Grenzenlosigkeit. (Simpl. in Phys., S. 140, 3 ff.; DK 29 B 1)

In seiner Schrift, die viele Beweisgänge enthält, zeigt er in jedem daß wer die Vielheit behauptet, sich Widersprechendes sagt. So ist einer dieser Beweisgänge folgender. Er will zeigen, daß ›wenn Vieles ist, dies zugleich groß und klein sein muß, und zwar groß bis zur Grenzenlosigkeit und klein bis zur Nichtigkeit‹ (B 1). (Simpl. in Phys., S. 139, 3 ff.; DK 29 B 2)

Was bedarf es langen Redens? Es steht ja auch in Zenons Schrift selbst. Z. schreibt nämlich da, wo er wieder zeigt, daß die Vielheit den Widerspruch der Begrenztheit und Unbegrenztheit identischer Dinge einschließt, wört-

lich folgendes: Wenn Vieles ist, so müssen notwendig gerade so viele Dinge sein als wirklich sind, nicht mehr, nicht minder. Wenn aber so viele Dinge sind als eben sind, so dürften sie (der Zahl nach) begrenzt sein. Wenn Vieles ist, so sind die seienden Dinge (der Zahl nach) unbegrenzt. Denn stets sind andere zwischen den seienden Dingen und wieder andere zwischen jenem. Und somit sind die seienden Dinge (der Zahl nach) unbegrenzt.
(Simpl. in Phys., S. 140, 29 ff.; DK 29 B 3)

Z. hebt die Bewegung auf, wenn er behauptet: Das Bewegte bewegt sich weder in dem Raume, in dem es ist, noch in dem es nicht ist.
(Diog. Laert. IX 72; DK 29 B 4)

Zenon ist, wie Parmenides, dessen Schüler er ist, in Elea geboren. Nach dem platonischen Dialog »Parmenides« hat er sich als vierzigjähriger Mann zusammen mit seinem Lehrer um das Jahr 450 v. Chr. in Athen aufgehalten. Von hier aus sind die Daten seines Lebens auf den Zeitraum von 490 bis 430 v. Chr. festgesetzt worden.

Die Hauptquellen für Zenon finden sich bei Platon und Aristoteles. Dabei ist von Bedeutung, daß bei Platon die historische Persönlichkeit, wenn auch literarisch stilisiert, Konturen gewinnt. Zenon wird als ein Mann geschildert, der schon in jungen Jahren ein Buch geschrieben hat, indem er es unternahm, die Lehre Parmenides' dadurch zu verteidigen, daß er sie vor Angriffen in Schutz nahm, die darauf abzielten, sie lächerlich zu machen. Der Hauptgedanke des Buches bestand in einem negativen Beweis, bei dem die Unmöglichkeit der Annahme der Vielheit ausgeführt wurde. Obwohl es bereits bei Parmenides Ansätze zu einem indirekten Beweis gibt, hat Zenon diese Beweisart weiter entwickelt. Die Notwendigkeit, ein indirektes Beweisverfahren zu entwickeln, ergab sich offensichtlich daraus, daß die einfache These des Seins selbst eines Beweises nicht fähig ist. Dieses seither vor allem in der Mathematik häufig angewandte Beweisverfahren besteht darin, daß die Wahrheit eines Satzes dadurch bewiesen wird, daß seine Negation zu Widersprüchen führt. Widersprüchliches aber kann nicht wahr sein.

Platon erwähnt, daß Zenon gesagt habe, sein Buch sei ihm gestohlen worden, noch bevor er zu einem endgültigen Schluß und zur Entscheidung einer Veröffentlichung gekommen sei. Beide Hinweise, das frühe Entstehungsdatum und Zenons Zögern, es zu veröffentlichen, sind von Platon möglicherweise in der Absicht mitgeteilt worden, Schwächen der zenonischen Argumentation zu erklären und zugleich zu entschuldigen.

Daß die Hauptsache des Buches in der Widerlegung der Existenz des Vielen bestanden habe, läßt sich Plato im Dialog von Zenon ausdrücklich bestätigen: »Es ist also das, was deine Beweise zeigen wollen, nichts anderes als gegen alle die Behauptungen (deiner Gegner) deine These zu erhärten, daß es keine Vielheit gibt? Und glaubst du, daß eben hierfür ein jedes deiner Argumente ein Beweis ist, so daß du gar glaubst, ebenso viele Argumente vorzubringen wie du Beweisgänge geschrieben hast, um zu erhärten, daß es keine Vielheit gibt? Meinst du das oder verstehe ich dich nicht recht? (Zenon): Doch, du hast die Absicht meiner ganzen Schrift gut verstanden.«[13]

Bei Aristoteles tritt demgegenüber Zenons Widerlegung der Bewegung in den Mittelpunkt und damit zugleich ein Thema, das in Aristoteles' eigener Philosophie eine zentrale Rolle spielt. Es ist zu fragen, wie beide Themen, die Widerlegung der Vielheit und die der Bewegung, zusammenhängen. Bei Aristoteles tauchen die berühmt gewordenen Beispiele auf, nach denen 1. Achill, der schnellste Läufer vor Troja, nicht in der Lage ist, die Schildkröte, das langsamste Tier, einzuholen, 2. ein abgeschossener Pfeil bewegungslos an seinem Ort verharrt, 3. zwei in entgegengesetzter Richtung aneinander vorbeilaufende Läufergruppen für dieselbe Strecke die halbe wie die einfache Zeit benötigen und 4. ein Haufen hingeschütteter Hirse entgegen der Wahrnehmung kein Geräusch verursacht.

Aristoteles soll aufgrund der Tatsache, daß Zenons Beweise zu widersprüchlichen Folgerungen führen, ihn als Erfinder der Dialektik bezeichnet haben.[14] Die wörtlich überlieferten Fragmente finden sich bei Simplicius, der in seinem Kommentar zur Physik-Vorlesung von Aristoteles Zenon zitiert.

Wenn man versucht, den zentralen Gedanken bei Zenon darzustellen, so ist zunächst darauf hinzuweisen, daß es sich bei ihm um einen Schüler Parmenides' handelt, bei dem der Begriff Schüler vielleicht zum ersten Mal in der Geschichte der griechischen Philosophie im strengen Sinne zu verstehen ist. Dabei versteht sich Zenon jedoch keineswegs in dem Sinne als Schüler, nach dem er es sich etwa zum Ziel gesetzt hätte, die Lehre seines Meisters möglichst wortgetreu zu wiederholen und zu verbreiten. Vielmehr versteht er seine Aufgabe darin, dessen Werk gegen ungerechtfertigte Angriffe zu verteidigen.

Gleichwohl geschieht unter philosophiegeschichtlichem Aspekt etwas bemerkenswert Neues. Die bei Parmenides noch anzutreffende mythologische Einkleidung des Gedankens, die feierliche Sprache, die poetische Form der Darstellung entfallen. Zenon reduziert die Philosophie des Meisters auf die dürre logische Struktur des Gedankens des einen, unbeweglichen Seins. Die bei Parmenides bildreich in Szene gesetzte göttliche Legitimation der eigenen Lehre wäre bei Zenon ganz unvorstellbar. In dieser Hinsicht weist Zenon eine weitere Steigerung in der Tendenz auf Sachlichkeit des Denkens auf. Es greift den seiner Meinung nach zentralen Aspekt der parmenidischen Lehre auf und abstrahiert von allen übrigen, nicht nur von mythologischen, sondern auch von allen kosmologischen. Das halbe Zugeständnis an die Sinne, das Parmenides im zweiten Teil seines Gedichts macht, ist bei Zenon nicht mehr zu finden. Man kann in dieser Reduktion des Gedankengangs ebensosehr eine Radikalisierung eines als wahr erkannten Grundgedankens sehen, und so würde man aus der Perspektive Zenons argumentieren müssen, als auch unter der Voraussetzung, daß die anderen kosmologischen Themen auf die Dauer nicht verschwinden werden, den ersten Ansatz einer Spezialisierung der Philosophie. In dieser Hinsicht ist Zenon unerhört modern. Anthropologie, Kosmologie, Ethik, Psychologie, Biologie und andere Bereiche, die bisher zumindest in Ansätzen immer mit diskutiert wurden, werden von Zenon nicht behandelt. Im Hinblick auf die von ihm thematisierte Fragestellung ist es jedoch verwunderlich, daß sie von bedeutenden Mathematikern nach ihm, angefangen von Descartes und Leibniz bis hin zu Dedekind und Cantor, behandelt worden sind. In seiner Bewegungsparadoxie mag man vielleicht sogar Vorformen der Einsteinschen Relativitätstheorie entdecken.

Betrachtet man die Überlieferung bei Plato und Aristoteles, so hat es den Anschein, als behandelte Zenon zwei Fragestellungen, nämlich die Widerlegung der Existenz des Vielen und die der Bewegung. Diese Annahme ist sicherlich auch zutreffend, wenn man berücksichtigt, daß zum einen das Plato-Zitat im »Parmenides« korrekt ist, und zum anderen die bei Aristoteles überlieferten Bewegungsparadoxien authentisch sind. An beiden gibt es keinen vernünftigen Grund zu zweifeln. Gleichwohl zeigt es sich bei genauerer Betrachtung, daß beide Widerlegungen in einem engen Verhältnis zueinander stehen und die Aporie der Bewegung sich aus der des Vielen ableiten läßt.

Die Paradoxie hinsichtlich des Einen und des Vielen läßt sich so darstellen: Zenons zentrale Frage ist wie die des Parmenides eine ontologische und erst in zweiter Linie eine logische. Die ontologische lautet: Wie ist das Seiende als Einheit zu denken? Vor allem: Ist diese Einheit eine ausgedehnte Größe? Handelt es sich um eine Einheit ohne Ausdehnung, so existiert nach Zenon das Seiende überhaupt nicht. Zenon rührt mit dieser Frage an einen Punkt der parmenideischen Lehre, der tatsächlich problematisch war. Indem nämlich Parmenides das Sein als ein Begrenztes interpretierte, das als vollendete Gestalt der Kugel vergleichbar sei, provozierte er die

Frage, ob die Einheit des Seins nicht als eine ausgedehnte und als solche aus vielen Teilen bestehende Größe zu interpretieren sei. Oder kann eine ausgedehnte, gleichwohl unteilbare Größe gedacht werden? Diesem Dilemma stellt sich Zenon. Nach Aristoteles hat sich Zenon in der Weise entschieden, daß für ihn ein Nichtausgedehntes nicht existiert.[15] Gesteht man aber dem Seienden körperliche Größe zu, dann ist dieses Seiende auch teilbar. Es enthält eine unendliche Anzahl kleinster Teilchen. Ihre Summe bildet eine unendliche Größe. Daher ist unter dieser Voraussetzung jedes Seiende unendlich groß. Solange die kleinsten Teilchen jedoch überhaupt noch eine Größe haben, sind sie weiterhin teilbar. Das unteilbare Seiende wäre dagegen als eine Nichtgröße aufzufassen, und unter dieser Voraussetzung wäre es klein bis zur Nichtigkeit, d. h. es würde überhaupt nicht existieren. Ein ausgedehntes Seiendes ist also zugleich unendlich groß und bis zur Nichtexistenz hin klein.

Die Frage lautet also: Ist die kleinste Einheit noch als ausgedehnt zu betrachten? Ist sie ausgedehnt, dann ist sie teilbar und damit nicht das kleinste Teilchen; ist sie nicht ausgedehnt, dann existiert sie überhaupt nicht. Es ist die Frage, ob Zenon mit dieser Überlegung nicht an einen Punkt gelangte, von dem aus der parmenideische Gedanke einer ausgedehnten, gleichwohl unteilbaren Einheit des Seins als eine Unmöglichkeit erscheinen mußte; eine Überlegung, die Gorgias nach ihn dazu geführt haben kann, tatsächlich die Existenz des Seins zu leugnen. Mit Sicherheit kann man Zenon nicht unterstellen, daß er auf latente Schwierigkeiten der parmenideischen Lehre habe hinweisen wollen. Tatsächlich aber hat er das Problem eines ausgedehnten unteilbaren Seins aufgedeckt, und die Naturphilosophen nach ihm haben auf unterschiedliche Weise versucht, es zu lösen.

Es läßt sich nun sehr einfach zeigen, wie diese Aporie das Problem der Bewegung zu erhellen vermag. Von Bedeutung ist, daß Zenon Bewegung als Ortsveränderung auffaßt – auch in dieser Hinsicht ein »moderner« Denker. Die erste Paradoxie der Bewegung formuliert Aristoteles so: »Das erste zeigt, daß keine Bewegung stattfindet, indem das Bewegende, ehe es das Ziel erreicht, zuvor die Hälfte erreichen muß«[16], und an späterer Stelle heißt es ausführlicher: »In derselben Weise sollte auch jenen entgegnet werden, welche das Argument Zenons verwenden: Wenn man immer wieder zuerst jeweils die Hälfte durchlaufen muß und diese (Hälften) unendlich sind und man die unendliche Mannigfaltigkeit unmöglich bis ans Ziel durchlaufen kann – oder wie bestimmte Leute dasselbe Argument in anderer Weise formulieren, indem sie fordern, simultan mit der stattfindenden Bewegung über die halbe Strecke soll man schon vorher die jeweils anfallende Hälfte mitzählen, so daß, wenn (der Bewegende) die ganze Strecke bis zum Ziel durchlaufen hat, die Folge ist, daß man eine unendliche Zahl durchgezählt hat. Solches ist zugegebenermaßen unmöglich.«[17] Es ist bemerkenswert, daß Aristoteles zugesteht, daß das von Zenon gestellte Problem unter seinen Prämissen unlösbar ist. Seine eigene Lösung besteht daher darin, Zenons Begriff des Unendlichen anders zu interpretieren.

Die in der ersten Paradoxie dargestellte Situation läßt sich auf zweifache Weise darstellen. Es kann nämlich angenommen werden, daß der sich Bewegende tatsächlich die halbe Wegstrecke durchläuft, nun aber von der zweiten Hälfte wiederum die Hälfte durchlaufen muß, danach vom verbleibenden Rest wieder die Hälfte usw. In diesem Fall wird also die Möglichkeit der Bewegung zugestanden, aber geleugnet, daß er jemals ans Ziel kommt, weil die Anzahl der noch zu durchlaufenden Teilstrecken unendlich groß ist. Nach dem anderen Modell ist anzunehmen, daß der Läufer bereits am Ausgangspunkt stecken bleibt, weil er, bevor er die ganze Strecke durchlaufen kann, zuvor deren erste Hälfte durchlaufen haben muß, von dieser aber zuvor wiederum die erste Hälfte usw. Leugnet man mit Zenon die Möglichkeit der Bewegung, so ist die zweite Interpretation der Bewegungsaporie die angemessenere.[18] Gleichwohl hat Zenon in seinen Beispielen zunächst die Möglichkeit der Bewegung hypothetisch zugestanden, um dann zu zeigen, daß ihre Annahme zu Aporien führt.

Das wird bei dem Wettlauf Achills mit der Schildkröte deutlich. Achill kann die Schildkröte, auch dann, wenn er beliebig viel schneller als diese ist, bei einem beliebig großen bzw. kleinen Vorsprung nicht einholen, weil die Schildkröte jedes Mal, wenn Achill ihren Ausgangspunkt erreicht hat, ein kleines Stück weiter ist. Beide Beispiele basieren auf derselben Überlegung: Es ist unmöglich, die Addition einer unendlichen Reihe kleiner und kleinster Größen wirklich durchzuführen. Zwar hat bereits Descartes die arithmetische Formel entwickelt zur Berechnung des Punktes, an dem zwei mit unterschiedlicher Geschwindigkeit auf einer Linie sich hintereinander bewegende Punkte treffen, wobei der hintere Punkt eine größere Geschwindigkeit hat, aber es ist die Frage, ob damit die Pointe der zenonischen Paradoxie wirklich getroffen wurde. Sein Problem bestand nicht in der Frage, an welchem Punkt Achill die Schildkröte einholt, sondern darin, daß es unmöglich ist, die Addition einer unendlichen Anzahl von Einheiten wirklich durchzuführen. Dies hat Aristoteles offensichtlich in der Paradoxie Zenons erkannt und anerkannt. Es kam Zenon nicht auf die Einführung von Limesgrößen an, und deshalb ist seine Paradoxie keine Vorform der

Infinitesimalrechnung, sondern darauf, daß das endlich Große, sofern man ihm Teilbarkeit zugesteht, zu einer unendlichen mathematisch, d. h. gedanklich operativ, nicht zu durchlaufenden Größe wird. Es zeigt sich, daß eine kleine Strecke, die in der Wirklichkeit mühelos zu durchlaufen ist, für das Denken nicht zu bewältigen ist, wenn man ihm zumutet, die gedankliche Bewegung der Addition seiner unendlich vielen Teilstrecken durchzuführen. Das Denken (auch das eines schnellen Rechners) muß an der einfachen Aufgabe, von der 1 zur 2 zu gelangen, verzweifeln, wenn ihm zugemutet wird, nach dem Schema 1, 1 ½, 1 ¾, 1 ⅞ usw. vorzugehen.

Aristoteles hat die Paradoxie der Addition einer unendlichen Anzahl kleiner Strecken dadurch gelöst, daß er darauf hinwies, daß für das Durchlaufen einer beliebig großen Anzahl kleiner Strecken eine ebenso große Anzahl von Zeiteinheiten zur Verfügung stehe. Dieser Lösung kann man nicht widersprechen, zumal er zugesteht, daß das aktuale Durchlaufen einer unendlichen Folge tatsächlich unmöglich ist. Seine Lösung basiert dagegen auf einem Wechsel der Perspektive, ähnlich dem, den Descartes für seine Lösung vornahm.

Die Paradoxie des ruhenden Pfeils berücksichtigt einen anderen Aspekt des Dilemmas. Die Begründung für die Unmöglichkeit der Bewegung des Pfeils wird in Fragment B 3 in denkbar knapper Form gegeben. Der Pfeil befindet sich zu einem gegebenen Zeitpunkt an einer bestimmten Stelle im Raum. Diese Raumstelle ist genauso groß wie der Pfeil, der sie einnimmt. Innerhalb dieses Raums gibt es daher keinen Spielraum für eine Bewegung. Andererseits kann sich der Pfeil auch nicht an einer Raumstelle vor ihm bewegen, an der er sich ja nicht befindet. Er kann sich also nicht an der Stelle bewegen, wo er sich befindet, noch an der Stelle vor ihm, wo er sich nicht befindet, und das heißt, er kann sich überhaupt nicht bewegen.

Auch in diesem Fall gelingt Aristoteles eine Widerlegung nur dadurch, daß er Zenon gegenüber eine andere Interpretation dessen, was unter Zeit zu verstehen ist, entgegenhält. Aristoteles wendet gegen Zenons Beweis ein: »Er beruht aber auf der Annahme, daß die Zeit aus lauter einzelnen Momenten besteht. Denn wenn man diese Annahme nicht zugibt, verliert der Schluß seine Bündigkeit.«[19] Es ist völlig überzeugend, daß die zenonische Paradoxie durch die Annahme von Zeitpunkten entsteht, aber das Problem würde noch nicht dadurch gelöst, daß man statt dessen größere Zeiteinheiten annähme, etwa Sekunden oder Minuten, denn solange wie auch immer begrenzte Zeiteinheiten angenommen werden, wiederholt sich das Problem, daß innerhalb einer beliebigen Zeiteinheit der Pfeil immer nur in einer ebenfalls begrenzten Raumeinheit sich befinden kann, nicht aber in einer Raumeinheit davor. Die Lösung kann daher nicht in einem fortgesetzten Überschreiten begrenzter Raum- und Zeiteinheit bestehen, sondern nur darin, daß man von vornherein die gesamte Raumeinheit und Zeiteinheit als ein zusammenhängendes Kontinuum betrachtet. Das philosophisch Brisante steckt jedoch darin, daß Zenon nicht von der unmittelbaren Gewißheit der sinnlichen Wahrnehmung bewegter Gegenstände ausging und sich fragte, wie diese Bewegung begrifflich darzustellen ist, sondern umgekehrt vorging und das Zeugnis der Sinne solange nicht zuließ, bis ihm begrifflich die Möglichkeit der Bewegung nachgewiesen wurde.

Die Paradoxie der aneinander vorbeilaufenden Läufergruppen besteht darin, daß jede Gruppe die Länge der entgegenkommenden Gruppe doppelt so schnell durchläuft wie die gleichlange Raumstrecke innerhalb des Stadions, das sie durchlaufen. Sie laufen also zur gleichen Zeit in zwei verschiedenen Geschwindigkeiten, ohne doch an ihrer gleichförmigen Geschwindigkeit etwas zu ändern. Schematisch läßt sich das in folgender Figur verdeutlichen, wobei BB und CC die Läufergruppen darstellen und AA Raumstrecken im Stadion.[20]
Gegeben sei die Position:

$$AA$$
$$BB \rightarrow$$
$$\leftarrow CC$$

Die Pfeile bezeichnen die Bewegungsrichtung.

Wenn das erste B auf der Höhe des rechten A ist, ist das erste C auf der Höhe des linken A.
Nun wird folgende Position eingenommen

$$AA$$
$$BB \rightarrow$$
$$\leftarrow CC$$

Das erste B hat ein A passiert, aber gleichzeitig 2 C, das erste C ein A, aber 2 B.

Bereits Diels hat darauf hingewiesen, daß in diesem Beispiel die Vorform der Relativitätstheorie steckt. Und tatsächlich weist Einsteins Beispiel des fahrenden Zuges, dessen Bewegung vom Bahndamm aus und von einem Insassen im Zug aus unterschiedlich zu beurteilen ist, eine gewisse Parallele auf. »Ereignisse, welche in bezug auf den Bahndamm gleichzeitig sind, sind in bezug auf den Zug nicht gleichzeitig und umgekehrt (Relativität der Gleichzeitigkeit).«[21]

Die letzte Paradoxie entnimmt Zenon aus dem physikalischen Bereich. In einem Gespräch mit dem Sophisten Protagoras veranlaßte er diesen zu bestätigen, daß ein heruntergefallenes Hirsekorn

»oder das Zehntausendstel dieses Hirsekorns« kein Geräusch verursacht, wohl aber ein ausgeschütteter Scheffel Hirse. Gleichwohl sei aber der Scheffel Hirse nichts anderes als eine bestimmte Summe einzelner Hirsekörner oder Teile von diesen. Wie also kann die Ansammlung von Nicht-Geräusch, d. h. also von Nichtseiendem, ein Etwas, ein Geräusch ergeben? Es ist die Frage, ob es Zenon bei diesem Beispiel um die Aporie von Einheit und Vielheit ging oder um den Nachweis der Unzuverlässigkeit unserer sinnlichen Wahrnehmung. Da aber das Geräusch als eine »objektive« Gegebenheit aufgefaßt wird und nicht die Frage der Grenzen der Wahrnehmbarkeit erörtert wird, spricht mehr dafür, auch dieses Beispiel als die Dialektik von Einheit und Vielheit zu interpretieren. Es ist jedoch die Frage, was in diesem Zusammenhang Dialektik bedeutet. Bereits Aristoteles hat Zenon als Erfinder der Dialektik betrachtet. Zweifellos war es jedoch nicht die Absicht von Zenon, durch widersprüchliche Konsequenzen aus einer Annahme die Unbeweisbarkeit des Wesens des Seienden nachweisen zu wollen. Vielmehr kam es ihm darauf an, eine bestimmte Seinsthese, nämlich die des Parmenides, als einzig wahre zu erweisen. Seine dialektischen Schlüsse sind Hilfsmittel, die im Dienste einer Logik stehen, der es um die Konstanz und Einheitlichkeit des Seienden ging. Gleichwohl berührte er mit dem Gedanken eines ausgedehnten, aber unteilbaren Seins ein Problem, das die weitere Naturphilosophie weiter beunruhigen sollte.

V. Seiendes als Mischung – Die Atomistik

3. Empedokles (492 bis 432 v. Chr.), Akragas/Sizilien

Denn die vier Wurzelkräfte aller Dinge höre zuerst: Zeus der schimmernde und Here die lebenspendende sowie Aidoneus und Nestis, die durch ihre Tränen irdisches Quellwasser fließen läßt.
(Aetios I,3,20; DK 31 B 6, Übersetzung Diels/Kranz)

Doch ein anderes will ich dir verkünden. Geburt ist (gibt es) von keinem einzigen unter allen sterblichen Dingen auch nicht ein Ende im verwünschten Tode, sondern nur Mischung und Austausch der gemischten Stoffe ist: Geburt wird nur dafür bei den Menschen als üblicher Name gebraucht.
(Aetios I,30,1 (Ps.-Plutarch); cf. Aristoteles, Metaph. Δ 4, 1015 a 1 f; DK 31 B 8, Übersetzung Diels/Kranz)

Die Unmündigen! Ihre Bemühungen sind ja nicht von langen Gedanken, da sie ja glauben, es könne entstehen ein vorher nicht Seiendes oder es könne etwas ganz und gar sterben und ausgetilgt werden.
(Plutarch, Adv. Col. 1113 C; DK 31 B 11, Übers. Diels/Kranz)

Zweierlei will ich dir sagen: denn bald wächst ein einziges Sein aus Mehrerem zusammen, bald wird es wieder Mehreres aus Einem. Zwiefach der sterblichen Dinge Entstehung, zwiefach auch ihr Dahinschwinden. Denn die Vereinigung aller Dinge erzeugt und zerstört die eine; die andere aber, kaum herangewachsen, fliegt davon, wenn sie (die Elemente) sich wieder scheiden. Und dieser fort während Wechsel hört niemals auf: bald kommt alles durch die Liebe in Eins zusammen, bald wieder scheiden sich alle Dinge voneinander durch den Haß des Streites – sofern nun auf diese Weise Eins aus Mehrerem zu werden pflegt und wieder aus der Spaltung des Einen Mehreres hervorgeht, insofern entstehen die Dinge und haben kein ewiges Leben; insofern aber ihr ständiger Wechsel niemals aufhört, insofern sind sie ewig unerschüttert im Kreislauf. –
Wohlan, hör auf meine Worte, denn Lernen stärkt den Verstand. Wie ich schon vorher gesagt habe, als ich das Ziel meiner Rede kundtat: Zweierlei will ich dir sagen, bald wächst ein Einziges aus Mehrerem zusammen, bald wieder spaltet es sich aus Einem zu Mehreren, zu Feuer, Wasser, Erde und Luft unendlicher Höhe, und gesondert von ihnen der verderbliche Streit, gleich stark auf allen Seiten, und die Liebe unter ihnen, gleich an Länge und Breite. Dies schaue du mit dem Geist und sitze nicht da mit staunenden Augen: sie, die auch sterblichen Gliedern eingewachsen ist, wie man weiß,

denn durch sie haben sie Gefühle der Liebe und vollenden Werke der Paarung; Wonne nennen sie sie dann oder Aphrodite. Aber daß sie auch in den Elementen kreist, das weiß kein sterblicher Mensch. Du aber vernimm meiner Lehre untrüglichen Gang. Sind doch sie alle gleich stark und gleichen Ursprungs. Das eine von ihnen hat dieses, das andere jenes Amt, denn jedes hat seine eigene Wesensart, und der Reihe nach herrschen sie im Kreislauf der Zeit. Und aus ihnen entsteht weder irgend etwas, noch geht etwas verloren. Denn wenn sie in einem fort zugrunde gingen, dann wären sie überhaupt nicht mehr. Denn was sollte dies Ganze vermehren und woher sollte es kommen? Und wohin sollte es vergehen, da nichts von diesen (Elementen) leer ist? Nein, sie allein gibt es, und indem sie durcheinander kreisen, werden sie bald dieses bald jenes, und so geht es in alle Ewigkeit.
(Simplikios in Phys., S. 157,25 ff.; DK 31 B 17; Übers. Capelle)

Die Grazie haßt die schwer erträgliche Notwendigkeit
(Plutarch, Quaest. Conv. 745 C; DK 31 B 116; Übers. Diels/Kranz)

Empedokles hat in Akragas auf Sizilien, dem heutigen Agrigent, von ca. 492 bis 432 v. Chr. gelebt. Um sein Leben hat sich schon früh eine Vielzahl von Legenden gerankt, die zweifellos in seinem Charakter ihren Grund haben. Beeinflußt durch pythagoreisches Gedankengut trat er als eine Art heiliger Mann auf, der auch im Bereich der Medizin über besondere Fähigkeiten verfügte. Er soll sich auch politisch engagiert und sich nach dem Tode des Tyrannen Theron für eine demokratische Verfassung eingesetzt haben. Die ihm angebotene Königswürde schlug er aus.[1] Besonders um seinen Tod sind zahlreiche Legenden entstanden. Um alle Spuren seiner irdischen Existenz zu verwischen, soll er sich in den Ätna gestürzt haben.

Von seinen zahlreichen Schriften sind Teile eines Lehrgedichts »Über die Natur« und eines Reinigungsliedes »Katharmoi« überliefert. Sie sind in Hexametern geschrieben und übernehmen von Parmenides nicht nur die poetische Form, sondern auch den feierlichen Ton. Sein Stil zeichnet sich dadurch aus, daß er zum einen seine philosophischen und naturwissenschaftlichen Ausführungen mythologisch einkleidet[2] und zum anderen zu Selbststilisierungen neigt, indem er sich als eine verehrte, gottähnliche Gestalt darstellt. Es ist ein bewußt archaisierender Stil. Über die Reihenfolge beider Werke lassen sich nur Vermutungen anstellen. Trotz der unterschiedlichen Thematik ist es nicht zwingend, daß sie zwei entgegengesetzten Phasen seines Schaffens angehört haben. Vielmehr können die ethischen Passagen des Reinigungsliedes mit Motiven des Lehrgedichts »Über die Natur« in einen engen Zusammenhang gebracht werden. So ist es im Einzelfall keineswegs eindeutig zu entscheiden, ob ein Zitat in das eine oder andere Werk gehört.[3] Dies mag als Anzeichen dafür gedeutet werden, daß Empedokles nicht nur philosophisch-ontologische und naturwissenschaftliche Aussagen zu verbinden suchte, sondern ebenso theoretische und praktische, ein Versuch, die bei Parmenides und Zenon anzutreffenden Vereinseitigungen wieder zu überwinden.

In der durch Parmenides und Zenon erreichten philosophiegeschichtlichen Situation, die sich charakterisieren läßt als ein Differenzierungsprozeß zu einer ontologisch fundierten Logik einerseits und einer naturwissenschaftlichen Kosmologie andererseits, unternimmt Empedokles den Versuch, beide Denktraditionen in einem snythetischen Weltmodell zu verbinden. Sein Denken ist daher nicht frei von einem Eklektizismus und manche seiner Gedanken lassen sich nicht ganz bruchlos zusammenfügen. Darauf hat bereits Aristoteles hingewiesen.[4] Gleichwohl beginnt mit seinem Denken ein folgenreicher Abschnitt in der Entwicklung des naturwissenschaftlichen Denkens, der bis heute von Bedeutung geblieben ist: es ist der Beginn der Chemie und die Vorgeschichte der Atomtheorie. Um die Vorgeschichte handelt es sich deshalb, weil der Begriff Atom bei ihm ebensowenig auftaucht wie der des Elements (στοιχεῖον). Statt dessen spricht er von den vier Wurzeln der Dinge (ῥιζώματα πάντων), Feuer, Luft, Erde, Wasser. Es ist nicht abwegig, sie als die »Stoffe« zu bezeichnen, aus denen die Welt besteht, ein Begriff, der bei ihm allerdings auch noch nicht auftaucht.

Empedokles hat diesen vier »Stoffen« Gottheiten zugeordnet, dem Feuer Zeus, der Luft Hera, der Erde Hades und dem Wasser Nestis, aber in B 17 spricht er ohne jede mythologische Einkleidung schlicht von Feuer, Wasser, Erde und Luft. Empedokles geht nicht mehr wie Homer und Hesiod von Göttern aus, die bestimmte Wirklichkeitsbereiche repräsentieren, sondern er kleidet sein naturwissenschaftliches Modell in ein mythologisch-poetisches Gewand.[5] Dadurch wird die genannte archaisierende Wirkung erreicht.

Mit der Vierteilung des einen Seins des Parmenides hat Empedokles nicht nur den Gedanken der Einheit des Seins aufgegeben und die Vielheit akzeptiert, sondern auch die Voraussetzungen für Bewegung, für Entstehen und Vergehen und für das Recht der Sinne geschaffen. Die Aufteilung des Seins führt jedoch zu neuen Schwierigkeiten. Bei dem Versuch, die vier »Wurzeln« der Dinge zu charakterisieren, bietet es sich an, zunächst an die sinnlich unterscheidbaren Stoffmassen zu denken, die bereits bei den ionischen Naturphilosophen eine Rolle spielten. Schon Heraklit hatte eine Umwandlung von Erde, Wasser und Luft in einem natürlichen Kreislauf erwähnt. Während bei ihm jedoch an eine tatsächliche Umwandlung zu denken ist, kann bei Empedokles davon keine Rede sein. Vielmehr bleiben bei ihm die vier »Stoffe« erhalten. Sie sind homogen, aber nicht unteilbar. Aufgrund ihrer Teilbarkeit kann durch unterschiedliche Trennung und Mischung dieser Stoffe die Vielheit der Dinge erzeugt werden. Die Frage aber, ob die Stoffe selbst bis ins Unendliche teilbar sind, hat er sich noch nicht gestellt. Daher taucht bei ihm der Begriff Atom (ἄτομον) noch nicht auf. Auf jeden Fall jedoch beginnt bei ihm ein chemisches Denken.

Wichtig ist für sein Modell der Gedanke, daß die »Stoffe« nicht von sich aus sich vermischen und trennen, sondern daß dazu von ihnen unterschiedene Kräfte anzunehmen sind. Er nennt sie Liebe (φιλότης) und Streit, bzw. Haß (νεῖκος). Es ist interessant, daß er nicht einfach in einem physikalischen Sinne von Anziehung und Abstoßung spricht, was seinem naturwissenschaftlichen Grundkonzept durchaus entsprochen hätte, sondern daß er auf einen mythologischen Sprachgebrauch zurückgreift und eben von Liebe und Streit spricht. Mit dieser Verschiebung der Sprachebene in einen Bereich psychisch belebter Gestalten, geht der Gedanke einher, daß diese Kräfte nun auch nicht in einem physikalischen Sinne die Stoffe in Bewegung versetzen. Vielmehr haben sie eine belebende Wirkung. Das durch die Liebe affizierte Seiende strebt sich mit anderem zu vermischen, das durch Streit affizierte, sich von anderem zu trennen.

Das von Empedokles eingeführte Begriffspaar Liebe und Streit greift nur scheinbar eine heraklitische Denkfigur auf. Tatsächlich sind Liebe und Streit nicht zu verwechseln mit den Begriffen Harmonie und Streit, bzw. Krieg bei Heraklit. Während dieser betont, daß Harmonie und Streit zugleich und in demselben zusammenwirken, handelt es sich bei Empedokles um zwei sich abwechselnde Bewegungen. Bereits Plato hat im Sophistes (242 e) auf den Unterschied zwischen Heraklit und Empedokles aufmerksam gemacht: »Die Sanfteren (Musen, d. h. die des Empedokles, sagen), daß abwechselnd das All bald Eines sei und liebevoll durch Aphrodite, bald aber Vieles und sich selbst feindlich durch eine Art von Haß.« Sanfter ist die Muse des Empedokles deshalb, weil sie dem Denken nicht die von Heraklit betonte Härte zumutet, das Gegensätzliche im selben anzuerkennen.

Aristoteles weist auf Ungereimtheiten dieser empedokleischen Bewegungstheorie hin, wobei er aber zugleich seine Vorstellung für eine naturgemäße und eine naturwidrige Bewegung ins Spiel bringt.[6] Zum einen sei bei Empedokles nicht klar, ob die Dinge durch die Liebe entstehen und durch den Streit zerstört würden oder ob nicht ebenso Trennung nötig sei, um unterschiedliche Dinge hervorzubringen, während die Verbindung gerade die Verschiedenheit der Dinge und damit diese selbst aufhöben. Zum anderen erkläre Empedokles nicht, wodurch die Kräfte selbst in Bewegung gesetzt würden.

Vor allem aber werde nicht deutlich, ob die durch die genannten Kräfte hervorgerufene Bewegung naturgemäß oder naturwidrig sei. Als naturwidrig wird bei Aristoteles eine Bewegung bezeichnet, die nicht in der Natur des jeweiligen Seienden selbst begründet ist, z. B. eine Flamme, die nach unten gerichtet ist, oder ein Stein, der sich nach oben bewegt. Es ist ganz offensichtlich, daß Aristoteles bei seiner Kritik sein eigenes Naturverständnis zur Geltung bringt, nach dem jedes Seiende die ihm gemäße Bewegung seiner eigenen Natur entsprechend entwickelt, während das sich bei Empedokles anbahnende mechanische Denken ihm ganz fremd ist.

Mit dem Modell der Mischung und Trennung der vier Stoffe hat Empedokles zwar das von Parmenides ausgesprochene Verbot der Vielheit mißachtet, aber das Gebot der Konstanz des Seins berücksichtigt, wie ja überhaupt der Begriff der Mischung von Parmenides im zweiten Teil seines Gedichts eingeführt wird und dort bereits die Funktion hat, die Vielheit der Dinge aus der Mischung von Licht und Finsternis zu erklären. Nach Parmenides kann Sein nicht aus dem Nichts entstehen, es bleibt für immer mit sich selbst dasselbe. Damit hat er den Gedanken des Satzes vom Grund ausgesprochen. Diesem Gedanken trägt Empedokles dadurch Rechnung, daß für ihn Erde, Wasser, Feuer und Luft unvergänglich sind. Andererseits aber ist er gleichwohl in der Lage, das Entstehen und Vergehen der Vielheit der phänomenalen Dinge zu erklären. Das, was der Volksmund Entstehen und Vergehen der Dinge nennt, sei zu erklären aus der Mischung und Trennung der vier Grundstoffe. Jedes Ding ist zu verstehen als ein spezifisches Mischungsverhältnis der vier Stoffe. Empedokles nähert sich dem Ansatz eines chemischen Denkens sogar so weit an, daß er das Mischungsverhältnis einzelner Dinge nennt, so sei z. B. bei Knochen eine Mischung von Feuer, Wasser und Erde im Verhältnis 8 : 4 : 2 anzunehmen (fr. 96). Daher betont er, daß die Rede vom Entstehen und Vergehen der Dinge eine relative Berechtigung habe und er sich ihrer mit Vorbehalt selber bediene.

Die Rehabilitierung der Vielheit, der Bewegung, des relativen Entstehens und Vergehens der Dinge, kurz der phänomenalen Welt, läßt vermuten, daß Empedokles auch das von Parmenides völlig abgelehnte Zeugnis der Sinne wieder zu seinem Recht kommen läßt. Er kommt jedoch bei seiner Einschätzung der Sinne zu einem ambivalenten Urteil. Während er zum einen erstmals ein detailliertes

Modell zur Funktion der Sinnestätigkeit entwickelt, ist er hinsichtlich der Reichweite der Sinne äußerst skeptisch. Ein klares Bekenntnis, seine Sinne zu gebrauchen, ist in folgender Ermahnung seines Schülers enthalten: »Doch nun, wohlan, betrachte mit jedem Sinneswerkzeug, auf welchem Wege jedes einzelne klarliegt, und halte nicht etwa den Blick mehr mit Vertrauen fest als dies dem Gehör gemäß ist oder schätze das brausende Gehör höher als die deutlichen Wahrnehmungen der Zunge, und stelle auch nicht eher die Glaubwürdigkeit der übrigen Glieder zurück, soweit es nur eben einen Pfad zum Erkennen gibt, sondern erkenne auf dem Wege, auf dem jedes einzelne klar liegt.« (fr. 3)

Trotz dieses eindeutigen Bekentnisses zu den Sinnen ist sich Empedokles dessen bewußt, daß menschliche Erkenntnis Stückwerk bleibt, da jeder Mensch in seinem kurzen Leben immer nur »winzige Teile des Ganzen erschaut«. Also kann niemand den Anspruch erheben, etwas über das Ganze aussagen zu können. Gleichwohl verspricht Empedokles seinem Schüler Pausanias, ihn die Wahrheit erfahren zu lassen, in die »menschlicher Scharfsinn« bisher noch nicht eingedrungen ist. Zur Legitimation dieser fortgeschrittenen Wahrheit bemüht Empedokles die Muse, die er mit folgenden Worten anruft: »Und dich, Muse, viel gefeierte, weißarmige Jungfrau flehe ich an, geleite aus dem Reiche der Frommheit führend den lenksamen Wagen des Gesanges, soviel davon Eintagsmenschen zu vernehmen erlaubt ist!« (fr. 3)

Vergleicht man diesen Musenanruf mit dem bei Homer und Hesiod, so fällt ihr rhetorischer Schliff auf, und es ist wohl kein Zufall, daß Aristoteles Empedokles als den Erfinder der Rhetorik bezeichnet hat.[7] Zugleich aber wird der Unterton einer bewußten Selbststilisierung des Autors unüberhörbar. Die von ihm entwickelte, nahezu mechanisierte Erkenntnislehre steht jedenfalls zu dieser Emphase in einem eigentümlichen Kontrast.

Sinnliche Wahrnehmung erklärt Empedokles dadurch, daß er annimmt, daß sich von den Dingen »Abflüsse« ablösen und von den Poren der menschlichen Sinnesorgane aufgenommen werden. Dabei spielt das Prinzip Gleiches erkennt Gleiches bei ihm in einem geradezu stofflichen Sinne eine Rolle. So sagt er: »Denn durch Erde schauen wir die Erde, durch Wasser das Wasser, durch Äther den göttlichen Äther, aber durch Feuer das vernichtende Feuer; die Liebe ferner durch unsere Liebe und den Haß durch unseren traurigen Haß.« (fr. 109) Von Interesse ist, daß jeder Mensch die Dinge nur soweit wahrnimmt, als in ihm selbst die entsprechenden Stoffe vorhanden sind.

Auch für die Erklärung der Atmung greift Empedokles auf seine

Porenlehre zurück. Die menschliche Haut ist mit feinen Poren, Atmungskanälen, überzogen, durch die zwar Luft einströmen, nicht aber das Blut ausströmen kann. Den Atmungsvorgang dachte er sich in Analogie zu der in Griechenland seinerzeit verbreiteten Klepshydra (Wasserheber, wörtlich: Wasserdieb), bei der Wasser durch die Löcher im Boden des Gefäßes einströmen kann. Verschließt man den Hals des Gefäßes mit der Hand, so kann das Wasser aus den Löchern des Bodens nicht abfließen. In ähnlicher Weise werde das Blut beim Einatmen zurückgedrängt, während es beim Ausatmen die Poren verschließe.

Den Ansatz naturwissenschaftlich-mechanischen Denkens entwickelt Empedokles auch zur Erklärung anderer Phänomene. So weist er z. B. darauf hin, daß aus einer gefüllten Schöpfkelle, die senkrecht im Kreis geschleudert wird, keine Flüssigkeit entweicht. Man kann an diesem Beispiel geradezu den Anfang eines experimentellen Umgangs mit Gegenständen der Natur erkennen, der auf die Beherrschung natürlicher Prozesse ausgerichtet ist. Dazu gehört auch seine medizinische Utopie, bei der nicht nur von dem Sieg über Krankheit und Alter, sondern auch über den Tod die Rede ist. (fr. 111)

Die Konturen einer phantastischen technischen Utopie zeichnen sich ab, wenn er sagt: »Stillen wirst du auch der unermatteten Winde Gewalt, die gegen die Erde losbrechen und mit ihrem Wehen vernichten die Fluren, und umgekehrt wirst du, wenn du den Willen hast, zum Ausgleich die Lüfte herbeiholen. Schaffen wirst du aus dunklem Regen rechtzeitige Trocknis den Menschen, schaffen wirst du aber auch aus sommerlicher Trocknis baumernährende Güsse, die dem Himmel entströmen.« (fr. 111).

Hinsichtlich der kosmologischen Entwicklung hat Empedokles ein Modell entwickelt, das mehrere Phasen umfaßt. Über deren Reihenfolge gibt es nicht ganz eindeutige Aussagen. Die meisten Interpreten unterscheiden folgende vier Phasen: 1. Die Phase der Liebe, in der sich das Viele vereinigt. Der Haß ist ganz verdrängt. Das Seiende hat die Gestalt einer Kugel. 2. Nach und nach dringt der Streit in diese Harmonie ein. Die Folge ist, daß die Einzeldinge durch Trennung entstehen. 3. Nun siegt der Haß und die Liebe ist im Mittelpunkt des Seienden konzentriert. 4. Schließlich dringt die Liebe wieder vor und der Kreislauf kann von neuem beginnen.[8]

Ähnlich wie Anaximander hat Empedokles eine Art Deszendenztheorie entwickelt. Dabei nimmt er an, daß sich vor unserer Zeit andere Lebewesen gebildet hätten, so z. B. isolierte Köpfe, Leiber, Gliedmaßen (fr. 57/58), die sich zu Fabelwesen verbanden, Geschöpfe »mit doppeltem Gesicht und doppelter Brust, Kuhsprößlinge mit Menschenvorderteil, andere wieder tauchten umgekehrt auf als Menschengeschöpfe mit Ochsenköpfen, Mischwesen« (fr. 61). Auch dieses Beispiel zeigt, wie Empedokles eine naturwissenschaftliche Hypothese, hier die der Evolution der Lebewesen, zu verbinden sucht mit seiner ontologischen Interpretation des Seienden als Mischung von Elementen. Im Hinblick auf diesen Versuch stellt Empedokles' Denken einen philosophiegeschichtlich bedeutsamen Wendepunkt in der Entwicklung des Denkens dar.

In seinen »Katharmoi«, dem Reinigungslied, werden psychologische Überlegungen, die weitgehend dem Pythagoreismus verpflichtet sind, mit ethischen Fragen verbunden. Übernommen wird aus seinen naturphilosophischen Überlegungen die Betonung der fundamentalen Bedeutung von Liebe und Streit. Wenn jedoch unter naturphilosophischem Aspekt beiden Kräften eine weltbildende und daher notwendige Bedeutung zukam, so ergreift Empedokles im Reinigungslied eindeutig Partei für das Prinzip der Liebe. Das Reinigungslied mahnt daher zur Sühne im Sinne der Erlösung von Haß und Streit. Sie sind die Ursache für Meineid und Mord.

Empedokles verbindet diese Ethik mit einer religiösen Psychologie. Nach ihm sind die Seelen der Menschen herabgestürzte Dämonen, die sich nach dem ehemaligen Zustand vor ihrer Verbannung in die irdische Wirklichkeit, in der Krankheit, Unglück, Mord herrschen, zurücksehnen. Mit den Pythagoreern nimmt er an, daß die Seelen eine Folge von Inkarnationen durchlaufen, »als Knabe und Mädchen, als Pflanze, Vogel und Fisch« (fr. 117), ehe sie höhere Formen der Existenz »Seher, Sänger, Ärzte und Fürsten« werden können. Diese haben bereits eine größere Nähe zum Göttlichen. Von sich selbst behauptet Empedokles: »Ich aber wandle euch daher als ein unsterblicher Gott, nicht mehr als sterblicher.« (fr. 112)

Auf dem Weg der Reinigung sind bestimmte Lebensregeln zu beachten, u. a. Diätvorschriften; das von den Pythagoreern her bekannte Verbot des Verzehrs von Bohnen und Lorbeerblättern gehört ebenso dazu wie des Fleischverzehrs. Überhaupt gilt das Tötungsverbot generell (fr. 135). Es hat seine naturrechtliche Basis in der Verwandtschaft alles Lebendigen. Wie Hesiod kennt Empedokles ein goldenes Zeitaler, das aber nicht endgültig vorbei ist wie bei Hesiod, sondern möglicherweise im Kreislauf der Welten einmal wieder entsteht. Über dieses Paradies heißt es: »Alle Geschöpfe waren zahm und zu Menschen zutraulich, die wilden Tiere wie die Vögel, und die Liebe entbrannte.« (fr. 130)

2. Anaxagoras (um 500 bis 428 v. Chr.), Klazomenai/Ionien

Beisammen waren alle Dinge, grenzenlos nach Menge wie nach Kleinheit: denn das Kleine war grenzenlos. Und solange alle beisammen waren, war nichts deutlich erkennbar infolge der Kleinheit. Denn alles hielt Dunst und Äther nieder, beides grenzenlose Stoffe. Denn dies sind die größten Stoffe, die in der Gesamtmasse enthalten sind, ebenso an Menge wie an Größe.
(Simpl. Phys. 155,23; DK 59 B 1, Übers. Diels)

Denn weder gibt es beim Kleinen ja ein Kleinstes, sondern stets ein noch Kleineres (denn es ist ja unmöglich, daß das Seiende [durch Trennung?] zu sein aufhöre) – aber auch beim Großen gibt es immer ein Größeres. Und es ist dem Kleinen an Menge gleich; für sich ist aber jedes Ding sowohl groß wie klein.
(Simpl. Phys. 155,30; DK 59 B 3, Übers. Diels)

Daher können wir die Dinge der sich abscheidenden Stoffe weder durch Rechnen noch durch praktisches Handeln wissen.
(Simpl. de Caelo 608,23; DK 59 B 7, Übers. Diels)

Denn wie sollte aus Nicht-Haar Haar entstehen können und Fleisch aus Nicht-Fleisch?
(Schol. In Gregor. XXXVI 911 Migne; DK 59 B 10, Übers. Diels)

In jedem ist von jedem ein Teil enthalten, außer vom Geist; in einigen aber ist auch Geist enthalten.
(Simpl. Phys. 164,22; DK 59 B 11, Übers. Diels)

Und als der Geist die Bewegung begann, sonderte er sich ab von allem, was da in Bewegung gesetzt wurde; und soviel der Geist in Bewegung setzte, das wurde alles voneinander geschieden. Während der Bewegung und Scheidung aber bewirkte die Umdrehung eine noch viel stärkere Scheidung voneinander.
(Simpl. Phys. 300,27; DK 59 B 13, Übers. Diels)

Aber der Geist, der ewig ist, ist fürwahr auch jetzt, wo auch das andere alles ist, in der umgebenden (noch ungeschiedenen) Vielheit und in dem, was sich daran durch Scheidung ansetzte und in dem bereits Abgeschiedenen.
(Simpl. Phys. 157,5; DK 59 B 14, Übers. Diels)

Das Dichte und Feuchte und Kalte und das Dunkle drängte sich hierher zusammen, wo es jetzt ist (wo jetzt die Erde ist?), dagegen das Dünne und das Warme und das Trockene drang hinaus in das Weite des Äthers.
(Simpl. Phys. 179,3; DK 59 B 15, Übers. Diels)

Aus diesen sich abscheidenden Mengen (ver)festigt sich die Erde. Denn aus den Wolken scheidet sich das Wasser ab, aus dem Wasser die Erde, aus der

Erde festigen sich die Steine unter Einwirkung des Kalten, diese aber drängen sich noch mehr heraus als das Wasser.
(Simpl. Phys. 179,6; DK 59 B 16, Übers. Diels)

Vom Entstehen und Vergehen aber haben die Hellenen keine richtige Meinung. Denn kein Ding entsteht oder vergeht, sondern aus vorhandenen Dingen mischt es sich und scheidet es sich wieder. Und so würden sie demnach richtig das Entstehen Mischung und das Vergehen Scheidung nennen.
(Simpl. Phys. 163,18; DK 59 B 17, Übers. Diels)

Infolge ihrer (der Sinne) Schwäche sind wir nicht imstande das Wahre zu unterscheiden.
(Sext. VII 90; DK 59 B 21, Übers. Diels)

Sicht des Nichtoffenbaren: das Erscheinende.
(Sext. VII 140; DK 59 B 21 a, Übers. Diels)

In Kraft und Schnelligkeit stehen wir den Tieren nach, allein wir benutzen die uns eigene Erfahrung und Gedächtniskraft und Klugheit und Geschicklichkeit, und so zeideln und melken wir und bringen auf alle Weise ihren Besitz in unsere Scheunen.
(Plut. de fort. 3 p. 98 F; DK 59 B 21 b, Übers. Diels)

Anaxagoras wurde um 500 v. Chr. im ionischen Klazomenai geboren. Er verbrachte einen großen Teil seines Lebens, zwanzig oder dreißig Jahre, in Athen. Durch ihn wurde in Athen die ionische Naturphilosophie eingeführt und, sieht man von den rechtsphilosophischen Gedanken eines Solon ab, die Philosophie überhaupt. Das Buch, das er veröffentlichte, erschien wahrscheinlich nach 467 v. Chr., dem Jahr, in dem in der Nähe das ionischen Ortes Aegospotami ein Meteorit niederging, ein Ereignis, das er in seinem Buch neben anderen kosmologischen Fragen behandelte. In Athen wurde er ein Freund von Perikles, doch als dieser politisch unter Druck geriet, war auch seine Stellung gefährdet. Er wurde der Gottlosigkeit angeklagt, mußte eine hohe Geldstrafe zahlen und Athen verlassen. Darauf ging er zurück in seine ionische Heimat, in die Stadt Lampsakos, wo er 428 v. Chr., von seinen Mitbürgern hochgeehrt, starb.

Das Buch, das er veröffentlichte und das in Athen offensichtlich viel gekauft wurde, war naturphilosophischen Inhalts. Der Anfang und größere Abschnitte des ersten Teils sind von Aristoteles und Simplicius überliefert worden.

Der ionischen Denktradition verpflichtet fragt Anaxagoras: Wie können die Phänomene gerettet werden, die Existenz der vielen Dinge, das Werden und Vergehen, die Bewegung, und gleichwohl Grundannahmen der parmenideischen Ontologie erhalten bleiben?

Wie Empedokles hält Anaxagoras an dem parmenideischen Grundsatz fest: Aus nichts wird nichts. Diesen Grundsatz versteht er jedoch ebensowenig wie Empedokles als eine generelle Ablehnung von Entstehen und Vergehen, sondern als eine Neuinterpretation dieser Phänomene. Sie sind für ihn nicht Übergang von Nichtsein in Sein oder von Sein in Nichtsein, sondern Anderswerden. Den Ansatzpunkt hierfür findet Anaxagoras, wie Empedokles, im zweiten Teil des parmenideischen Lehrgedichts, in dem von Mischung die Rede ist. Die Vielheit der Dinge stellt sich für Anaxagoras dar als ein spezifisches Mischungsverhältnis. Während Empedokles jedoch vier Wurzeln der Dinge nennt, gibt es bei Anaxagoras eine bestimmte Anzahl von »Stoffen« nicht. Den Begriff »Stoff« verwendet er jedoch ebensowenig wie den des »Elements« oder des »Atoms«, statt dessen redet er von Dingen (χρήματα). Sein Denken gehört daher in die Vorgeschichte des Begriffs Element oder Stoff in einem philosophischen Sinn.

Sein Grundgedanke besteht in der Annahme, daß jedes Ding als ein spezifisches Mischungsverhältnis aller anderen Dinge aufzufassen ist. Der Ausgangspunkt für diese Annahme ist möglicherweise das Phänomen der Ernährung gewesen. In der Ernährung nehmen wir scheinbar körperfremde Stoffe auf und eignen sie uns an. Wie aber kann aus Nicht-Fleisch Fleisch werden? Man muß also annehmen, daß in allem, was wir aufnehmen, bereits körpereigene Anteile enthalten sind. Anaxagoras spricht von Anteilen, nicht von Partikeln oder Atomen. Ein Anteil im Sinne von Anaxagoras ist dadurch ausgezeichnet, daß er endlos teilbar ist. Es gibt für ihn kein kleinstes, unteilbares Ding.

Mit diesem Gedanken der grenzenlosen Teilbarkeit aber rehabilitiert Anaxagoras nicht nur den für Anaximander zentralen Begriff des Grenzenlosen, sondern antwortet damit auch auf eine zenonische Paradoxie. Zenon hatte argumentiert: Einerseits müssen wir von einer endlichen Anzahl von Dingen ausgehen, andererseits ist jedes Ding endlos teilbar, so daß sich das Paradox ergibt, daß eine endliche Anzahl von Dingen eine unendliche Anzahl von Teildingen erhält. Anaxagoras antwortet darauf, daß auch bei einer endlosen, unabzählbaren Teilung aller Dinge deren Gesamtzahl immer gleich bleibe, eine Überlegung, die Aristoteles später ebenfalls gegen Zenon zur Geltung bringen wird.

Anaxagoras stellt mit seinem Gedanken der unendlichen Teilbarkeit aller Dinge neben Anaximander eine Ausnahme im griechischen Denken dar, insofern er sich dem Gedanken des Unendlichen gestellt hat. Nicht nur ist der Gedanke, daß alles Vollkommene begrenzt und d. h. endlich ist, für die meisten Griechen selbstverständlich, das Un-Endliche ist für sie selbst gewissermaßen ein Unding. Auch Zenon gebraucht das gedankliche Experiment der endlosen Teilung ja nur, um überhaupt die Existenz des Vielen ad absurdum zu führen. Sein Gedanke ist: Läßt man die Teilung des Einen zu, dann ist in gewisser Weise kein Halt mehr. Es war also der Horror vor dem Unendlichen, der dem parmenideischen und zenonischen Gedanken der Einheit eine solche Attraktivität verlieh. Um so größer ist die Kühnheit des Denkens bei Anaxagoras, der dieses tiefsitzende griechische Ideal des Endlichen und Begrenzten erschütterte.

Gleichwohl hat sein Gedanke, daß alles in allem enthalten sei, seine Schwierigkeiten. Wenn in jedem Stück Fleisch wiederum Anteile von Knochen und Sehnen usw. enthalten sind und in jedem Knochen umgekehrt Anteile von Fleisch und Sehnen usw., scheint die Frage unausweichlich zu werden, ob es nicht doch eine bestimmte Anzahl »reiner« Stoffe geben müsse, aus deren Mischung sich die vielen Dinge ergeben. Von einer begrenzten Anzahl von Dingen ist aber bei Anaxagoras nirgends die Rede. Eine Lösung dieses Problems kann nur in der Einsicht bestehen, daß Anaxagoras offensichtlich nicht von dem Gedanken reiner Stoffe geleitet, die Dinge zur unterschiedlichen Zusammensetzung dieser Stoffe gedanklich konstruiert, sondern umgekehrt von der phänomenal gegebenen Vielheit dieser Dinge ausging, diese als Mischung interpretierte und von dort aus den Gedanken der endlosen Teilung entwikkelte. Weder gibt es eine begrenzte Anzahl von Grundstoffen für ihn, noch überhaupt eine begrenzte Anzahl von Dingen. Durch neue Mischungsverhältnisse entstehen neue Dinge, und die Annahme von »Elementen« wird dabei für ihn überflüssig. Die »Elemente« der Dinge sind deshalb nicht zu erreichen, weil jedes Teil eines Dings dasselbe Mischungsverhältnis aufweist wie das Ding selbst und diese Teilung endlos fortsetzbar ist.

Wenn es auch den Begriff des Elements bei Anaxagoras nicht gibt, so ist doch als dessen Äquivalent der des Samens anzusehen, der bei ihm eine wichtige Rolle spielt. Auch wenn er von den Samen nicht behauptet, daß sie unteilbar seien, so enthält der Begriff doch den Gedanken, daß alles in ihnen enthalten ist und alles aus ihnen entsteht. Dabei wird deutlich, daß der Versuch der naturwissenschaftlichen Begriffsbildung bei Anaxagoras, nachdem er auf mythologische Topoi radikaler als alle Denker vor ihm verzichtet hat, durch Verwendung biologischer Metaphern erfolgt.[9] Gleichwohl interpretiert Anaxagoras kosmologische Prozesse nicht nach dem biologischen Muster von Wachstum und Differenzierung. Es ist bemerkenswert, daß er ähnlich wie Empedokles den Dingen keine Bewegung aus sich selbst heraus zutraut, sondern als Bewegungsursache eine gesonderte Kraft annimmt. Der Begriff Same steht daher nicht für das Prinzip des Wachstums, sondern ist lediglich eine Metapher für den Gedanken, daß alles in allem enthalten sei.

Die bewegende Kraft ist vielmehr der »νοῦς« (nous). Das Wort bedeutet Verstand, Vernunft, Geist. Es ist das Substantiv zu dem von Parmenides gebrauchten Verb »νοεῖν«, »denken«. Indem Anaxagoras dieses Verb substantiviert, geschieht bei ihm eine Bedeutungsverschiebung. Als Substantiv nimmt es die Stelle eines substantiellen Subjekts ein, und der eher rezeptive Charakter, den das Wort »νοεῖν« im Griechischen hat, wird aufgegeben zugunsten des Gedankens eines handelnden Subjekts, als das der »νοῦς« zu verstehen ist. Anaxagoras bezeichnet den »nous« als ein besonders feinteiliges Ding (fr. 12), aber leitend für diese Charakteristik ist nicht so sehr die damit unterstellte Materialität des »nous«, sondern der Gedanke, daß der »nous« aufgrund seiner Feinheit alles durchdringt.

Der »nous« ist bei Anaxagoras nicht ein vernehmendes Organ, sondern ein handelndes. Gerade aus diesem Grund hat Aristoteles Anaxagoras geschätzt. Im »nous« erkannte er den von ihm entwikkelten Gedanken des unbewegten Bewegers präformiert. »Anaxagoras hat recht, wenn er den Geist als dasjenige bezeichnet, das nicht in Mitleidenschaft gezogen werden kann und unvermischt ist, eben deshalb, weil er ihn als Prinzip der Bewegung ansetzt. Denn nur unter dieser Voraussetzung kann er als Unbewegter bewegen und als Unvermischter herrschen.«[10]

Die Tätigkeit des Geistes besteht darin, daß er alle Dinge, die am Anfang beieinander sind, in eine wirbelnde Bewegung versetzt, so daß nach dem Prinzip einer Zentrifuge sich das Mischungsverhältnis ändert. Dabei bleiben in seinem Modell die schweren Dinge unten, während die leichteren weiter nach außen geschleudert werden. So ergibt sich unter kosmologischem Aspekt die Anordnung: Erde, Wasser, Luft, Feuer. Gesteinsmassen, die sich innerhalb des Wirbels bilden, werden nach außen geschleudert (A 42). Die Sterne sind von der Erde losgerissene glühende Gesteinsmassen. Die Erde befindet sich als flache Scheibe in der Mitte dieser Ordnung, das Meer auf ihr. Getragen wird die Erde von der äußerst starken Luft, auf der sie »schwimmt« (A 42). Anaxagoras kehrt damit das von Thales entwickelte Verhältnis von Erde und Wasser um und nähert sich andererseits dem Modell von Anaximenes an.

Die These, daß die Sonne eine glühende Gesteinsmasse sei, fand ihre empirische Bekräftigung in dem Meteoriteneinschlag. Gerade seine Aussage über die Beschaffenheit der Sonne aber war Anlaß für den Asebieprozeß. Unabhängig von dem politischen Hintergrund ist die bei Plutarch überlieferte Anklage auch unter philosophiegeschichtlichem Aspekt von besonderem Interesse. Plutarch berichtet: »Diopeithes verfaßte einen Gesetzesantrag, nachdem diejenigen, welche die göttlichen Dinge leugneten bzw. in ihrem Unterricht theoretische Ansichten über die Himmelserscheinungen verbreiteten, wegen Verletzung der Staatsordnung vor Gericht gebracht werden sollten.«[11] In dieser Formulierung ist von Bedeutung, daß die »theoretischen Ansichten« im Griechischen als »λόγοι« bezeichnet werden. Wenn der Bericht Plutarchs den authentischen Wortlaut enthält, dann ist in dieser Anklage zum ersten Mal der »logos« in einen Gegensatz zu den »göttlichen Dingen« gebracht worden.

Wenn in der Anklage der »logos« als etwas bezeichnet wird, das den »göttlichen Dingen« nicht angemessen ist, so fragt es sich, was mit »logos« gemeint ist. Das Wort »logos« hat im Griechischen ja vornehmlich den Sinn von Wort, Rede, Satz. Aber mit Worten und Sätzen werden selbstverständlich auch die »göttlichen Dinge« dargestellt. Zum Mythos gehört die Mytho-logie, die Erzählung des Mythos. Es drängt sich die Überlegung auf, daß unter dem Einfluß des naturwissenschaftlichen und philosophischen Fragens sich der Charakter des Wortes »logos« selbst veränderte. Der »logos« steht nun genau für dieses wissenschaftliche und philosophische Denken und Reden, das es vorher noch gar nicht gegeben hatte. Der »logos« bezeichnet eine Aussage, die zu ihrer Beglaubigung nicht an die selbstverständliche mythische Tradition appelliert, sondern die aus sich heraus verstanden werden und überzeugen soll. Sokrates, der die Naturphilosophie von Anaxagoras ablehnt, steht doch in dieser Tradition, wenn er bekennt, er sei auf der Suche nach dem »stärksten logos«, und dies hieß auch bei ihm: nicht nach dem schönsten Mythos.

Es ist also nicht nur die politische Verwicklung, die das Verfahren gegen Anaxagoras zu einem »Gesinnungsprozeß« machte, sondern der radikale Bruch dieses Denkens mit der traditionellen, personalen Weltdeutung der Griechen, der zumindest in Athen von niemand vorher vollzogen worden war. Es ist zweifellos eine Kühnheit des Denkens, das Gefühl der persönlichen Beziehung des Menschen zur Welt, die voll ist von Göttern, aufzugeben zugunsten nüchterner, unpersönlicher Sachlichkeit. Diese Nüchternheit wird von Anaxagoras in besonders deutlicher Weise verkörpert. In keinem der erhaltenen Fragmente ist bei ihm von Gott oder Göttern die Rede, auch nicht vom Göttlichen, weder in einem substantiellen noch in einem attributiven Sinn. Das gilt auch für seinen Zentralbegriff »nous«, der die Mechanik der Welt erklärt, aber keine personalen Qualitäten enthält. Allerdings ist auch in den erhaltenen Fragmenten nicht davon die Rede, daß Anaxagoras die Existenz der Götter geleugnet oder einen agnostischen Standpunkt vertreten hätte. Möglicherweise hatte diese Frage für seinen Ansatz keine Bedeutung. Offensichtlich aber wurden Anaxagoras' Aussagen über die Sonne in Athen als so bedrohlich für die traditionelle Weltdeutung empfunden, daß auch das von den Naturphilosophen in vielen Fällen praktizierte Nebeneinander zweier Weltdeutungen nicht akzeptiert werden konnte. Die Tatsache aber, daß die Aussagen von Anaxagoras als Bedrohung empfunden wurden und nicht als eine unmaßgebliche, irrige Meinung eines politisch bedeutungslosen Einzelgängers und bloßen »Theoretikers«, der sein ganzes Leben der Betrachtung des Himmels widmete, ist ein deutlicher Hinweis darauf, daß die Überzeugungskraft des traditionellen Mythos im damaligen Athen bereits schwand.

Für Anaxagoras' Interpretation der Erkenntnis ist das Fragment 21 a von Bedeutung: »Anblick der nichtoffenkundigen sind die erscheinenden Dinge.« Der Blick, die sinnliche Wahrnehmung, die Phänomene und das Nichtoffenkundige werden in einen Zusammenhang gebracht. Mag man vielleicht zunächst auch versucht sein, in dem Nichtoffenkundigen die »physis« bei Heraklit wiederzuerkennen, die es ja liebt, sich zu verbergen, oder aber die für Parmenides zutreffende reine Denkbarkeit des Seins, so zeigt der übrige Kontext der erhaltenen Fragmente, daß dieser Gedanke Anaxagoras ganz fern lag. Seine Erkenntnislehre verfolgt eine ganz unmetaphysische Absicht. Das Nichtoffenkundige ist nicht prinzipiell den Sinnen entzogen, sondern meint, daß aufgrund der unendlichen Teilbarkeit der Dinge die kleineren Dinge nicht mehr sichtbar sind. Modern gesprochen heißt das: Man müßte ein Mikro-skop haben, um die kleinen Dinge sehen zu können. Auch hier scheint Anaxagoras auf eine Paradoxie Zenons geantwortet zu haben. Hatte Zenon argumentiert, daß zwar ein hingeschütteter Scheffel Hirse ein Geräusch verursache, nicht dagegen ein einzelnes Hirsekorn, so entgegnet Anaxagoras: Auch das einzelne Hirsekorn verursacht ein Geräusch, aber das ist so klein, daß es für uns nicht mehr wahrnehmbar ist. Einerseits also rehabilitiert Anaxagoras gegenüber Parmenides die Sinne, andererseits aber betont er deren Schwäche.[12]

Im Gegensatz zu Empedokles vertritt Anaxagoras nicht die These, das Gleiches durch Gleiches erkannt werde, vielmehr findet nach ihm Erkenntnis durch Kontrast statt. So wird etwas als kalt oder warm nur im Kontrast zur Temperatur des Sinnesorgans empfunden.[13] Anaxagoras' anthropologische Aussagen sind durch den Tier-Mensch-Vergleich bestimmt. Der Mensch sei das »vernünftigste (φρονιμώτατον) Lebewesen«, weil er Hände habe.[14] Die spezifischen menschlichen Fähigkeiten sind Erfahrung, Gedächtniskraft, Klugheit und Geschicklichkeit (Technik). Durch sie kompensieren wir nicht nur die uns im Vergleich zu den Tieren fehlende Kraft und Schnelligkeit, sondern erlangen ihnen gegenüber sogar eine Überlegenheit, so daß wir sie in unseren Dienst stellen können. Anaxagoras knüpft damit an den Gedanken eines erkenntnismäßigen und technischen Fortschritts an, der bereits für Xenophanes und dann wieder für Empedokles leitend war. Interessant ist auch, daß die traditionelle, tragisch gestimmte Anthropologie, die sich aus dem Kontrast der immer jungen, unsterblichen Götter einerseits und der Hinfälligkeit und Sterblichkeit der Menschen andererseits ergab, wie er für Homer, Hesiod, Solon und viele andere archaische Dichter und Philosophen typisch war, abgelöst wird durch den Tier-Mensch-Vergleich, bei dem die natürlichen Mängel des Menschen als kompensierbar erscheinen, mehr noch, der ihm eine eindeutige Vorrangstellung gegenüber dem Tier sichert.

In den Kontext seines naturwissenschaftlichen Ansatzes gehören schließlich eine Fülle von Einzelbeobachtungen, wie die, daß vom Gehirn alle Sinne abhängen (A 108), daß die Ernährung beim Embryo durch die Nabelschnur erfolgt (A 110), daß die Fische mit Hilfe der Kiemen atmen (A 115), daß der Schlaf als eine Unterbrechung körperlicher Aktivitäten anzusehen ist (A 103), daß der Mond sein Licht von der Sonne bekommt, u. a. m.

Bemerkenswert ist, daß Aussagen zur Ethik bei Anaxagoras nicht anzutreffen sind, und so wird es verständlich, daß Sokrates gerade dieses Fehlen zum Ausgangspunkt seiner Kritik gemacht hat. Im Dialog »Phaidon« berichtet Sokrates, daß er zunächst hocherfreut gewesen sei, daß Anaxagoras den »nous« als die Ursache aller Dinge eingeführt habe, bei der weiteren Lektüre sei er jedoch immer enttäuschter darüber geworden, daß Anaxagoras von der »Vernunft« keinen rechten Gebrauch gemacht habe. Er habe erwartet, daß mit Hilfe des »nous« erklärt würde a) wie alle Dinge verursacht seien und b) daß der jeweilige Zustand der Dinge für sie so auch am besten sei. Dazu gehöre es zum Beispiel, auch zu zeigen, daß es für die Erde besser sei, flach oder rund zu sein und sich in der Mitte zu befinden, u. ä. Dies habe Anaxagoras aber nicht erklären können, wie überhaupt sein Begriff auch menschliche Handlungen nicht erklären könne. So sei es mit Hilfe des »nous« nicht zu erklären, weshalb er, Sokrates, sich zur Zeit im Gefängnis befinde und dort bleibe und nicht zu fliehen versuche. Diese Frage sei nicht dadurch zu beantworten, daß ihm die Anordnung seiner Muskeln und Sehnen erklärt würde, sondern es müßte der wahre Grund angegeben werden. Der aber liege darin, daß er selbst es nach eingehender Prüfung für besser befunden habe zu bleiben und nicht zu fliehen.

Man kann Platos Hinweis auf das »Bessere« als eine Kritik an den fehlenden Zweckursachen bei Anaxagoras verstehen, doch ist damit nicht gemeint, daß sich die Dinge auf ein »Gutes« zubewegen müßten. Vielmehr steht hinter seiner Kritik die Auffassung, daß die bestehende kosmische Ordnung als eine in sich vernünftige ausgewiesen ist. Anders ist sein Argument im praktischen Bereich. Hier merkt Plato an, daß das naturwissenschaftliche Denken nicht in der Lage sei, menschliche Überlegungen als Ursache für natürliche Ereignisse plausibel zu machen. Entscheidend ist jedoch, daß aus der Argumentation bei Plato nicht zu entnehmen ist, daß er naturwissenschaftliches Denken generell verwirft. Seine Argumentation ist vielmehr: Es muß in jedem einzelnen Fall nach dem wahren Grund (logos) gesucht werden, und ich akzeptiere jeweils nur den Grund (logos), der mir am stärksten zu sein scheint. Aristoteles hat in ähnlicher Weise an Anaxagoras Kritik geübt, indem er darauf hinwies, daß die Rolle des »nous« für die Erklärung der Bewegung unklar bleibt.[15] Bei ihm steht im Mittelpunkt seiner Kritik, daß Anaxagoras nicht teleologisch denkt.

Es ist jedoch von Bedeutung, daß Simplikios in seinem Physikkommentar Anaxagoras vor der platonischen und implizit damit auch vor der aristotelischen Kritik in Schutz nimmt: »Und was Sokrates im ›Phaidon‹ Anaxagoras vorwirft, daß er bei den einzelnen Kausalerklärungen vom Geist keinen Gebrauch macht, sondern nur materialistische Begründungen (gibt), das ist etwas, das in der physikalischen Wissenschaft nun einmal am Platz ist.«[16]

3. Leukipp (um 480 bis ? v. Chr.), Milet/Ionien

Kein Ding entsteht [oder: ereignet sich] aufs Geratewohl, sondern alles infolge eines Verhältnisses (λόγος) [oder: in begründeter Weise] und durch Notwendigkeit.
(Aetios I 25,4; DK 67 B 2, Übers. J. Mansfeld)

Leukippos aus Elea oder aus Milet (denn beide Städte werden als seine Heimat angegeben), der ein Jünger des Parmenides in der Philosophie gewesen ist, ist in der Frage nach dem Seienden nicht denselben Weg wie Parmenides und Xenophanes gegangen, sondern, wie man glaubt, den entgegengesetzten. Denn während jene das All als eins, unbeweglich und unentstanden und als begrenzt annahmen und über das Nichtseiende nicht einmal nachzudenken erlaubten, nahm Leukippos unendlich viele und in ewiger Bewegung begriffene Elemente an, die Atome nämlich, und eine unendliche Menge ihrer Formen, weil kein Grund vorhanden wäre, daß

etwas mehr so als so wäre, und weil er sah, daß Entstehung und Veränderung in den Dingen ohne Aufhören sei. Ferner (lehrte er), daß das Seiende um nichts mehr als das Nichtseiende existiere, und daß beide in gleicher Weise Ursachen für die Entstehung der Dinge seien. Denn da er die Substanz der Atome als fest und voll annahm, erklärte er, sie wären das Seiende und bewegten sich in dem leeren Raum, den er das Nichtseiende nannte, und er behauptete, daß dieser nicht weniger existiere als das Seiende. In ähnlicher Weise setzte auch sein Schüler Demokrit aus Abdera als Prinzipien das Volle und das Leere.
(Simplicius, Phys. 28.4; DK 67 A 8, Übers. W. Capelle)

Leukipp und Demokrit, die die Atome erfunden haben, lassen die Veränderung und Entstehung aus diesen erfolgen: durch (ihre) Trennung und Vereinigung das Entstehen und Vergehen, durch (ihre) Anordnung und Lage die Veränderung. Da sie an die Wahrheit der Erscheinungswelt glaubten, die Erscheinungswelt aber voller Gegensätze und unendlich ist, so setzten sie die Atome als unendlich (an Zahl) an, so daß infolge der Wandlungen des Zusammengesetzten ein und dasselbe Ding dem einen und dem anderen als entgegengesetzt vorkäme, und daß es seinen Platz verändere, wenn ihm nur wenig beigemischt würde, und daß es überhaupt ein anderes zu sein scheine, wenn nur eins (nur ein Atom) seinen Platz verändert hätte. Entsteht doch aus denselben Buchstaben die Tragödie so gut wie die Komödie.
(Aristoteles: Vom Werden und Vergehen I, 1.315 b; DK 67 A 9, Übers. W. Capelle)

Nach Leukippos besteht die Seele aus Feuer.
(Aetios IV, 3,7; DK 54 A 28, Übers. W. Capelle)

Leukippos und Demokrit erklären die Sinneswahrnehmungen und das Denken für Veränderungen des Körpers.
(Aetios IV, 8,5; DK 67 A 30, Übers. W. Capelle)

Leukippos, Demokrit und Epikur behaupten, die Sinneswahrnehmung und das Denken erfolgten, indem von außen kleine Bilder (an uns) herankämen.
(Aetios IV, 8,10; DK 67 A 30, Übers. W. Capelle)

Leukippos, Demokrit und Epikur behaupten, die Spiegelbilder entständen infolge der Widerstände, auf die die Bildchen stießen, die sich von uns aus bewegten, sich aber auf der Oberfläche des Spiegels zusammenballten und dann zu ihrem Ausgangspunkte (unserem Körper) zurückkehrten.
(Aetios IV, 14,2; DK 67 A 31, Übers. W. Capelle)

Über Leukippos Leben gibt es nur wenige Kenntnisse. Der Grund dafür liegt darin, daß er schon früh gegenüber seinem berühmt gewordenen Schüler Demokrit in Vergessenheit geriet. Ja, bereits in der Antike ist daran gezweifelt worden, ob er überhaupt gelebt habe. Dieser Zweifel erscheint jedoch nicht angebracht zu sein. Leukipp wurde wahrscheinlich in Milet geboren. Er verließ seine Heimat infolge der aristokratischen Revolution (450/49 v. Chr.), kam nach Elea und gründete um 420 v. Chr. eine Schule in Abdera.[17] Theophrast berichtet, daß er Zenons Vorträge hörte. Aus diesen Umständen und aus der Tatsache, daß Demokrit um 460 v. Chr. geboren wurde, ergibt sich für Leukipp ein Geburtsdatum um 480/70 v. Chr.

Theophrast bezeichnet Leukipp als Verfasser der Schriften »Über den Geist« und »Die große Weltordnung«. Sie sind nicht erhalten, aber aus den Zeugnissen ergibt sich, daß Leukipp darin folgende Termini verwandte: »Atome, Massive (= Atome), die Weltenleere, Abtrennung, Gestalt, gegenseitige Berührung (d. h. Reihenfolge), Lage, Verflechtung, Wirbel, u. a.«.[18]

Wie Empedokles und Anaxagoras versucht Leukipp, ionische Naturphilosophie mit eleatischem Seinsdenken zu verbinden. Insofern stellen seine vermutliche Herkunft aus Milet und sein Aufenthalt in Elea die philosophischen Pole seines Denkens dar. Leukipps Atomtheorie hat ihren systematischen Ort zwischen einem spekulativen Seinsdenken und einer physikalischen Hypothese. Leukipps Atome weisen Attribute auf, die für das parmenideische Sein konstitutiv sind, so Unteilbarkeit, Begrenztheit und Unvergänglichkeit, andererseits aber sind sie bestimmt durch Vielheit und Bewegung. Wichtig ist auch, daß es sich bei ihnen um feste Körper handelt, die einen bestimmten Raum einnehmen. Zwar hatte ja auch Parmenides das Sein mit einer Kugel verglichen, aber die Pointe dieser Aussage lag nicht in der raumfüllenden Gestalt des Seins, sondern in der Idee der Vollkommenheit.

Bei Leukipp nun wird das Atom als etwas Körperliches gedacht, und das, wogegen es sich abgrenzt, ist nicht das Nichts, sondern der leere Raum. Damit aber wird aus dem logischen Problem des Verhältnisses von Sein und Nichtsein bei Parmenides das physikalische des Verhältnisses des raumfüllenden Körpers zum leeren Raum. Die philosophische Brisanz steckt in dem Gedanken Leukipps, daß er, abgesehen von dem mythologisch verfaßten Chaos bei Hesiod, erstmals die Existenz von etwas annahm, an dem nichts ist, nämlich den leeren Raum.

Das Erstaunen über diese ungewöhnliche Annahme ist noch in dem Aristoteleskommentar zu Leukipp deutlich wahrnehmbar: »Leukipp war überzeugt, Argumente zu haben, deren Inhalt mit der Sinneswahrnehmung übereinstimmte und die weder Entstehen noch Vergehen noch Bewegung noch auch die Vielzahl der seienden Dinge aufhoben. In diesen Punkten bejahte er also das Erscheinende; mit denjenigen (Philosophen), die eine Einheitslehre vertreten, (stimmte er soweit überein), daß er annahm, es sei keine Bewegung möglich ohne das Leere. Aber er behauptete, das Leere sei das Nichtseiende; vom Seienden hingegen gebe es nichts, das nicht seiend wäre. Denn das im echten Sinn des Wortes ›Seiende‹ sei das ganz volle.«[19]

Offensichtlich hält Aristoteles an dem seit Parmenides selbstverständlichen Gedanken fest, »das Leere sei das Nichtseiende«. Da aber Leukipp gerade die Existenz des leeren Raumes behauptet, löst er den nun auftauchenden Widerspruch dadurch, daß er zwei Seinsstufen annimmt, nämlich das »im echten Sinne des Wortes ›Seiende‹«, die Atome und das Nichtseiende, das Leere. Aber es gibt keine Hinweise darauf, daß Leukipp diese unterschiedlichen Seinsstufen angenommen hat, und so ist mit Burnet der Gedanke nicht abzuweisen, daß der Erfinder einer »materialistischen« Atomtheorie zugleich derjenige ist, der die Existenz eines nichtkörperlichen Seins in eine im übrigen rein physikalische Theorie eingeführt hat.[20]

Das Verhältnis der Atome zum Leeren bestimmt nun auch die Struktur des Atoms selbst. Entscheidend ist nämlich, daß es nicht die Kleinheit ist, die seine Unteilbarkeit begründet. In dieser Hinsicht scheint Leukipp dem Argument des Anaxagoras Rechnung getragen zu haben, daß nichts so klein sein kann, daß es z. B. nicht auch halb so groß sein könnte. Das Argument für die Unteilbarkeit beruht auf seiner Solidität oder Kompaktheit. Die Kompaktheit verhindert, daß der für eine Teilung nötige »Zwischenraum« entstehen kann.[21] Auch dieses Argument zeigt, daß das Atom bei Leukipp weder eine logische, noch eine mathematische Größe ist, sondern eine physikalische. In dieser Hinsicht darf man ihn wirklich als Erfinder eines physikalischen Atommodells bezeichnen.

Wenn auch die Kleinheit nicht das entscheidende Kriterium für das Atom darstellt, so ist es doch von Leukipp als unsichtbar klein gedacht worden. Obwohl selbst nicht sichtbar, soll es doch die Phänomene erklären. Für Leukipps Atome trifft daher die von Anaxagoras entwickelte These zu, nach der die Phänomene der Anblick des Nichtoffenkundigen seien. Ähnlich wie bei diesem ist die Unsichtbarkeit bei Leukipp nicht prinzipiell gemeint, sondern graduell.

Bei Leukipp werden nicht nur die wahrnehmbaren Dinge als Konstellation der selbst nicht wahrnehmbaren Atome gedacht, sondern der Prozeß der Wahrnehmung selbst als ein atomares Geschehen.[22] Leukipp entwickelt auf diese Weise eine konsequent monolineare Atomtheorie. Die Schwierigkeit dieses Ansatzes besteht darin, daß in dem Maße, in dem Wahrnehmung und Denken in das

Modell monolinear eingefügt werden, es keinen Punkt mehr gibt, von dem aus seine Wahrheit überprüft werden kann. Das Atom ist für ihn dasjenige Seiende, von dem aus alles erklärbar sein soll. Insofern ist die sich ganz physikalisch gebende Atomtheorie eine Metaphysik. Auch in dieser Hinsicht wird deutlich, daß Leukipp den Versuch unternahm, die spekulative Ontologie des Parmenides mit einem naturwissenschaftlichen Erklärungsmodell zu verbinden.

Aristoteles hat auf eine weitere Schwierigkeit hingewiesen. Sie betrifft die Bewegung. Zum einen macht Aristoteles deutlich, daß die Existenz des Leeren die Voraussetzung für die Bewegung ist. Es muß einen leeren Raum geben, in den hinein sich etwas bewegt.[23] Insofern ist die Auffassung Leukipps konsequent, der die Bewegung und den leeren Raum behauptet. Bemerkenswert ist es jedoch, daß er über Art und Ursprung der Bewegung nichts sagt. Aristoteles bemerkt: »Über die Bewegung der Dinge aber, woher sie ihren Ursprung nimmt oder wie sie vor sich geht, haben auch diese Philosophen, ähnlich wie die anderen, sich nicht weiter Gedanken gemacht.«[24]

Bereits Empedokles und Anaxagoras haben Bewegungskräfte angenommen, die nicht in den Dingen liegen, sondern gewissermaßen von »außen« wirken. Darauf verzichtet Leukipp. Es läßt sich vermuten, daß er in ihnen einen unakzeptablen deus ex machina gesehen hat. So läßt er diese Frage lieber unbeantwortet. Gleichwohl gibt der einzige, wörtlich erhaltene Satz Leukipps einen allgemeinen Hinweis auf eine mögliche Antwort (fr. 2), nach dem er auf die Notwendigkeit und den »logos« hinweist, nach denen alles geschehe. Es liegt nahe, hierin eine erste Formulierung des »Satzes vom Grund« zu entdecken, doch hängt die Richtigkeit dieser Annahme von einer Interpretation dieses Satzes ab. Die lateinische Version: »Nihil fit sine ratione« kann als eine Bestätigung angesehen werden, wenn man in der »ratio« die Übersetzung von »logos« sieht. Tatsächlich aber meint der »Satz vom Grund«, wie er bei Leibniz formuliert wird, zwar auch, daß alles, was geschieht, »vernünftig« ist, aber entschiedener noch ist mit »ratio« die erste Ursache gemeint.

Wenn aber Leukipp von Notwendigkeit (ananke) und »logos« spricht, dann ist damit am allerwenigsten an eine erste Ursache gedacht, die im kosmologisch bestimmten Denken der Griechen mit der starken Betonung eines ständigen Kreislaufs gegenüber früheren Kosmogonien und Theogonien ohnehin in den Hintergrund getreten war, sondern eher vielleicht ist an Heraklits Logos-Begriff zu denken. Danach würde der Grundsatz Leukipps bedeuten: Nichts geschieht von ungefähr, sondern alles nach einem bestimmten Verhältnis und entsprechend der Notwendigkeit.

Vielleicht ist es nicht zufällig, daß innerhalb der Entwicklung des griechischen Denkens, das sich am weitesten von mythologischen Vorstellungen entfernt hat, ein Rückgriff auf den Gedanken der Notwendigkeit erfolgt, der als eine Transformation der göttlichen Moira gedeutet werden kann. Allerdings ist die Ananke Leukipps weder personal gedacht, noch scheint ihr Willkür anzuhaften. Eher ist an das seit Thales betonte Kausalitätsprinzip zu denken, nach dem ebenfalls zwei Dinge in einem festen Verhältnis sich befinden. Der Begriff »logos« scheint in Anlehnung an Heraklit als das bestimmte Verhältnis gemeint zu sein, das in den Dingen selbst anzutreffen ist. Sollte Leukipp in seinem Grundsatz den heraklitischen »logos« aufgenmmen haben, dann wären die von Empedokles und Anaxagoras gesondert eingeführten Bewegungsursachen tatsächlich überflüssig. Doch läßt sich diese Frage bei der äußerst dürftigen Quellenlage nicht eindeutig beantworten, und so bleibt der aristotelische Einwand von großem Gewicht.

Zur Erklärung der Verschiedenartigkeit der Phänomene macht Leukipp von seinem Atommodell nun in der Weise Gebrauch, daß er jedes Seiende als ein unterschiedliches Aggregat von Atomen ansieht, zugleich aber die Atome selbst noch einmal in drei Hinsichten unterscheidet: »Gestalt, Anordnung und Lage. Denn das Seiende unterscheidet sich nur durch Gestalt, Anordnung und Lage... Es unterscheide sich nämlich das A vom N durch die Gestalt, das AN vom NA durch die Anordnung, das N vom Z durch die Lage.«[25] Die Atome werden von Aristoteles als die Elemente der Dinge interpretiert, wobei das griechische Wort für Element, »στοιχεῖον«, Buchstabe heißt. Aufgrund dieses Vergleichs läßt sich nun folgende Entsprechung bilden: So wie eine Reihe unterschiedlich angeordneter und verschieden geformter Buchstaben einen unterschiedlichen Text ergibt, also z. B. eine Tragödie oder eine Komödie[26], so können durch die unterschiedliche Anordnung einer begrenzten Anzahl von Atomen die unbegrenzte Anzahl verschiedener Dinge erklärt werden. Der Gedanke, daß das »Buch der Natur« deshalb verstehbar sei, weil die Natur wie ein Buch aus einer begrenzten Anzahl von Buchstaben (Elementen) zusammengesetzt sei, hat hier seinen Ausgangspunkt – und in dem Versuch der Decodierung des Informationsschlüssels der Gene eine aktuelle Variante.[27]

Die Wahrnehmung der Dinge erklärt Leukipp durch die Annahme, daß von ihnen sich Bilder ihrer selbst ablösen und als solche von den Sinnesorganen der Menschen aufgenommen werden. Die Tatsache der Verschiedenheit der Wahrnehmung verschiedener Menschen läßt sich zweifach erklären: Zum einen ist dieser Ablösungsprozeß der Modifikation der Dinge selbst unterworfen, so daß sich nicht immer wieder dasselbe Bild ablöst, zum anderen aber ist die Rezeption dieser Bilder wegen der individuellen Beschaffenheit der menschlichen Organe unterschiedlich. Es muß daher Leukipp nicht eine allgemeine Skepsis hinsichtlich der Erkenntnisfähigkeit des Menschen unterstellt werden, wohl aber scheint er versucht zu haben, die Unterschiede in der Wahrnehmung mit seinem Modell zu denken. Die Erklärung der Spiegelbilder zeigt, in welcher Weise sein Modell ihm geeignet erschien, seine Tauglichkeit unter Beweis zu stellen. Wenn also nicht gegenüber den Sinnen jedes Vertrauen aufgekündigt wird wie bei Parmenides, so ist doch festzustellen, daß alle Denker, die mit ihm sich auseinandergesetzt haben, also Xenophanes, Empedokles, Anaxagoras und nun auch Leukipp, die mangelnde Zuverlässigkeit der Sinne deutlich betonen. Hier hat gegenüber früherem Denken ein Wandel stattgefunden. Zwar wird bei Homer betont, daß der Mensch nicht alles selbst gesehen haben kann, so wie die Götter, aber an dem selbst Gesehenen wird nicht gezweifelt. Ebenso wird bei Heraklit das eigene Zeugnis der Sinne betont, gleichzeitig aber darauf hingewiesen, daß es Zusammenhänge gibt, die nur gedacht, nicht gesehen werden können. Hier nun wird an der Tauglichkeit der Sinne selbst gezweifelt, wohingegen der Unterschied von Denkbarkeit und Sichtbarkeit zurücktritt. Es ist offensichtlich ein weiter geschulter empirischer Sinn, der die Unzuverlässigkeit der menschlichen Sinnesorgane deutlich werden läßt. Es ist deshalb nicht anzunehmen, daß das Zeugnis der Sinne weniger geschätzt würde. Insofern ist Parmenides' Ablehnung der Sinne und die skeptische Einschätzung ihrer Reichweite durch die nachfolgenden Denker ganz unterschiedlich motiviert.

Ethische Überlegungen sind von Leukipp ebensowenig überliefert wie von Anaxagoras, wohl dagegen von Demokrit, der außerordentlich viele Schriften verfaßt hat. Bemerkenswert ist, daß Demokrit zugleich den Prozeß der Entmythologisierung bis zu einem Punkt fortgeführt hat, von dem aus es ihm möglich erschien, das Entstehen des Götterglaubens selbst zu erklären. Seine Ethik aber besteht in Klugheitsregeln für eine harmonische Lebensgestaltung und richtet sich an den einzelnen. Eine Verbindung zu seiner Atomtheorie ergibt sich lediglich an dem Punkt, an dem er erklärt, daß die unterschiedlichen Gefühle, Überlegungen und Charaktereigenschaften der Menschen dadurch zustande kämen, daß sie von unterschiedlichen Idolen (Abbildern) affiziert würden.[28] Da Demokrit zehn Jahre jünger ist als Sokrates und sein Denken nicht zur Vorgeschichte der sokratischen Philosophie gehört, ist er auch nicht als Vorsokratiker zu bezeichnen.

VI. Die Macht der Worte – Sophistik und Rhetorik

1. *Protagoras (um 485 bis 415 v. Chr.), Abdera/ Thrakien*

Aller Dinge Maß ist der Mensch, der seienden, daß (wie) sie sind, der nichtseienden, daß (wie) sie nicht sind. – Sein ist gleich jemandem Erscheinen.
(Plato, Theaitet 151 e, 152 a; DK 80 B 1, Übers. Diels)

Begabung und Übung braucht die Lehrkunst (und) Von der Jugend anfangend muß man lernen.
(Anecdota Parisina I 171,31; DK 80 B 3, Übers. Diels)

Über die Götter allerdings habe ich keine Möglichkeit zu wissen (festzustellen?) weder daß sie sind, noch daß sie nicht sind, noch, wie sie etwa an Gestalt sind; denn vieles gibt es, was das Wissen (Feststellen?) hindert: die Nichtwahrnehmbarkeit und daß das Leben des Menschen kurz ist.
(Diogenes Laertios IX, 51; DK 80 B 4, Übers. Diels)

Über jede Sache gibt es zwei einander entgegengesetzte Aussagen (Meinungen).
(Diogenes Laertios IX, 51; DK 80 B 6 a, Übers. Diels)

Es gilt die schwächere Meinung zur Stärkeren zu machen.
(Aristoteles: Rhetorik 1402 a; DK 80 B 6 b, Übers. Diels)

Denn den (sichtbaren Kreis) berührt das Lineal nicht (nur) in einem Punkte, sondern (es steht damit genauso) wie es Protagoras behauptete, als er die Mathematiker zu widerlegen suchte.
(Aristoteles: Metaphysik 997 b; DK 80 B 7, Übers. Capelle)

(Sokrates): Ist etwa, sprach ich, dasjenige gut, was den Menschen nützlich ist? – Ja auch, beim Zeus, sagt er, manches, was den Menschen nicht nützlich ist, nenne ich wenigstens doch gut. (...) Meinst du nur, sprach ich, was keinem Menschen nützlich ist, oder auch, was ganz und gar nicht nützlich ist; und nennst du auch solche Dinge gut? – Keineswegs, sagte er, aber ich kenne sehr viele Dinge, welche dem Menschen völlig unnütz sind, Speisen, Getränke, Arzneien und sonst tausenderlei; andere sind ihm nützlich; wiederum andere sind dem Menschen zwar keines von beiden, wohl aber den Pferden, andere wiederum nur den Ochsen (...)
(Platon: Protagoras 333 d, e, 334 a, Übers. Schleiermacher)

(Protagoras): Daher habe ich den ganz entgegengesetzten Weg eingeschlagen und sage geradeheraus, daß ich ein Sophist bin (...) Wenn also Hippokrates zu mir kommt, wird ihm das nicht begegnen, was ihm bei einem anderen Sophisten begegnen würde. Die anderen nämlich mißhandeln die Jünglinge offenbar. Denn nachdem diese den Schulkünsten eben glücklich entkommen sind, führen jene wie wider ihren Willen wiederum zu Künsten und lehren sie Rechnen und Sternkunde und Meßkunde und Musik (...) bei mir aber soll er nichts lernen als das, weshalb er eigentlich kommt. Diese Kenntnis ist aber die Klugheit in seinen eigenen Angelegenheiten, wie er sein Hauswesen am besten verwalten, und dann auch in den Angelegenheiten des Staates, wie er am Geschicktesten sein wird, diese wohl zu führen als auch darüber zu reden.
(Platon: Protagoras 317 b, 318 d, e, 319 a, Übers. Schleiermacher)

Protagoras kommt aus dem nordgriechischen Abdera. Er ist um 485 v. Chr. geboren und um 415 v. Chr. gestorben. Bei seinen vielen Reisen, die er als wandernder Lehrer unternahm, kam er auch nach Sizilien und mehrfach nach Athen. Dort hielt er gegen Honorar Vorträge und Seminare ab und machte die Bekanntschaft mit Perikles und Euripides. Er erhielt den Auftrag, eine Verfassung für die 444 v. Chr. gegründete Kolonie Thurioi (Unteritalien) auszuarbeiten. Um 415 v. Chr. wurde er in Athen wegen Asebie angeklagt. Er flüchtete und kam angeblich auf einer Seereise nach Sizilien um. Seine Schriften wurden in Athen öffentlich verbrannt. Als Titel sind überliefert: »Die Wahrheit oder die Niederwerfenden« (Reden), »Über die Götter«, »Über den Hades«, »Über den Urzustand«, »Über das Seiende«.

Protagoras ist nicht nur der älteste, sondern auch der bedeutendste der zahlreichen Sophisten des 5. Jahrhunderts v. Chr. Platon erwähnt, daß er sich ausdrücklich als Sophist bezeichnet habe. Das öffentliche Bekenntnis schien nicht ganz ungefährlich zu sein, denn die Sophisten wurden nicht nur von Sokrates und Platon kritisiert. Der Argwohn, der ihnen gegenüber entgegengebracht wurde, ist erläuterungsbedürftig.

Der Begriff Sophist ist abgeleitet von dem Wort »sophos«. Es bezeichnet ein Wissen und einen Menschen, der über Wissen verfügt. Bei Homer handelt es sich um jeden, der in einem Gebiet durch Wissen oder Kunstfertigkeit ausgezeichnet ist. In diesem Sinne sind auch die »Sieben Weisen« Sophisten. Der Begriff »sophos« und Sophist wird noch bei Herodot, der Pythagoras und Solon als Sophisten bezeichnet, synonym gebraucht. Und selbst bei Plato gibt es Stellen, in denen er das Wort Sophist in einem positiven Sinne gebraucht.[1]
Selbstverständlich ist ein Sophist auch ein Lehrer seines Wissens.

Guthrie vermutet, daß eine Ambivalenz in den Begriff dadurch gekommen sei, daß den Zeitgenossen die ungewöhnlichen Fähigkeiten der Sophisten nicht geheuer (deinos) waren[2], und bereits bei Sophokles wird das rechtschaffene Denken mit dem der Sophisten kontrastiert.[3]

Politisch gesehen gehören die Sophisten in eine Gesellschaft, in der in zunehmendem Maße nicht mehr nur die Herkunft über eine führende Stellung entschied, sondern rhetorische Fähigkeiten und politisches Geschick. Das philosophische Argument Platos gegen die Sophisten besteht darin, daß sie nicht an der Wahrheit interessiert seien, sondern die Rede als bloßes Machtmittel gebrauchten.

Zentral ist für Protagoras der Gedanke, daß der Mensch das Maß aller Dinge sei. Dieser sogenannte Homo-mensura-Satz wird von verschiedenen Autoren überliefert, und sein Wortlaut kann als sicher gelten. Gleichwohl ist der Sinn des Satzes in der Forschungsliteratur bis heute strittig. Es lassen sich drei Hauptrichtungen der Interpretation unterscheiden, die man zugespitzt als ontologische, skeptische und relativistische charakterisieren kann. Für jede dieser Interpretationen sprechen wichtige Argumente.

Nach der ontologischen Interpretation handelt es sich bei dem Satz um eine Aussage über das Sein. Er ließe sich so paraphrasieren: Es ist allein der Mensch, der den Dingen Sein oder Nichtsein zuspricht. In dieser Intention ließe sich der Satz als eine unausgesprochene Auseinandersetzung mit Parmenides verstehen. Die Argumentation verliefe unter dieser Voraussetzung so: Wenn Parmenides behauptet, daß das Sein allein durch das Denken vernommen werden kann und gerade der Mensch durch Denken ausgezeichnet ist, dann ist es der Mensch, der über Sein und Nichtsein entscheidet.

Für diese Interpretation spricht zweierlei: zum einen die geschichtliche Erkenntnis, daß alle Parmenides nachfolgenden Denker sich mit ihm auseinandergesetzt haben und dies bei Protagoras durch den Titel seiner Schriften, wie »Die Wahrheit« und »Über das Seiende«, auch thematisch belegt ist; zum anderen aber in dem zweiten Teil seines Satzes ausdrücklich Sein und Nichtsein behandelt wird. Dafür muß es ein eigenes Motiv geben. Der Satz: »Der Mensch ist das Maß aller Dinge« ist in sich geschlossen, verständlich und prägnant. Die griechische Vorliebe für lakonische Kürze ist bekannt und »das Sein« ist im Begriff des »Dings« enthalten. Der Satz könnte also auch ohne den Nachsatz als Aussage über den Menschen als Maßstab des Seins der Dinge verstanden werden. Sextus Empirikus erläutert, daß der Begriff Maßstab (μέτρον) die Bedeutung von Kriterium (κριτήριον) habe und macht damit deutlich, daß es sich bei dem Maßstab nicht um den Gedanken einer graduellen Abstufung handelt, sondern um ein zweiwertiges Unterscheidungsmerkmal, mit dessen Hilfe Sein von Nichtsein unterschieden werden könne.[4]

Wenn es Protagoras also für nötig hielt, in einem Nachsatz ausdrücklich Sein und Nichtsein zu thematisieren, dann kann der Grund nur darin gelegen haben, daß er die Auseinandersetzung mit Parmenides suchte. Diese Interpretation vertritt z. B. Walter Bröker.[5] Gegen diese Interpretation ist das Argument vorgebracht worden, daß es ganz absurd wäre, Protagoras die Meinung zu unterstellen, die Existenz der Dinge sei vom Menschen abhängig. Daher dürfe das Wort »ὡς« in dem Satz auch nicht mit »daß«, sondern müsse mit »wie« wiedergegeben werden. Der Mensch entscheide nicht über ihr Daßsein, sondern nur über das Wie.

Zwar ist es richtig, daß das Wort »ὡς« im Griechischen auch »wie« bedeutet, doch sprechen gegen diese Übersetzung zwei Argumente: Zum einen bliebe auch bei dieser Version der Mensch der Maßstab für das Sein, nämlich für das Sein der von den Dingen behaupteten Eigenschaften, zum anderen aber wird der Nachsatz schwer nachvollziehbar, nach dem der Mensch der Maßstab sein soll für die Dinge, »wie sie nicht sind«. Dazu kommt, daß das zweite wörtlich erhaltene Fragment Protagoras' über die Götter eine interessante Parallele im Satzaufbau aufweist. Dort sagt Protagoras, er habe über die Götter kein Wissen, »weder daß sie sind, noch daß sie nicht sind, noch wie sie etwa an Gestalt sind«. Wieder taucht das Wort »ὡς« im Zusammenhang der Begriffe »Sein« und »Nichtsein« auf und wird deutlich unterschieden von der Beschaffenheit der Götter, die mit einem eigenen Wort beschrieben wird.

Nach der ontologischen Interpretation hat sich Protagoras mit Parmenides auseinandergesetzt, aber keineswegs so, daß er versucht hätte, ihn zu widerlegen, sondern vielmehr so, daß er aus dessen Seinsthese bestimmte Konsequenzen gezogen habe, einen neuen Akzent gesetzt und damit eine Schwerpunktverlagerung des Gedankens vorgenommen habe, so daß der Eindruck einer Gegenthese entstehen konnte. Die bei Parmenides bereits betonte Identität von Sein und Denken wird von ihm in der Weise akzentuiert, daß er den Menschen als den Ort des Denkens eigens herausstellt.

Nach der zweiten Interpretationsrichtung geht es nicht um das Sein der Dinge, sondern um die Erscheinungen, d. h. um jenes, das Parmenides ausdrücklich als Täuschung und als Nichtsein verworfen hatte. Diese Interpretation hat ihren Hauptvertreter in Platon. Er schreibt Protagoras die These zu, daß die Erscheinungen bereits das Sein der Dinge ausmachten. Die Erscheinungen aber sind uns gegeben durch die Sinne. Da aber für Plato das Zeugnis der Sinne trügerisch ist, sind alle darüber gebildeten Aussagen auch nur »Meinungen«. Im »Theaitet« macht Plato gegen diese Auffassung geltend: Da die Wahrnehmungen nicht ohne weiteres die Wahrheit geben, müssen wir über sie Sätze bilden, und diese Sätze haben wir in wahre und falsche zu unterscheiden. Wenn sich Protagoras also an die Wahrnehmungen hält, dann geht er in die Irre, denn nicht die Sinne geben uns das Sein der Dinge, sondern nur das Denken. Während sich die sinnliche Wahrnehmung an der Erscheinung orientiert, richtet sich das Denken auf das Sein. Das ist die parmenideische Auffassung, die Platon teilt. Diese Interpretation zentriert sich um den platonischen Gegensatz von Wahrnehmung und Denken. Es ist aber die Frage, ob Protagoras diesen Gegensatz im Auge hatte. Mehrere Anzeichen sprechen dafür, daß seine Intention vielmehr in dem Hinweis bestand, daß wir es bei unserer Erkenntnis immer nur mit Erscheinungen zu tun haben, daß uns aber das Sein der Dinge verborgen bleibt. Protagoras' Beurteilung wäre dann nicht die unkritische Identifizierung von Sein und Schein, wie Platon annimmt, sondern vielmehr eine skeptische Betonung ihrer Differenz und der Hinweis auf die Unerreichbarkeit des Seins selbst.

Für diese Interpretation spricht auch das Fragment über die Götter. Dort behauptet Protagoras ja nicht, daß die Götter so sind, wie sie uns erscheinen, wie man nach der platonischen Interpretation vermuten könnte, sondern er spricht von dem Verborgenen, dem Nichtoffenkundigen der Götter und der Kürze des menschlichen Lebens, die die Erkenntnis verhinderten. Ein weiterer Hinweis auf die skeptische Einstellung von Protagoras ergibt sich auch durch ein Fragment, das erst 1968 ihm zugeschrieben wurde. Es kann so übersetzt werden: »Ich erscheine dir als jemand, der sitzt oder aber der nicht sitzt; verborgen bleibt (aber), ob ich sitze oder nicht sitze.«[6] Hier ist nun nicht nur von dem »Verborgenen« erneut die Rede, sondern es wird der Begriff der Erscheinung, den Plato ja für Protagoras geltend gemacht hat, erwähnt und in einen Gegensatz gebracht zum verborgenen Sein. Dieses Fragment und das über die Götter legt die Vermutung nahe, daß es Protagoras nicht um den Gegensatz von Wahrnehmung und Denken, sondern um den von Erscheinung und verborgenem Sein ging.

Schließlich ist die dritte Interpretationsrichtung zu erwähnen. Bei ihr liegt die Betonung auf den individuellen Unterschieden bei der Wahrnehmung. So erscheint z. B. einem Gesunden ein Wein süß, einem Kranken dagegen bitter. Sagt ein Kranker: Mir schmeckt der Wein bitter, so kann man an der Wahrheit dieser Aussage vernünftigerweise nicht zweifeln und ihm allenfalls versichern, daß ihm der Wein, sobald er wieder gesund sei, auch wieder süß schmecken werde. Ebensowenig läßt sich das von Plato zitierte Argument widerlegen, daß bestimmte Nahrungsmittel oder Arzneien für den einen bekömmlich und gut und für den anderen schlecht sind. Für diese Relativität hat Heraklit ja als Beispiel das Meerwasser angeführt, das für Fische bekömmlich, für Menschen unbekömmlich ist, und Plato hat aus diesem Grund Protagoras mit Heraklit und den Herakliteern in Verbindung gebracht. Für Plato wird dadurch das Prinzip des auszuschließenden Widerspruchs verletzt, und Aristoteles argumentiert ganz ähnlich, wenn er sagt: »Ferner, wenn sämtliche einander widersprechende Behauptungen von ein und derselben Sache wahr sind, dann ist es klar, daß alle Dinge ein und dasselbe sind. Denn dann ist ein und dasselbe ein Kriegsschiff, eine Mauer und ein Mensch, wenn es zulässig ist, von jeder Sache etwas zu behaupten oder zu leugnen, wie das diejenigen müssen, die die Lehre des Protagoras vertreten.«[7]

Für Plato und Aristoteles entsteht durch die von Protagoras behauptete Relativität der Wahrnehmungen und Urteile eine unakzeptable Beliebigkeit. Plato überspitzt diesen Gedanken, indem er sagt, nach Protagoras könne man eigentlich ebensogut behaupten »das Maß aller Dinge ist das Schwein oder der Affe«.[8] Plato ist sich jedoch darüber im klaren, daß es sich bei diesem Einwand um kein Gegenargument handelt[9], und tatsächlich ist sein eigenes Denken in seinen späteren Schriften dadurch ausgezeichnet, daß er den Gedanken eines beziehungslosen Seins aufgibt und Relationen anerkennt. Gerade die Widerlegung des Sophisten Euthydemos gelingt ihm nur dadurch, daß er Relationen einführt. Die sophistische Logik des »alles oder nichts« wird überwunden durch die Einführung von Relationen: So sind wir zugleich wissend und unwissend; wissend in bezug auf das, was wir schon wissen, unwissend in bezug auf das, was wir noch nicht wissen, u. a. m. Deutlich wird, Wahrheit und Falschheit stehen nicht einfach für Sein oder Nichtsein, sondern für eine richtige oder falsche Beziehung.

Genau diese Relativität nun hat Protagoras entdeckt und deutlich herausgestellt. Umstritten ist jedoch, ob Protagoras seinen Homomensura-Satz auf den einzelnen Menschen oder auf die Gattung beziehen wollte. Daß der Gattungsbegriff nicht abwegig ist, zeigt sich darin, daß Plato gerade bei seiner Ersetzung des Wortes Mensch durch Schwein oder Affe offensichtlich einen Gattungsbegriff im Blick hatte. Aber es ist richtig, daß die Beziehung auf den einzelnen Menschen dem Satz eine schärfere Wendung gibt. Dann wird nämlich die Frage aktuell, ob es über den individuellen Seinsmaßstab hinaus auch noch einen für alle Menschen verbindlichen geben könne. Die platonische Philosophie läßt sich als Suche nach dem für alle Menschen verbindlichen Seinsmaßstab interpretieren. In der individualistischen Variante taucht daher in neuer Weise das Problem des Verhältnisses von Vielheit und Einheit auf.

Zwar hatte Parmenides behauptet, das Viele gebe es nicht, aber dem mögen die nachparmenideischen Denker nicht mehr folgen, und so ist es durchaus möglich, daß Protagoras seinen Satz in einem individualisierenden Sinne verstanden hat. Es ist aber auch nicht zu übersehen, daß auch Plato, der dem Denken Parmenides' sehr viel näher steht als Protagoras, die Vielheit nicht einfach leugnete, sondern im Sinne der vielen »Meinungen« zunächst als gegeben annahm, um dann über sie hinausgehend die eine Wahrheit zu erreichen.

Die Frage, welche der drei Interpretationen des Homo-mensura-Satzes Protagoras am nächsten kommt, ist schwer zu beantworten, wohl aber ist es möglich, ihren unterschiedlichen Aussagegehalt deutlich zu machen. Er läßt sich in drei Thesen darstellen; 1. Es ist der Mensch, der über Sein und Nichtsein der Dinge entscheidet. 2. Wir haben es bei der Erkenntnis immer nur mit Erscheinungen zu tun, das Sein der Dinge bleibt uns verborgen, und 3. Verschiedenen Menschen erscheinen dieselben Dinge unterschiedlich, und deshalb kommen sie zu unterschiedlichen Aussagen über sie.

Eine besondere Brisanz bekam die Frage der Relativität im politischen und rechtlichen Bereich. Auch Herodot hatte auf dieses Problem aufmerksam gemacht, als er über die bei verschiedenen Völkern vorhandenen unterschiedlichen Bestattungsriten sprach. Das Problem der Relativität der Sitten wurde in der zweiten Hälfte des 5. Jahrhunderts stark erörtert und beunruhigte, da die selbstverständliche Polissittlichkeit dadurch in Frage gestellt wurde. Protagoras hat sich zu diesem Problem geäußert, indem er den Ansatz einer politischen Anthropologie entwickelte. Er wird wiedergegeben im platonischen Dialog »Protagoras«.

Ausgangspunkt ist die Frage nach der Lehrbarkeit der Tugend, vor allem der politischen Tüchtigkeit. Es ist nun interessant, daß Protagoras für seine These von der Lehrbarkeit der Tugend seinen Hörern zwei Darstellungsmöglichkeiten zur Auswahl anbietet: Er könne seine These darstellen als Mythos oder als »logos«. Diese Stelle ist bemerkenswert, weil hier das latente Verhältnis von Mythos und »logos« sich als Antithese manifestiert. Von Bedeutung ist, daß in dieser Gegenüberstellung eine Distanzierung von dem unmittelbaren Wahrheitsanspruch des Mythos' zum Ausdruck kommt. Der Mythos ist eine Darstellungsform, über die frei verfügt werden kann. Der Mythos spricht nicht unmittelbar, sondern als Analogie oder Metapher. Um seinen Gehalt zu erfassen, ist daher in jedem Fall eine Deutung nötig.

Der von Protagoras vorgetragene Prometheus-Mythos[10] ist als ein Kulturentstehungsmythos gedeutet worden, aber der Begriff Kultur ist ganz ungriechisch, es handelt sich vielmehr um sein Verständnis einer politischen Anthropologie. Wie Anaxagoras wählt Protagoras als Ausgangspunkt den Tier-Mensch-Vergleich, der aber im Gegensatz zu jenem ganz pessimistisch ausfällt. Der Mensch ist ein Mängelwesen. Ausführlich wird geschildert, wie alle Tiere zweckmäßig mit unterschiedlichen Kräften ausgestattet worden seien, während der Mensch leer ausgegangen sei. Kompensatorisch erhält er die göttlichen Gaben der Athene und des Hephaistos, wozu auch die Beherrschung des Feuers gehört. So erhielt er die zum Leben nötigen Wissenschaften und Künste. An einen Überschuß ist dabei nicht gedacht, ja diese Gaben reichen nicht einmal zum Überleben; denn in ihrer Vereinzelung sind die Menschen immer noch schutzlos den wilden Tieren ausgeliefert. Und nur um zu verhindern, daß sie ganz ausgerottet werden, wird ihnen durch Hermes die bürgerliche Tugend übermittelt: Recht und Scham. Nun erst, im bürgerlichen Leben der »polis«, ist das Überleben gesichert. Diese Begründung für den Ursprung der »polis« findet sich auch noch bei Aristoteles in seiner »Politik«.[11]

Gerechtigkeit und Scham aber werden nicht, wie die übrigen Wissenschaften und Künste, unterschiedlich verteilt, sondern gleichmäßig an alle. Weil das so sei, so fährt Protagoras fort und springt damit in die Darstellungsform des »logos«, setzen wir bei jedem Menschen den Sinn für Gerechtigkeit voraus und entschuldigen Ungerechtigkeit nicht als einen zufälligen Mangel. Die Argumente nun, die Protagoras im Sinne des »logos« vorbringt, stellen im wesentlichen nichts anderes dar als das in Athen herrschende Rechtsempfinden seiner Zeit. Weil alle Bürger die Gerechtigkeit für eine politisch hochbedeutsame Tugend halten, so fährt er fort, achten sie bei ihren Kindern schon früh auf die Einhaltung ihrer Regeln, und deshalb werden z. B. Verbrecher bestraft, u. a. m.

Aus all dem wird deutlich, was Protagoras im Gegensatz zum Mythos unter »logos« versteht. Einen »logos« vorzutragen heißt für ihn in diesem Fall, den inneren Zusammenhang, die Vernünftigkeit und Ableitbarkeit von Handlungsmaximen aus allgemein geltenden Rechtsüberzeugungen zur Sprache zu bringen, die »raison d'être« der »polis« offenzulegen.

Deutlich wird aber auch, daß sich Protagoras mit seinem Mythos in eine schwierige Situation gebracht hat, die seinem Anspruch, Lehrer der politischen Tüchtigkeit zu sein, den Boden entzieht. Wenn nämlich diese bereits als göttliche Gabe an alle gleichmäßig verteilt ist, scheint ein Lehrer dieser Tüchtigkeit überflüssig zu sein.

Und so ist es mehr als sokratische Ironie, wenn es am Schluß des Dialogs heißt, Sokrates und Protagoras hätten ihre Ausgangsposition vertauscht. Während Protagoras anfangs behauptet habe, die Tugend sei lehrbar, scheine er dieses nun zu leugnen, wohingegen Sokrates ihre Lehrbarkeit zunächst bezweifelt habe, sie nun aber für ein Wissen halte und damit möglicherweise für erwerbbar.

Die scheinbare Paradoxie hat ihren Ursprung im Mythos selbst. Bei der politischen Tüchtigkeit handelt es sich nicht um eine natürliche Ausstattung der Menschen, sondern um ein Geschenk der Götter, und diese Gabe hat offensichtlich einen besonderen Charakter. Aber wie könnte Protagoras diese mythische Wahrheit unmythisch ausdrücken? Offensichtlich nur dadurch, daß er die spezifisch menschlichen Fähigkeiten von den automatisch funktionierenden Verhaltensweisen unterschied, indem er sie als zu entwickelnde Anlagen interpretierte. Von dieser Voraussetzung aus ist es dann sinnvoll, einen Beruf auszuüben, der sich der Entwicklung dieser Anlagen widmet. Plato löst dieses Problem mit seiner Anamnesislehre, aber um diese zu erläutern, nimmt er Zuflucht zu einem neuen Mythos.

Protagoras' Tätigkeit als Pädagoge ergibt sich aus den Quellen ganz eindeutig. Es ist nicht von der Hand zu weisen, daß professionelle Pädagogik überhaupt erst von den Sophisten entwickelt wurde. Protagoras geht es bei seinem Unterricht um praktische Lebensklugheit im weitesten Sinne, dazu gehören Ökonomie und politisch-juristische Argumentationslehre, d. h. Rhetorik. Auf diese Weise wurden Sachwissen und die Vermittlung formaler Redetechniken verbunden.

Es ist bedeutungsvoll, daß Plato trotz seiner generellen Kritik der Sophistik Protagoras mit großer Hochachtung begegnet. Obwohl die Differenzen nicht verwischt werden, trennen sich Sokrates und Protagoras in gegenseitigem Respekt.[12] Von der unerbittlichen Schärfe, die den Gorgias-Dialog auszeichnet, ist hier nichts zu spüren. Möglicherweise war es gerade die Orientierung an Sachwissen und der pädagogische Eros bei Protagoras, die Platos Respekt hervorriefen. Für die Einschätzung der Rhetorik bei Protagoras sind zwei Aspekte bedeutsam[13]: Er vertritt die These, es gebe über jeden Sachverhalt zwei entgegengesetzte Meinungen und es gelte, die schwächere Seite zur stärkeren zu machen. Beide Aussagen zeigen, daß Protagoras agonale Prinzipien in der Rhetorik zu bevorzugen schien. Die Übung, zu einem beliebigen Thema entgegengesetzte Thesen zu vertreten und auf diese Weise »Redewettkämpfe« zu veranstalten, wird von Diogenes Laertios erwähnt.[14] Auch habe er die sokratische Art der Gesprächsführung zuerst ins Wanken gebracht. Diese Bemerkung zeigt, daß es Protagoras offensichtlich nicht nur darum ging, seine Schüler in der Abfassung von Reden zu schulen, sondern sie auch für den »Wortstreit« tüchtig zu machen. Unter dieser Voraussetzung ist Protagoras nicht nur als ein Lehrer der Rhetorik, sondern ebenso als einer der Dialektik, d. h. der Kunst der Gesprächsführung, anzusehen.

Um die Schüler dialektisch zu schulen, schien es in der Sophistik üblich gewesen zu sein, Gegensatzpaare bilden zu lassen. Jedenfalls gibt es eine solche Sammlung von Gegensatzpaaren, überliefert unter dem Titel »dissoi logoi«, die in der Forschung als Übungsmaterial interpretiert werden. Sie gehören sachlich in den Kontext der von Protagoras konzipierten Antilogien. Gomperz setzt die Abfassungszeit dieser Schrift mit dem Jahr 404 v. Chr. an und rechnet sie der Schule des Protagoras zu.

Tatsächlich weist der Text eine große Ähnlichkeit mit dessen rhetorischen Prinzipien auf. In ihm werden Fragen der Philosophie, Pädagogik und Politik behandelt. Dabei werden jeweils Argumente für und gegen eine These zusammengestellt.[15] So wird z. B. für die These der Identität von »Gut« und »Übel« darauf hingewiesen, daß »Essen, Trinken und Liebesgenuß für den Gesunden ein Gut, für den Kranken ein Übel« sei oder »Verschwendung durch den Verschwender ein Übel, für den Händler, bei dem er einkauft, ein Gut«, u. ä.

In den rhetorisch-grammatischen Kontext gehören auch Protagoras' Bemühungen um eine Orthoepeia, d. h. um Überlegungen zum richtigen Sprachgebrauch, so z. B. die richtige Einteilung der Wörter nach ihrem natürlichen Geschlecht, aber auch die Unterscheidung von Klassen von Redefiguren, oder »Sprechakten«. Protagoras unterscheidet vier: Frage, Antwort, Bitte und Befehl.[16]

Wenn auch die Interpretation der zentralen These von Protagoras nicht zu einem eindeutigen Ergebnis führt, so kann doch mit guten Argumenten behauptet werden, daß mit ihm in der Geschichte des griechischen Denkens ein Paradigmenwechsel stattfindet, da nun der »logos« als menschliche Rede verstanden wird und ins Zentrum des Denkens rückt. Der Mensch wird von Protagoras als der unhintergehbare Ursprung aller Aussagen zur Geltung gebracht.

2. Antiphon (5. Jh. v. Chr.), Athen/Attika

Gedanke oder Maß ist die Zeit, nicht Substanz.
(Aetios, I 22,6; DK 87 B 9, Übers. Diels)

Wenn man eine Bettstelle vergraben würde und die Fäulnis im Holz Leben gewönne, so würde daraus keine Bettstelle, sondern nur Holz.
(Harpocr., DK 87 B 15, Übers. Diels)

Gerechtigkeit besteht darin, die gesetzlichen Vorschriften des Staates, in dem man Bürger ist, nicht zu übertreten. Es wird also ein Mensch für sich am meisten Nutzen bei der Anwendung der Gerechtigkeit haben, wenn er vor Zeugen die Gesetze hoch hält, allein und ohne Zeugen dagegen die Gebote der Natur; denn die der Gesetze sind willkürlich, die der Natur dagegen notwendig; und die der Gesetze sind vereinbart, nicht gewachsen, die der Natur dagegen gewachsen, nicht vereinbart. Wer also die gesetzlichen Vorschriften übertritt, ist, wenn es ihren Vereinbarern verborgen bleibt, von Schande und Strafe verschont; bleibt es ihnen nicht verborgen, so nicht. Wer dagegen eins der von Natur mit uns verwachsenen Gesetze wider die Möglichkeit zu vergewaltigen sucht, für den ist, wenn er vor allen Menschen verborgen bleibt, das Unheil um nichts geringer und, wenn alle es bemerken, um nichts größer; denn der Schade beruht nicht auf bloßer Meinung, sondern auf Wahrheit. Die Beschreibung dieser Dinge ist im allgemeinen um dessen willen angestellt, weil die meisten Rechtsbestimmungen feindlich zur Natur stehen...
(Oxyrh. Pap. XI n. 1364; DK 87 B 44 [Col. 1], Übers. Diels)

Die von vornehmen Vätern abstammen, achten und verehren wir, die dagegen nicht aus vornehmem Hause sind, achten und verehren wir nicht. Hierbei verhalten wir uns zueinander wie Barbaren, denn von Natur sind wir alle in allen Beziehungen gleich geschaffen, Barbaren wie Hellenen. Das läßt eine Betrachtung der allen Menschen von Natur (in gleicher Weise) notwendigen Dinge erkennen. Zu erwerben sind diese allen auf dieselbe Art möglich (?), und in allen diesen ist weder ein Barbar von uns geschieden noch ein Hellene. Atmen wir doch alle insgesamt durch Mund und Nase in die Luft aus und (essen wir doch alle mit Hilfe der Hände...)
(Oxyrh. Pap. XI n.; DK 87 B 44, Übers. Diels)

Doch wie einen Zug im Brettspiel das Leben zu wiederholen, das gibt es nicht.
(Harpocr. DK 87 B 52, Übers. Diels)

Es gibt Menschen, die das gegenwärtige Leben nicht leben, sondern sich mit viel Eifer vorbereiten, ein anderes Leben zu leben, nicht das gegenwärtige; und unterdessen geht die ihnen verbleibende Zeit dahin.
(Harpocr. DK 87 B 53 a, Übers. Diels)

Das Erste, glaube ich, unter den menschlichen Dingen ist die Erziehung. Wenn man nämlich von irgend einer beliebigen Sache den Anfang richtig macht, so ist es wahrscheinlich, daß auch das Ende richtig wird. Was für einen Samen man in die Erde sät, dementsprechend ist ja auch die Ernte, die man erwarten darf. Und wenn man in einen jungen Leib hinein die echte Bildung sät, so lebt das und sproßt das ganze Leben hindurch und weder Regen noch Regenlosigkeit kann es vernichten.
(Stob. III, 5,57; DK 87 B 60, übers. Diels)

Wie der ist, mit welchem man den größten Teil des Tages zusammen ist, so wird man notwendigerweise auch selbst in seiner Art.
(Stob. III, 31,41; DK 87 B 62, Übers. Diels)

Unter dem Namen des Antiphon sind eine Reihe von Fragmenten überliefert, die in Stil und Inhalt so unterschiedlich sind, daß sich die Frage stellt, ob sie denselben Verfasser haben können. Tatsächlich wird bereits in der Antike ein Sophist Antiphon von einem Redner Antiphon aus Rhamnus unterschieden. Beide haben im 5. Jh. v. Chr. in Athen gelebt und gewirkt. Während die dem Sophisten zugeschriebenen Fragmente eine natürliche Gleichheit aller Menschen betonen, hat der Redner Antiphon offensichtlich einen ausgesprochen aristokratischen Standpunkt vertreten. Der Sophist Antiphon wird bei Plato nicht erwähnt, wohl aber in Xenophons »Memorabilien«, wo er als Kritiker der sokratischen Bedürfnislosigkeit auftritt.[17]
Der Sophist Antiphon stellt in den Mittelpunkt seiner Überlegungen das im 5. Jahrhundert v. Chr. viel erörterte Verhältnis von »φύσις« und »νόμος«, und daher soll von ihm in folgenden die Rede sein. Die entscheidenden Aussagen hierzu finden sich in seiner Schrift »Wahrheit«, deren Titel bereits die Auseinandersetzung mit Protagoras und darüber hinaus mit Parmenides deutlich macht. Wahr ist für ihn das natürlich Gegebene, Gewachsene, unwahr dagegen die bloßen Meinungen und willkürlichen gesellschaftlichen Vereinbarungen. Als solche versteht er die in der »polis« geltenden Gesetze. Und diese Unterscheidung führt ihn zu dem Gegensatzpaar »physis – nomos«. Während noch Heraklit unter »physis« das Wesen des Seienden überhaupt verstand, wird in der sophistischen Tradition eine Einschränkung des Begriffs vorgenommen, und damit nähert er sich dem an, was wir mit Natur meinen, im Unterschied etwa zu Geschichte und Gesellschaft. Zugleich aber werden an dem natürlich Seienden bestimmte Züge hervorgehoben, die auch schon in dem Verständnis der »physis« als Wesen mitschwangen. Die »physis« ist im Gegensatz zum »nomos« dadurch bestimmt, daß sie ein Seiendes bezeichnet, das sich von allen äußeren Einwirkungen

unbeeinflußt so darstellen kann, wie es ist, dem »nomos« haftet demgegenüber der Charakter der Gewalt ein.

Eine Kontrastierung von »physis« und »nomos« ist weder bei Homer noch bei Heraklit anzutreffen. Für beide ist der »nomos« göttlich, und daher kommt es z. B. für Heraklit in derselben Weise darauf an, auf die »physis« zu achten wie auf den »nomos«. Eine erste Weichenstellung hinsichtlich des »nomos«, die die spätere Konnotation von »Gewalt« andeutet, findet sich bei Pindar, der den herrschaftlichen Charakter des »nomos« betont.[18]

Als menschlicher Brauch wird der Begriff »nomos« bei Herodot charakterisiert und damit ist die Bedeutung erreicht, die für die »physis-nomos«-Antithese leitend wird. Dem »nomos« kommt nun im Gegensatz zur »physis« eine gewisse Beliebigkeit zu. Wegen der großen Bedeutung dieses Problems für die zweite Hälfte des 5. Jahrhunderts v. Chr. sei eine bemerkenswerte Stelle aus Herodot zitiert: »Denn ich meine, wenn man alle Völker aufriefe, sie sollten sich aus allen Gesetzen, die sich fänden, die besten auswählen, so würde jedes nach erfolgter Prüfung die seinigen allen anderen vorziehen, so sehr hält jedes Volk seine eigenen Gesetze für die besten. (...) Dareios ließ einstens Hellenen, die sich an seinem Hofe aufhielten, vor sich rufen und fragte sie, um welchen Preis sie sich dazu verstehen würden, die Leichen ihrer Eltern zu verzehren? Sie erklärten, das würden sie um keinen Preis tun. Darauf ließ Dareios Indier kommen aus dem Stamm der Kallantier, die ihre Eltern zu essen pflegen, und fragte sie in der Gegenwart der Hellenen (...), um welchen Geldpreis sie bereit sein würden, die Leichen ihrer Eltern zu verbrennen? Da schrien sie laut auf und riefen, er solle nicht so gottlos reden.«[19]

Die Unterscheidung von »physis« und »nomos« in diesem Sinne hat ihren zentralen Platz in der hippokratischen Medizin. »Physis« und »nomos« werden zwar unterschieden, aber sie können sich auch wechselseitig beeinflussen. Darauf wurde bereits hingewiesen.

Auf diesem Hintergrund heben sich nun die Konturen des Gedankens von Antiphon deutlicher ab. Für ihn ist der »nomos« nicht mehr göttlichen Ursprungs, sondern von Menschen vereinbart, bloße Konvention. Es ist für ihn eine selbstverständliche Annahme, daß die meisten Gesetze feindlich zur Natur stehen. Über die Gründe hierfür gibt es bei ihm keine Hinweise. Entscheidend aber ist, daß das allein Wahre und Immergültige in der Natur liegt. In der Natur ist das uns »Zuträgliche« enthalten, und daher kommt es Antiphon wie Heraklit darauf an, die Wahrheit zu sagen und »zu handeln nach der Natur, auf sie hinhörend«. Anders aber als dieser, anders auch als Solon oder Anaximander vor ihm, vertraut Antiphon nicht mehr darauf, daß sich die Gerechtigkeit früher oder später von selbst einstellt. Für ihn stellen die Gesetze eine reale Gegenmacht dar gegenüber der Natur, die in der Lage ist, den Menschen nicht wieder gutzumachenden Schaden zuzufügen.

Bemerkenswerterweise spricht Antiphon überhaupt nicht von Gerechtigkeit in der Natur, sondern von dem Zuträglichen (συμφέρων), ein Ausdruck, den er möglicherweise aus medizinischem Denken übernommen hat. Aus Antiphons Worten spricht eine tiefe Abneigung gegenüber den politischen und juristischen Verhältnissen seiner Zeit. Überall stellen die Gesetze eine Fessel für das menschliche Leben dar: »Es sind ja Gesetze aufgestellt für die Augen, was sie sehen dürfen und was nicht; und für die Ohren, was sie hören dürfen und was nicht; und für die Zunge, was sie sagen darf und was nicht (...). Dagegen das Leben untersteht der Natur und auch das Sterben, und zwar kommt das Leben ihnen von dem Zuträglichen, das Sterben dagegen von dem nicht Zuträglichen. Das Zuträgliche ist, soweit es durch die Gesetze festgesetzt ist, Fessel der Natur, soweit dagegen durch die Natur, frei.«[20]

Hier wird nicht mehr, wie noch bei Protagoras, das gesetzlich geregelte Zusammenleben der Menschen in der »polis« als Bedingung des Überlebens verstanden, sondern als Fessel, die die natürliche Freiheit aufhebt. Zwar enthält auch die Natur nicht nur Zuträgliches für den Menschen, aber die gesetzlichen Fesseln bereiten einen zusätzlichen, unnötigen Schaden. Am deutlichsten kommt das Abträgliche der Gesetze bei Gerichtsverfahren zum Ausdruck; denn nicht nur sind die Gesetze unfähig, Unrecht zu verhindern, sie stellen vielmehr Täter und Opfer zunächst einmal auf dieselbe Stufe. Der Kläger muß dem Angeklagten die Schuld nachweisen, und dieser kann jederzeit leugnen oder schweigen. Aber auch ein unbeteiligter Zeuge kann sich dem Zorn und der Rache aussetzen, auch dann, wenn er nur die Wahrheit spricht. Umgekehrt kann ein Zeuge einen Menschen, der ihm nichts getan hat, selbst schweren Schaden zufügen. Er muß daher so oder so sein ganzes weiteres Leben auf der Hut sein. Aufgrund dieser Dinge kann überhaupt nicht von Gerechtigkeit die Rede sein, und die These, daß der, der kein Unrecht tut, auch kein Unrecht zu befürchten hat, ist nicht haltbar.[21]

Aufgrund dieser negativen Einschätzung der politischen Verhältnisse ist möglicherweise auch folgendes Fragment dem Sophisten Antiphon zuzuschreiben: »Das ganze Leben ist leicht anzuklagen, wunder wie sehr, mein Bester, denn es enthält nichts Überschwängliches, nichts Großes und Erhabenes, sondern nur Kleines, Schwaches, Kurzdauerndes und mit großen Schmerzen Verbundenes.«[22]

Antiphon entwirft im Gegenzug zu dieser düsteren Beschreibung der gesellschaftlichen Situation ein Gegenmodell, das von der

Gleichheit aller Menschen ausgeht. Gleichheit ist ja schon in der physischen Ausstattung aller Menschen gegeben. Diese Gleichheit verbietet es, einen Unterschied zwischen Barbaren und Hellenen und zwischen den unterschiedlichen Klassen in der »polis« aufrechtzuerhalten. Diese Aussage ist für die Griechen seiner Zeit, für die nicht nur die Überlegenheit gegenüber allen nicht griechisch sprechenden Fremden selbstverständlich war, sondern für die Standesunterschiede, einschließlich der Sklaverei, konstitutiv waren, revolutionär.[23]

Für Plato z. B. ist die Sklaverei so selbstverständlich, daß sie von ihm, der doch gerade ethische Fragen in den Mittelpunkt seines Denkens stellte, überhaupt nicht thematisiert wird. Aristoteles stellt sich dagegen in der »Politik« dieser Frage und kommt zu der interessanten Überlegung, daß die Sklaverei dann gerechtfertigt sei, wenn es Menschen gäbe, die von Natur aus zum Dienen bestimmt seien und andere, denen von Natur aus das Herrschen zukomme. Anderenfalls müsse Sklaverei als ein Verhältnis der Gewalt betrachtet und verurteilt werden.[24] Aristoteles greift also die »physis-nomos«-These auf, indem er der Natur die Gewalt gegenüberstellt. Anders aber als Antiphon kommt er zu dem Ergebnis, daß es tatsächlich von der Natur her solche Unterscheidungen von Herrschenden und Dienenden gebe, und zwar nicht nur bei den Menschen, sondern ebenso im Tierreich, und deshalb sei die Sklaverei prinzipiell gerechtfertigt. Eine Verletzung dieses Prinzips sieht er nur dort als gegeben an, wo ein zum Herrschen geeigneter Mensch durch unglückliche Umstände, z. B. Krieg, zum Sklaven gemacht wird.[25]

Antiphon dagegen lehnt eine angebliche natürliche Ungleichheit der Menschen generell ab. Es lassen sich bei ihm die Konturen eines Gesellschaftsmodells erkennen, nach dem die gleichgestellten Menschen das ihnen Zuträgliche in einem überlegten Interessensausgleich regeln. Das gilt auch im ökonomischen Sinne. So karikiert er das Verhalten eines geizigen Mannes, der aus Angst, sein Geld zu verlieren, dieses nicht gewinnbringend verleiht, sondern vergräbt. Dabei aber wird er beobachtet, und das Geld wird ihm gestohlen. Antiphons ironischer Trost für diesen Mann ist, er möge sich vorstellen, das Geld, das er ja ohnehin nicht verwenden wollte, läge immer noch an seinem alten Platz.[26]

In der Tradition der von Protagoras entwickelten Sophistik stehen auch Antiphons Aussagen zur Erziehung. Nicht zufällig wählt er zu ihrer Beschreibung eine Metapher aus der Natur. Erziehung sei zu deuten nach dem Modell von Samen und Frucht. Diese Metapher soll alles Willkürliche, Nomosartige, aus dem Bereich der Erziehung fernhalten. Die Erziehung soll so geschehen, daß ihr Ergebnis den

Charakter eines natürlichen Wachstumsprozesses annimmt. Mit diesem Modell gelingt es ihm, die bei Protagoras festgestellte Paradoxie zu lösen, die darin bestand, daß bei jeder zu vermittelnden Tätigkeit diese in gewisser Weise immer schon vorausgesetzt werden muß.

Antiphons naturrechtliche These von der Gleichheit aller Menschen und seine Utopie einer Gesellschaft auf der Basis eines gegenseitigen Nutzens ist zu seiner Zeit eine Ausnahme. Verbreiteter war unter den Sophisten die Auffassung, daß es von Natur aus Starke und Schwache gebe, und daß den Starken das Recht des Stärkeren zukäme. Als entschiedenster Vertreter dieser Richtung ist Kallikles anzusehen, der als Schüler des Gorgias in dem gleichnamigen platonischen Dialog auftritt. Seine These vom Recht des Stärkeren erläutert er so: »Die Natur selbst aber, denke ich, beweist dagegen, daß es gerecht ist, daß der Edlere mehr habe als der Schlechtere und der Tüchtigere als der Untüchtige. Sie zeigt aber vielfältig, daß sich dieses so verhält, sowohl an den übrigen Tieren als auch an ganzen Staaten, daß das Recht so bestimmt ist, daß der Bessere über den Schlechteren herrsche und mehr habe. Denn nach welchem Recht führte Xerxes Krieg gegen Hellas oder dessen Vater gegen die Skythen? Und tausend anderes der Art könnte man anführen. Also meine ich, tun sie dieses der Natur gemäß und, beim Zeus, auch dem Gesetz gemäß, nämlich dem der Natur; aber freilich vielleicht nicht nach dem, welches wir selbst willkürlich machen, die wir die Besten und Kräftigsten unter uns gleich von Jugend an, wie man es mit den Löwen macht, durch Besprechung gleichsam und Bezauberung knechtisch einzwängen, indem wir ihnen immer vorsagen, alle müssen gleich haben, und dies sei eben das Schöne und Gerechte. Wenn aber, denke ich, einer mit einer recht tüchtigen Natur zum Manne wird, so schüttelt er alles ab, reißt sich los, durchbricht und zertritt alle unsere Schriften und Gaukeleien und Besprechungen und widernatürlichen Gesetze und steht auf, offenbar als unser Herr, der Knecht, und eben darin leuchtet recht deutlich hervor, das Recht der Natur.«[27] Zu dem Recht des Stärkeren gehöre es auch, daß er in sich seine Bedürfnisse steigere, um sie mit ebenso großer Kraft auch zu befriedigen. Auch bei Kallikles bilden die Gesetze eine Fessel der Natur, aber für ihn ist das Verhältnis von Gesetz und Natur im Vergleich zu Antiphon genau umgekehrt. Die Gesetze setzen willkürlich Gleichheit fest, während die Natur Ungleichheit hervorbringt.

Charakteristisch für Antiphon und Kallikles ist also ihr Versuch, die politische Ordnung naturrechtlich zu legitimieren, aber die Natur wird von ihnen ganz unterschiedlich interpretiert. Die Frage der

Legitimation der politischen Ordnung nun war solange kein Problem, als diese als Teil der kosmischen Ordnung überhaupt angenommen wurde. Das ist bis zu Heraklit eine selbstverständliche Annahme. Von Parmenides an ändert sich das. Ethische Fragen werden in der folgenden Zeit ausgeblendet, abgesehen von den individualethischen, »seelsorgerischen« Überlegungen bei Empedokles. Nun aber wird durch die Sophisten die Frage in neuer Weise aktuell. Aber weder der Mythos vermag das Handeln verbindlich zu ordnen, noch die von den Naturphilosophen angenommene kosmische Ordnung. Denn tatsächlich gab ja der zentrifugal wirkende »nous« des Anaxagoras, wie Sokrates zutreffend bemerkte, keine Orientierungen für das menschliche Handeln, noch die in ihren Bewegungen nicht weiter motivierten Atome des Leukipp. Für die Frage der Handlungsorientierungen entstand, nachdem erst einmal »physis« und »nomos« in einen Gegensatz gebracht und der »nomos« als willkürlich durchschaut worden war, eine »Leere«.

Es ist nun bemerkenswert, daß zumindest ein Teil der Sophisten in dieser Situation einen Naturbegriff zur Geltung bringen will, der für die Physiker ihrer Zeit nicht mehr verbindlich war. Während diese nämlich in zunehmendem Maße in mechanistischen Kategorien denken, suchen die Sophisten nach einer in sich vernünftigen und zweckmäßigen Natur, an der sich menschliches Handeln orientieren kann. Allerdings werden die Absichten der Natur, wie der Vergleich von Antiphon und Kallikles zeigt, sehr unterschiedlich interpretiert. Der Sophist Gorgias ist dagegen radikaler. Für ihn ist die Natur ein »Nichtseiendes«. Er vertraut allein der Macht der Worte.

3. Gorgias (um 480 bis nach 380 v. Chr.), Leontinoi/Sizilien

Denn in der Schrift, die den Titel vom »Nichtseienden« oder »Von der Natur« trägt, entwickelt er drei aufeinanderfolgende Grundthesen: erstens: es gibt nichts; zweitens: wenn es auch etwas gäbe, wäre es doch für den Menschen unerkennbar; drittens: wenn es auch erkennbar wäre, wäre es doch unserem Mitmenschen nicht mitteilbar und nicht verständlich zu machen.
Zu dem Schluß nun, daß es nichts gibt, kommt er auf folgende Weise. Wenn es etwas gibt, ist es entweder das Seiende oder das Nichtseiende oder es ist sowohl das Seiende wie auch das Nichtseiende. Es ist aber weder das Seiende, wie er beweisen wird, noch das Nichtseiende, wie er uns überzeugen wird, noch das Seiende und zugleich das Nichtseiende, wie er ebenfalls zeigen wird. Es gibt also nichts.

Das Nichtseiende gibt es überhaupt nicht, denn wenn es das Nichtseiende gäbe, würde es zugleich sein und nicht sein; sofern es nämlich als nichtseiend gedacht wird, wird es nicht sein; sofern es nichtseiend ist, wird es dagegen sein. Es ist aber vollkommen widersinnig, daß etwas zugleich ist und nicht ist. Es gibt also das Nichtseiende gar nicht. Dafür auch noch ein anderer Beweis: wenn es das Nichtseiende gibt, kann es das Seiende nicht geben. Denn diese (beiden) sind einander entgegengesetzt, und wenn dem Nichtseienden Existenz zukommt, muß dem Seienden Nichtexistenz zukommen. Das Nichtsein des Seienden ist aber ausgeschlossen; daher kann auch das Nichtseiende nicht existieren. Es existiert aber auch das Seiende nicht, denn wenn das Seiende existiert, ist es entweder ewig oder geworden oder zugleich ewig und geworden. Es ist aber weder ewig noch geworden noch beides, wie wir beweisen werden. Das Seiende existiert also nicht. Denn wenn das Seiende ewig ist, denn an diesem Punkte müssen wir anfangen, dann hat es keinen Anfang. Denn alles, was geworden ist, hat einen Anfang; das Ewige aber, das ungeworden ist, hat keinen Anfang. Wenn es aber keinen Anfang hat, dann ist es unbegrenzt. Wenn es aber unbegrenzt ist, ist es nirgends. Denn wenn es irgendwo ist, dann ist das (der Raum), in dem es ist, von ihm verschieden; somit wird das Seiende nicht mehr unbegrenzt sein, da es von einem anderen umschlossen wird. Denn größer als das Umschlossene ist das Umschließende. Größer als das Unbegrenzte ist nichts; daher gibt es nirgends das Unbegrenzte. – Das Seiende wird aber auch nicht von sich selber umschlossen. Denn der Raum und das von ihm Umschlossene würde dann identisch sein, und das Seiende würde dann ein Doppeltes sein: Raum und Körper, denn das ›Worin‹ ist der Raum; das in diesem Befindliche ist Körper. Das aber ist widersinnig. Also wird das Seiende auch nicht von sich selber umschlossen. Also, wenn das Seiende ewig ist, ist es unbegrenzt; wenn unbegrenzt, ist es nirgends; wenn aber nirgends, existiert es nicht. Also, wenn das Seiende ewig ist, ist es überhaupt kein Seiendes.
(Sextus Empiricus: adv. math. VII 65 ff.; DK 82 B 3, übers. W. Capelle)

Sokrates: [...] beantworte uns, was doch das ist, wovon du behauptest, es sei das größte Gut für die Menschen und du der Meister davon.
Gorgias: Was auch in der Tat das größte Gut ist, Sokrates, und kraft dessen die Menschen sowohl selbst frei sind als auch über andere herrschen, jeder in seiner Stadt.
Sokrates: Was meinst du doch eigentlich hiermit?
Gorgias: Wenn man durch Worte zu überreden imstande ist, sowohl an der Gerichtsstätte die Richter als in der Ratsversammlung die Ratsmänner und in der Gemeinde die Gemeindemänner, und so in jeder Versammlung, die eine Staatsversammlung ist. Dann hast du dies in deiner Gewalt, so wird der Arzt dein Knecht sein, der Turnmeister dein Knecht sein, und von diesem Erwerbsmann wird sich zeigen, daß er andern erwirbt und nicht sich selbst, sondern dir, der du verstehst zu sprechen und die Menge zu überreden.
(Platon: Gorgias 452 d, e, Übers. Schleiermacher)

Gorgias wurde um 480 v. Chr. in dem sizilischen Leontinoi geboren. Allen Zeugnissen nach ist er über 100 Jahre alt geworden, die gängige Übelieferung spricht von 109 Jahren. Danach ist er nach 380 v. Chr. gestorben. Nach Vermutungen von Diels[28] ist er ein Schüler von Empedokles gewesen, doch hat er alle naturphilosophischen Spekulationen in späterer Zeit als unmöglich verworfen. Von Empedokles her, aber auch von Korax und Teisias, den Rhetoren aus Syrakus, ist er mit Rhetorik vertraut gemacht worden.[29] Gorgias befand sich im Jahre 427 v. Chr. mit einer Gesandtschaft aus Leontinoi in Athen, um Hilfe gegen Syrakus zu erbitten. In seiner zweiten Lebenshälfte hat er das Leben eines Wanderlehres geführt und Festreden, z. B. in Delphi und Olympia, gehalten. Auch in Athen hat er sich ein zweites Mal aufgehalten. Es wird berichtet, daß Gorgias für seine Rede- und Lehrveranstaltungen hohe Geldsummen erhielt. Sein berühmtester Schüler war Isokrates, aber auch Alkidamas, Polos und Agathon gehören dazu, und von den Politikern Perikles, Alkibiades, Kritias, Proxenus und Meno.[30]

Erhalten ist sein »Lob der Helena«, die »Verteidigung des Palamedes« und Auszüge seiner Schrift »Über das Nicht-Seiende oder über die Natur«. Diese sind durch Sextus Empiricus und die pseudoaristotelische Schrift »Über Melissos, Xenophanes und Gorgias« in zwei nur leicht voneinander abweichenden Fassungen überliefert. Verloren gegangen ist die Schrift »Techne«, die die Redekunst behandelte und von der die beiden erhaltenen Reden möglicherweise Musterstücke waren. Außerdem gibt der platonische Dialog »Gorgias« zumindest die Intention des Gorgias authentisch wieder. Diels nimmt an, daß in seinem Leben sich drei Phasen unterscheiden lassen: eine erste, unter dem Einfluß des Empedokles stehende physikalische, eine dialektische, zu der die Schrift über das Nichtseiende gehört, und schließlich eine rhetorische.

Tatsächlich bilden die Auszüge seiner Schrift über das Nichtseiende und die beiden rhetorisch komponierten Übungsreden den Schwerpunkt der Überlieferung. Plato erwähnt Gorgias' Schrift über das »Nichtseiende« nicht. Er läßt in seinem Gorgias gewidmeten Dialog diesen sich selbst als Meister der Rhetorik vorstellen und im Dialog »Protagoras« diesen sich selbst als Sophisten bezeichnen. In beiden Fällen hat Plato Wert darauf gelegt, authentische Selbstcharakterisierungen seiner Gesprächspartner mitzuteilen. Zugleich wird damit eine Differenzierung von Sophistik und Rhetorik möglich. So bemerkt Menon im gleichnamigen Dialog, daß Gorgias es ausdrücklich abgelehnt habe, als Tugendlehrer aufzutreten und lediglich rhetorische Fähigkeiten vermitteln wolle.[31] Möglicherweise ist mit diesem Hinweis bereits der entscheidende Zug des

Ansatzes von Gorgias getroffen. Während z. B. ein Sophist wie Protagoras in seinem Unterricht Sachwissen über ökonomische und politische Verhältnisse mit der Schulung rhetorischer und juristischer Fähigkeiten zu verbinden suchte, hat Gorgias die inhaltliche Seite gelöscht und sich auf die Vermittlung formaler Redetechniken beschränkt. Der Grund hierfür aber liegt bei ihm offensichtlich nicht nur in einer für notwendig gehaltenen Spezialisierung des Wissens, sondern in einer grundsätzlichen Skepsis, ja möglicherweise Ablehnung aller inhaltlich bedeutsamen »philosophischen« Fragen. Seine Destruktion philosophischer, und das heißt seit Parmenides ontologischer Aussagen hat er in seiner Schrift »Über das Nichtseiende« unternommen.

Diese Schrift enthält drei Beweise. Ihr erster läßt sich als eine direkte Auseinandersetzung mit dem Lehrgedicht des Parmenides interpretieren. Die beiden folgenden sind nach seiner Widerlegung der Existenz des Seienden nur dadurch möglich, daß er das Ergebnis seines Beweises wieder zurücknimmt und nun die Unmöglichkeit der Erkennbarkeit unter der Voraussetzung der hypothetischen Annahme der Existenz des Seienden durchführt. Analog wird im dritten Beweis die Erkennbarkeit hypothetisch zugestanden, um die Nichtmittelbarkeit zu beweisen. Dieses eigentümliche Beweisverfahren ist in der philosophischen Literatur bis dahin nicht zu finden. Es hat aber einen bestimmten Ort in der juristischen Argumentation. Trifft diese Annahme zu, dann wird deutlich, daß Gorgias bei seiner ontologischen Widerlegung bereits aus einem juristisch-rhetorischen Kontext heraus argumentiert.

Gorgias' erster Beweisgang hat folgende Struktur: Wer behauptet, daß das Nichtseiende sei, sagt etwas Unmögliches, denn Sein und Nichtsein widersprechen sich gegenseitig. Es ist offenkundig, daß Gorgias für seine Widerlegung den Gedanken des ausgeschlossenen Widerspruchs zu Hilfe nimmt. Die Widerlegung der Existenz des Seienden erfolgt zunächst über den Nachweis der Paradoxie des Unbegrenzten. Bekanntlich hatte Parmenides, des Gedankens der Vollkommenheit wegen, das Sein als begrenzt gedacht. Dagegen polemisiert Gorgias in zweifacher Weise: Denkt man das Sein als unbegrenzt, dann ist es nirgendwo. Das, was nirgendwo ist, existiert aber überhaupt nicht. Gorgias teilt mit Parmenides und vielen Griechen seiner Zeit die Überzeugung, daß das Seiende nur ein bestimmtes, und das heißt begrenztes sein könne. Unzutreffend ist der Einwand, Gorgias habe hier räumliche und zeitliche Begrenzung verwechselt.[32] Zwar macht Gorgias zwischen beiden Aspekten keinen deutlichen Unterschied, aber das mindert nicht die Kraft seiner Argumentation, da die Paradoxie des Unbegrenzten für beide

Hinsichten in derselben Weise zutrifft. Ein zeitlich und räumlich Unbegrenztes wäre für Gorgias nirgendwo und nirgendwann, und er schließt damit den Gedanken aus, daß es überhaupt irgendwo und irgendwann sein könne. Ganz auf der Linie des Parmenides liegt auch seine Argumentation gegen das Werden. Seiendes kann nicht aus Seiendem geworden sein, denn Seiendes ist und wird nicht; es kann aber auch nicht aus Nichtseiendem geworden sein, »denn das Nichtseiende kann überhaupt nichts hervorbringen, weil notwendig das, was etwas hervorbringt, an einer Existenz teilhaben muß.«

Ebenso parmenideisch beeinflußt ist die Argumentation zur Paradoxie von Einheit und Vielheit. Wäre das Seiende eins, so müßte dieses Eine, um wirklich zu sein, irgendeine Größe haben. Jede Größe aber ist in viele Einheiten teilbar. Damit aber ist die Einheit aufgehoben. Wenn es aber keine Einheit gibt, kann es auch nicht das Viele geben, denn das Viele besteht aus einer Menge von Einheiten.

Es ist nicht zu bestreiten, daß Gorgias in seiner Argumentation Schwierigkeiten der parmenideischen Gedankenführung offengelegt hat. Diesen Schwierigkeiten wäre Parmenides nur dann entgangen, wenn er das Sein als nur Gedankliches konzipiert hätte. Tatsächlich aber ist seine Rede von der begrenzten kugelförmigen Gestalt des Seins so, daß ihm räumliche Existenz nicht abgesprochen wird. Es ist ja auch für Parmenides eindeutig, daß das Denken das Sein vernimmt, nicht aber, daß das Sein ein bloßer Gedanke sei. An der sich daraus ergebenden Ambivalenz hat sich Gorgias' Widerlegung des parmenideischen Seins entzündet.

In den beiden weiteren Beweisgängen geht Gorgias über Parmenides hinaus. Auch wenn es das Seiende gibt, so ist es doch für den Menschen undenkbar. Der Beweis verläuft wie folgt: Seiendes und Gedanke müssen in der Weise unterschieden werden, daß nur von dem Seienden gesagt werden kann, daß es ist. Wenn aber nur das Seiende ist, nicht aber der Gedanke, dann ist der nichtseiende Gedanke auch nicht in der Lage, Seiendes zu denken. Wenn aber dem Gedanken Sein unterstellt würde, dann würde der Gedanke eines »fliegenden Menschen« oder eines »Wagens, der über das Meer fährt«, bereits deren Existenz verbürgen. Das aber widerspräche jeder Erfahrung. Es ist zurecht darauf aufmerksam gemacht worden, daß Gorgias hier die Erfahrung als Beweismittel ohne Prüfung ihrer Beweiskraft einführt.

Philosophisch bedeutsamer als diese »petitio« ist jedoch, daß Gorgias den Charakter des Denkens neu bestimmt. Für Parmenides erfüllte sich das Wesen des Denkens darin, das Sein zu vernehmen, ohne daß er die Frage, wie das Denken beschaffen sein muß, damit es diese Aufgabe erfüllen kann, eigens thematisiert hätte. Seine Auffassung über den Charakter des Denkens blieb bei ihm selbstverständliche Hintergrundüberzeugung. Gorgias lenkt den Blick intensiver auf das Denken selbst und fragt nach dessen Leistung und dessen Seinsstatus. Dabei wird folgende Alternative deutlich: entweder beschränkt man mit Parmenides den Charakter des Denkens darauf, das Sein nur zu vernehmen, dann aber kann ihm selbst kein Sein zugesprochen werden, oder aber man spricht ihm Sein zu und muß dann jedes bloß Ausgedachte, Phantasierte, als Seiendes akzeptieren. Es ist nun aber ganz offensichtlich, daß Denken im Sinne eines sich bloß Ausdenkens für Parmenides ganz unmöglich ist. Indem Gorgias aber gerade an diese Möglichkeit gedacht hat, macht er deutlich, in welcher Weise sich das Denken als etwas Eigenständiges und vom Sein des Gedachten Unabhängiges zu emanzipieren begonnen hat. Diese Ablösung des Gedankens vom Sein ist nun das Charakteristische für Gorgias' eigenen Ansatz.

Der dritte Beweis lautet so: Die existierenden Dinge nehmen wir durch unsere Sinne wahr, das Hörbare durch das Ohr, das Sichtbare durch das Auge, usw. Unsere Mitteilung an andere geschieht mit Worten. Aber weder Dinge noch unsere Wahrnehmungen von ihnen sind Worte, also können wir weder Dinge noch unsere Wahrnehmungen von ihnen mitteilen. In einem weiteren Beweisgang macht Gorgias deutlich, daß die Vorstellung, die jemand mit einem Wort verbindet, sich von der Vorstellung, die ein anderer von der Sache hat, unterscheidet, so daß, selbst wenn es möglich wäre, Vorstellungen in Worten wiederzugeben, beide bei demselben Wort nicht dasselbe dächten. Sollte man aber annehmen, daß sie dasselbe meinten, so müßte man annehmen, daß dasselbe nicht mehr eines sei, sondern geteilt vorkäme, nämlich sowohl im Sprecher wie im Hörer. Hielte man dagegen an der Identität der Sache fest, so wären die beiden Personen nur eine.

Es ist nicht zu bezweifeln, daß Gorgias mit diesen Überlegungen zentrale Probleme der Hermeneutik und der Sprachphilosophie berührt hat und daß es schon aus diesem Grund ganz ungerechtfertigt ist, in Gorgias' Schrift eine von ihm selbst nicht ernstgenommene rhetorische Spielerei zu sehen.[33] Zwar ist es richtig, daß er in seiner Beweisführung unproblematisierte Voraussetzungen macht, so vor allem den Gedanken, daß das Sein als ein räumlich und zeitlich bestimmtes, vom Denken selbst unterschiedenes Seiendes zu denken sei, für das der Gedanke des zu vermeidenden Widerspruchs gilt. Aber ein großer Teil seiner Voraussetzungen wird von Parmenides geteilt, ohne daß die Ernsthaftigkeit des parmenideischen Seinsdenkens je in Frage gestellt worden wäre. Die Behauptung der Nichtexistenz ist aber auf dem Boden des parmenideischen Denkens nicht paradoxer als die Leugnung der Bewegung und der Vielheit der Dinge bei Zenon. Gorgias' Schrift »über das Nichtseiende« ist daher als ein ernstgemeinter Versuch anzusehen, mit Hilfe der von Parmenides und Zenon entwickelten logischen Mittel die Paradoxien des parmenideischen Seinsdenkens darzustellen, damit zugleich aber die Unmöglichkeit, die Wahrheit des Seins auszusagen, offenzulegen.

Dieser skeptische Zug im Denken des Gorgias ist weder singulär noch ungriechisch. Zweifel an der Tauglichkeit der Sinne, das Sein zu erkennen, werden von Parmenides an, über Zenon, Anaxagoras, Leukipp und Protagoras geäußert. Gorgias radikalisiert diese Skepsis, indem er auf die Aporien aufmerksam macht, die bereits bei dem Versuch auftauchen, sowohl ein räumlich und zeitlich begrenztes Sein zu denken als auch ein räumlich und zeitlich unbegrenztes. Philosophisches Neuland betritt Gorgias darüber hinaus mit seiner Aussage über das Wesen des Denkens und seiner Problematisierung der sprachlichen Mitteilung.

In diesen letzten Bereich nun fallen seine Überlegungen zur Rhetorik. Wie ist die sprachliche Mitteilung zu beurteilen, wenn man nicht annehmen kann, daß in ihr die Dinge selbst oder aber auch nur die Vorstellungen von ihnen weitergegeben werden können? Seine Antwort lautet: Die Macht der Worte besteht darin, in den Hörern bestimmte Gefühle, Einstellungen und Überzeugungen zu erzeugen. Gorgias' Rhetorik ist so die geradlinige Konsequenz aus seinem ontologischen Skeptizismus. Versuchte man, ihn jedoch auf dem Felde der Ontologie zu schlagen, so könnte man sagen: Das, was für den Rhetor Gorgias tatsächlich existiert, sind die Worte und die für sie empfänglichen Seelen der Menschen.

Die beiden überlieferten Reden haben nicht nur untereinander eine ähnliche Struktur, sondern sie weisen eine große Ähnlichkeit mit der Schrift »Über das Nichtseiende« auf. Auch in den Verteidigungsreden wird ein Beweis ex negativo geführt: Helena und Palamedes trifft keine Schuld. In beiden Fällen handelt es sich um Gestalten aus der Mythologie und schon dadurch wird deutlich, daß diese Reden zu Übungszwecken verfaßt und nicht für das Gericht geschrieben wurden. Helena wird des Ehebruchs bezichtigt, Palamedes des Verrats.

Das »Lob der Helena« verläuft sehr einfach: Helena wird getadelt, weil sie ihren Gatten verlassen hat und Alexandros nach Troja gefolgt ist. Ihr Handeln nun kann man interpretieren, 1. als göttliche Schicksalsfügung, oder 2. unter dem Zwang der Gewalt, oder 3. unter dem Einfluß der Überredung, oder 4. durch die Macht der Liebe. Niemand aber ist zu tadeln, wenn er sich dem göttlichen Willen nicht widersetzt, Opfer der Gewalt wird, der Rede, die ebenso unwiderstehlich wirkt wie Gift, erliegt oder der Liebe, die entweder ein Gott oder eine Krankheit ist, nicht widersteht. Über die Wirkung der Rede sagt Gorgias: »Die Wirkung der Rede verhält sich zur Stimmung der Seele ebenso wie die Bestimmung der Gifte zur Natur des Körpers. Denn wie jedes Gift wieder andere Säfte aus dem Körper ausscheidet und das eine der Krankheit, das andere dem Leben ein Ende macht, so bewirkt auch die Rede bei den Zuhörern bald Trauer bald Freude, bald Furcht bald Zuversicht, manchmal aber vergiftet und verzaubert sie die Seele durch Verführung zum Bösen.«[34]

Auffällig sind an dieser Verteidigung folgende Momente: zunächst ist für den rhetorischen Kontext am bedeutsamsten, daß die Macht der Rede nicht nur mit göttlichen oder physischen Gewalteinwirkungen, sondern – durchaus ambivalent – der Wirkung eines Giftes gleichgestellt wird.

Darüber hinaus begreift Gorgias Schuld nicht mehr, wie im antiken Griechenland noch weitgehend selbstverständlich, von der Objektivität der Tat, sondern von der subjektiven Schuldfähigkeit her, eine Auffassung, die, übertragen z. B. auf Sophokles' »Ödipus«, zu einer völlig anderen Einschätzung der Tat führte. Diese Subjektivierung des Schuldbegriffs ist aufs engste verbunden mit der Überzeugung: Niemand begeht freiwillig Unrecht, eine Aussage, die für Sokrates' ethische Beweisführung zentral wird.[35]

Schließlich aber fällt auf, daß Gorgias in einer seltsamen Ferne zu dem behandelten Fall argumentiert. Er beweist sehr viel mehr als er beabsichtigt, nämlich nicht nur die Unschuld Helenas, sondern daß Ehebruch allgemein keine Schuld beinhalte. Denn seine vier Argumente lassen sich auf jeden vergleichbaren Fall anwenden. Damit wird deutlich, daß Gorgias für seine Argumentation nicht ein konkretes Seiendes benötigt, sondern formal »für alle Fälle« Argumentationsfiguren entwickelt. Der konkrete Fall verschwindet hinter der Form der Rede. Im »Lob der Helena« nun sagt Gorgias über die Macht der Rede: »Das Wort ist ein mächtiger Herrscher, denn mit einem winzigen und ganz unsichtbaren Körper vollbringt es höchst göttliche Werke.«[36]

Ganz ähnlich verhält es sich bei der zweiten Verteidigungsrede. Hier entwickelt Gorgias eine größere Palette an Möglichkeiten, die zum Teil noch weiter mehrfach untergliedert werden. Die Beweisführung läuft formal, ähnlich wie in der Schrift »Über das Nichtseiende«: 1. Palamedes konnte den Verrat aus äußeren technischen Gründen nicht ausführen. 2. Vorausgesetzt er hätte es können, so fehlt ein vernünftiges Motiv und 3. vorausgesetzt er hätte den Verrat ausführen können und wollen, so ist die Durchführung mit sich ausschließenden Dispositionen in ihm verbunden. Aus der Fülle der Argumente seien beispielhaft nur folgende genannt: Unter dem ersten Gesichtspunkt erwähnt Gorgias, daß ein Verrat eine Verabredung mit dem Feind voraussetzt. Zu einer Verabredung gehören »eine vorbereitende Verständigung und eine persönliche Aussprache. Nun konnte jedoch 1. eine vorbereitende Verständigung nicht zustande kommen. Denn diese würde voraussetzen, daß entweder von mir (Palamedes) oder vom Feind an mich eine mündliche oder schriftliche Botschaft gelangt wäre. Allein a) an mich kann keine Botschaft gelangt sein, weil das Eindringen des feindlichen Boten ins Lager bemerkt worden wäre, und b) auch von mir keine Botschaft ausgegangen sein, weil auch mein Bote beim Verlassen des Lagers hätte bemerkt werden müssen. Aber gesetzt auch, es wäre eine vorbereitende Verständigung zustande gekommen, so hätte doch 2. keine persönliche Aussprache stattfinden können. Denn eine persönliche Aussprache kann nur von sich gehen ohne Dolmetsch oder mit Dolmetsch. Allein a) ohne Dolmetsch hätte ich mich mit den Feinden nicht verständigen können. b) Bei Verwendung eines Dolmetschs müßte für jene Unterredung ein Zeuge vorhanden sein«, usw.[37]

Hier ist die Argumentation gegenüber der Helena zweifellos mit reicheren realistischen Details ausgestattet, aber das Ergebnis ist gleich: unter keinen noch so weit ausgesponnenen Umständen ist ein Verrat möglich. Die beiden Fälle wirken daher wie eine beliebig ausfüllbare Erläuterung der Grundthese »Sein« gibt es nicht: hier Ehebruch oder Verrat gibt es nicht. Gerade aber die Universalität der Argumentation, ihre formale apriorische Struktur macht sie für reale Gerichtsprozesse ganz untauglich. In beiden Fällen wird eben nicht in der Betrachtung des Falles und der Fakten geurteilt, sondern unabhängig vom Sein des Seienden »apriori«, d. h. rein logisch. Offensichtlich hat Gorgias selbst nicht an die juristische Tauglichkeit seiner Reden geglaubt und sie daher als »Spiel« charakterisiert. Eine juristische Bedeutung bekommen sie allenfalls dadurch, daß sie es einem geschickten Redner ermöglichen, bei einer unklaren Faktenlage bereits die logische Unmöglichkeit eines Sachverhalts darzulegen. In dieser Hinsicht hat diese Argumentation jedoch in der Rechtssprechung stets eine bestimmte Bedeutung.

Von diesen außerplatonischen Quellen aus mag es nun erfolgversprechender sein zu fragen, wie Plato in seinem Dialog »Gorgias« diesen darstellt. Auffallend ist, daß dem berühmten Rhetor der kleinste des drei Teile umfassenden Dialogs eingeräumt wird, während mit Polos und Kallikles, seinen Schülern, die Hauptauseinandersetzung geführt wird. Sokrates versucht, mit Gorgias im Gespräch zu einer Definition des Begriffs Rhetorik zu kommen. Das geschieht in einer fortlaufenden Dihairese, die zugleich die Kunst der sokratischen Gesprächsführung verdeutlicht. Das Gespräch hat folgende Struktur:

Sokrates: Was ist der Gegenstand der Rhetorik?
Gorgias: Reden.
Sokrates: Auch die Medizin hat es mit Reden zu tun.
Gorgias: Die Rhetorik hat es ausschließlich mit Reden zu tun. Sie kommt ohne Handgriffe aus.
Sokrates: Auch Mathematik und Geometrie haben es nur mit Reden zu tun.
Gorgias: Die Rhetorik aber handelt von den wichtigsten menschlichen Dingen.
Sokrates: Das behaupten andere Künste auch.
Gorgias: Die Rhetorik ist aber tatsächlich die wichtigste, weil der Redner die anderen Künste durch Überredung in seinen Dienst stellen kann.
Sokrates: Bewirkt die Überredung bei den Hörern Glauben oder Wissen?
Gorgias: Glauben:
Sokrates: Muß der Redner selbst über ein Sachwissen verfügen?
Gorgias: Ja/Nein
Die dabei herausgearbeitete Dihairese läßt sich in folgendem Schema verdeutlichen.

Gegenstand der Rhetorik: Reden

mit Handgriffen   ohne Handgriffe
(Medizin, u. a.)

        Mathematik   Politik (die wichtigsten menschli-
        Geometrie   chen Angelegenheiten)

                    Glauben erzeugen   Wissen erzeugen
                    bei anderen   bei anderen

            auf der Basis   ohne eigenes
            eigenen Wissens   Wissen

164

Sokrates widerlegt nun Gorgias an dem Punkt, wo es um die Möglichkeit einer formalen Kritik geht. Gibt es eine Schulung im Reden ohne ein Sachwissen? Gorgias Haltung ist in dieser Frage zwiespältig, wenn nicht widersprüchlich. Während er auf der einen Seite ja gerade das als den besonderen Vorzug der Rhetorik herausgestellt hat, daß mit ihrer Hilfe der Redner andere in Sachverhalten überzeugen könne, in denen er selbst kein Fachmann ist, z. B. Medizin oder Strategie, mag er sich im Hinblick auf Fragen der richtigen, und das heißt für Gorgias und Sokrates der gerechten politischen Verhältnisse nicht als unwissend darstellen.

In gewisser Weise ist Gorgias bereits an dieser Stelle widerlegt. Aber die Widerlegung spitzt sich nach dem Eingeständnis des Gorgias, daß der Redner wissen muß, was das politisch Gerechte ist, noch weiter zu. Sokrates vertritt die philosophisch weitreichende These, daß derjenige, der das Gerechte weiß, auch gerecht ist und gerecht handelt. Von dem Gerechtsein kann der die Gerechtigkeit Wissende ebensowenig absehen wie jemand, der Medizin studiert hat davon, daß er Mediziner ist. Wissen ist eine Seinsweise des Wissenden, die ihn bestimmt und sein Handeln leitet. Dieser These stimmt Gorgias zu. Damit aber fällt seine instrumentale Bestimmung der Rhetorik, nach der diese beliebig zu guten oder schlechten Zwecken eingesetzt werden könne, in sich zusammen. Der Redner, der ein Wissen über gerechte politische Verhältnisse hat, wird durch dieses Wissen in seinem Sein bestimmt und kann nicht anders als gerecht handeln und das heißt, seine Rhetorik zu gerechten Zwecken gebrauchen.

Zweifellos hat Plato in diesem kurzen ersten Teil des umfangreichen Dialogs den neuralgischen Punkt bei Gorgias getroffen. Nimmt man die übrigen Quellen über Gorgias hinzu, dann wird deutlich, daß Gorgias aufgrund seiner skeptischen Negation der parmenidischen Ontologie der Meinung war, daß es nicht möglich ist, mit Worten die Sache selbst zu erreichen, d. h. also, daß der sokratische Versuch, im Gespräch sich darüber zu verständigen, was Gerechtigkeit, was Tugend usw. sei, für ihn ein aussichtsloses Unternehmen zu sein schien. Um so mehr aber hat er der psychagogischen Macht des Wortes vertraut, wie z. B. das Zitat aus dem »Lob der Helena« zeigt. Gorgias ist fasziniert von der Macht des Wortes.

Nun ergibt sich allerdings gerade in der Einschätzung des Wortes zwischen Gorgias und Sokrates eine interessante Parallele. In dem Dialog »Phaidon« berichtet Sokrates von seiner Enttäuschung über die Naturphilosophie, namentlich die des Anaxagoras. Die Naturphilosophie sei nicht in der Lage, ihm ein moralisch relevantes Handeln zu erklären. Aus diesem Grunde habe er sich von der

Naturphilosophie abgewandt, sich der »zweitbesten Fahrt« anvertraut, und habe seine Zuflucht genommen zu dem »stärksten Logos«, indem er in ihm das Wesen der Dinge betrachte.[38]

Gorgias' Lob der Macht des Wortes und Sokrates' Flucht in die logoi weisen Gemeinsamkeiten auf. Beide begnügen sich nicht mit dem Mythos, »wie Ältere wohl Jüngeren« zu erzählen pflegen[39], beide verlassen sich nicht auf die gelebte Polissittlichkeit ihrer Zeit, die ohnehin in eine Krise geraten war, und schließlich erwarten beide nicht aus der Naturphilosophie eines Anaxagoras oder Empedokles den entscheidenden Aufschluß über die Situation des Menschen. Sie vertrauen den Worten, von denen sie wissen, daß sie außerordentlich flüchtig, anfällig und korrumpierbar sind. Aber gerade weil sich beide auf demselben Terrain treffen, ist für Sokrates die Betonung der Differenz um so wichtiger. Sie betrifft den Umgang mit den Worten. Für Gorgias ist die Macht des Wortes selbst noch einmal das Mittel, um die Macht des Redners zu erzielen. Der Bindung an die Sache enthoben, ist von der Psychagogie mit Hilfe von Worten zur Demagogie nur ein Schritt, und zumindest Polos und Kallikles, die Schüler von Gorgias, zeigen, daß sie entschlossen diesen Weg beschritten haben. Um dieses deutlich zu machen, widmet Plato ihnen den größeren Teil des Dialogs. Bei Sokrates dagegen bleibt die Sachbindung des Wortes erhalten. Die Suche nach dem stärksten »logos« bleibt für ihn die Suche nach der Wahrheit. Gleichwohl ist auch bei Sokrates eine eigentümliche Lockerung gegenüber dem erfahrungsmäßigen Gehalt der Worte spürbar. In den zahlreichen Streitgesprächen, die in den platonischen Dialogen dargestellt werden, gibt es nicht einen Fall, bei dem eine empirische Tatsache strittig wäre. Die Prüfung der Worte geschieht niemals durch Überprüfung ihres empirischen Gehalts. Auch in dieser Hinsicht ist die Nähe zu Gorgias unübersehbar. Das Thema des Dialogs ist die richtige Bestimmung des Begriffs, die Aufdeckung dabei auftretender Widersprüche und die Abgrenzung von Begriffen gegeneinander. Das Entscheidende aber ist, daß dabei ein Weg beschritten wird, dessen Ausgangspunkt das individuelle Verständnis des Begriffs bei den Gesprächsteilnehmern ist und nicht eine dogmatisch festgesetzte richtige Bedeutung, eine »orthoepeia«. Das Ziel ist eine übereinstimmende Begriffsbestimmung.

Für Gorgias ist es demgegenüber charakteristisch, daß er das Wort als eine von der Bindung an die Sache befreite Größe ansieht, die sich verselbständigt, d. h. ihre Autonomie gewinnt und als psychagogisches Mittel den Machtinteressen des Redners dienstbar gemacht werden kann.[40] Bei Gorgias tritt an die Stelle der Sache nach der Wahrheit der Hinweis auf das Wahrscheinliche. Das Wahrscheinliche wird jedoch nicht auf seinen Wahrheitsgehalt hin überprüft, vielmehr wird die Ähnlichkeit des Wahrscheinlichen mit dem Wahren genutzt, um dem Wahrscheinlichen bei den Zuhörern jenes Vertrauen zu ihm einzuflößen, das sie gegenüber dem Wahren bereit sind aufzubringen. Ein weiterer Unterschied im Umgang mit den Worten besteht zwischen Gorgias und Sokrates darin, daß im Zentrum der gorgianischen Rhetorik die Rede steht, die als eine gegliederte Folge von Redeeinheiten eine Wirkung auf die Hörer ausübt. Die Qualität der Rede hängt davon ab, ob in den Hörern jene Stimmung und Zustimmung erzielt wird, aus der heraus diese in der gewünschten Weise zu handeln gewillt sind. Das Muster einer solchen Rede ist die politische Rede oder das juristische Plädoyer.[41]

Für Sokrates steht demgegenüber der Dialog im Mittelpunkt. Dabei handelt es sich nicht um abwechselnd vorgetragene kurze Reden, wenngleich das Kurz-Reden wesentliches Merkmal des Dialogs ist. Im Dialog wird vielmehr Zustimmung oder Widerlegung für jeden einzelnen Gedankenschritt ermöglicht und gesucht. Zu diesem Zweck ist eine besondere Kunst des Fragens und Antwortens erforderlich, die von Plato Dialektik genannt wird. Die dialektische Methode basiert auf der Voraussetzung, daß es das Ziel des Redens nicht sein kann, daß das vom Redner für wahr Gehaltene vom Hörer übernommen wird, sondern daß die Wahrheit im Gespräch überhaupt erst gemeinsam gesucht wird.

Die Überzeugung, die Wahrheit nicht schon zu besitzen, ist die sokratische Form der Skepsis. Aber diese Skepsis gerinnt nicht zu einer dogmatischen These über die Unerkennbarkeit des Seienden, sondern wird zu einem methodisch fruchtbar gemachten Motiv der gemeinsamen Wahrheitssuche. Die im Gespräch gesucht Wahrheit bildet das Merkmal der Unterscheidung von Philosophie und Rhetorik. Aus diesem Grunde ist Gorgias im platonischen Sinne kein Philosoph. Da er aber nicht nur eine Lehre der formalen Redetechnik entwickelt hat, sondern ausdrücklich auf die ambivalente Wirkung der Rede aufmerksam gemacht hat, ist er als erster bedeutender Theoretiker der Rhetorik anzusehen.[42]

Epilog: Bemerkungen zur sokratischen Philosophie

Abgesehen von dem singulären Gebrauch des Wortes »philosophisch« bei Heraklit taucht der Begriff bei den Vorsokratikern nicht auf. Kein Vorsokratiker hat sich selbst als Philosoph bezeichnet. Da aber Sokrates seine Suche nach Wissen in einem spezifischen Sinne Philosophie nannte, ist es gerechtfertigt, in ihm den Begründer der attischen Philosophie zu sehen. Anders als bei Heraklit, bei dem die »philosophischen Männer« jene meinen, die auf Weisheit aus sind, hat der Begriff Philosophie bei Sokrates einen skeptischen, einschränkenden Sinn. Weise ist allein der Gott, wie Sokrates in der »Apologie« (23 a/b) darlegt, der Mensch kann allenfalls nach Weisheit streben. Sokrates variiert damit die bekannte Unterscheidung göttlichen und menschlichen Wissens, um den von ihm eingeführten Sinn des Wortes Philosophie erläutern zu können. Das Streben nach Wissen kennzeichnet die menschliche Situation, die zwischen dem völligen Nichtwissen und dem vollendeten Wissen anzusetzen ist. Im »Symposion« hat Sokrates dieses Streben als ein erotisches beschrieben.

Ausgehend vom Begriff Philosophie lassen sich nun Gemeinsamkeiten und Unterschiede zwischen Sokrates und den Sophisten aufweisen. Der skeptische Zug, der dem Begriff Philosophie zukommt, verbindet das sokratische Denken mit dem seiner Vorgänger, vor allem dem der Sophisten. Sokrates' Aussage, »Ich weiß, daß ich nichts weiß«, ist Ausdruck dieser Haltung. Wie Gorgias verzichtet Sokrates darauf, Lehrinhalte zu vermitteln, ohne jedoch wie jener einen ontologischen Nihilismus zu vertreten. Die Orientierung auf Wissen wird bei ihm nicht aufgegeben. Indem er auf ein Wissen ausgerichtet ist, ohne es je besitzen zu können, ist sein Leben einer Spannung ausgesetzt, die alle, die sich mit ihm auf ein Gespräch einließen, spürten und die sie als das Spezifische seiner Person, aber auch der Sache, die er vertrat, der Philosophie, empfanden.

Es entspricht wohl dieser philosophischen Skepsis, daß Sokrates darauf verzichtete, Ergebnisse seines Philosophierens aufzuschreiben. Philosophie in diesem Sinne ist keine Lehre, sondern eine Tätigkeit, und diese existierte für ihn nur im aktuellen Vollzug. Die im »Phaidros« formulierte Schriftkritik darf daher dem historischen Sokrates zugeschrieben werden, zumal Plato selbst sie für sein Werk nicht befolgte. Das Hauptargument gegen die Schriftlichkeit besteht darin, daß alles Geschriebene sich von seinem Autor ablöst und daher von ihm nicht erläutert, begründet und verteidigt werden kann. Es ist daher Mißverständnissen ausgesetzt. Das Geschriebene kann nicht Rede und Antwort stehen, das ist allein einem Gesprächspartner möglich. Dieser ist nicht nur in der Lage, seine Aussagen zu erläutern, sondern kann Falsches zurücknehmen und zu neuen Einsichten gelangen.

Dieser philosophisch begründete Verzicht auf schriftliche Mitteilung führt unter quellenkritischem Gesichtspunkt nun zu der Schwierigkeit, daß für die Auseinandersetzung mit der sokratischen Philosophie lediglich Zeugnisse über ihn zur Verfügung stehen. Aus ihnen sind die Konturen seines historischen Auftretens zu erschließen. Es sind vor allem vier Autoren, die über Sokrates berichten: Platon, Aristoteles, Aristophanes und Xenophon.

Plato stellt die umfangreichste und neben Aristoteles philosophisch bedeutsamste Quelle dar. Sokrates bildet für ihn den Ausgangspunkt seines eigenen Philosophierens, so daß die Grenze zwischen beiden nur schwer auszumachen ist. Mit der Rezeption der platonischen Philosophie verbindet sich daher die »sokratische Frage«. In der Forschung haben sich drei Antworten auf diese Frage herausgebildet. Nach der einen handelt es sich bei dem platonischen Sokrates um eine reine Kunstfigur, und daher ist es unmöglich, in ihr Historisches festzustellen. Diese Auffassung ist von H. Diels und in jüngerer Zeit von O. Gigon vertreten worden. Den entgegengesetzten Standpunkt vertreten die englischen Forscher J. Burnet und A. E. Taylor. Für sie sind die platonischen Dialoge als authentische Zeugnisse des historischen Sokrates aufzufassen. Eine dritte Position wurde schon früh von Schleiermacher vertreten. Danach enthält das platonische Werk sowohl authentisch Sokratisches wie authentisch Platonisches. Diese Position ist zweifellos die schwierigste, weil sie zwar das Feld quellenkritischer Detailuntersuchungen eröffnet, aber das Urteil im Einzelfall unsicher bleibt. Gleichwohl darf sie als die historisch wahrscheinlichste angesehen werden. Es spricht einiges dafür, Sokrates als einen Denker ernstzunehmen, der im Zeitalter der Sophistik und Rhetorik durch seine spezifische Art des Fragens, der Gesprächsführung und einer ihm eigenen philosophischen Grundhaltung Plato dazu brachte, ihn als überragenden Lehrer anzuerkennen, seine Philosophie darzustellen, sie fortzuführen und dabei eigene, neue Fragestellungen zu entwickeln.

Für quellenkritische Fragen ergeben sich daraus drei Aspekte: Zum einen ist alles, was Plato Sokrates sagen läßt, auch das, was mit einiger Wahrscheinlichkeit auf den historischen Sokrates zurückgeht, literarisch gestaltet. Das bedeutet, daß in jedem Fall zwischen dem propositionalen Gehalt einer Aussage und ihrer literarischen Form unterschieden werden muß. Zum zweiten ist unter werkgeschichtlichem Gesichtspunkt die Vermutung angebracht, daß die von Plato zuerst verfaßten Dialoge eine größere Nähe zum historischen Sokrates bewahren als die späteren. In diesen verschaffen sich die Ergebnisse eigener Philosophie eine größere Geltung, so z. B. die sogenannte »Ideenlehre«. Schließlich gibt es äußere biographische Daten, die den Zeitgenossen Sokrates' und Platos bekannt waren und die daher kaum als platonische Erfindung anzunehmen sind. Dazu gehört zum Beispiel, daß Sokrates' Vater Steinmetz war und seine Mutter Hebamme, aber auch seine Rede von einem »Daimonion«, das als innere Stimme auftrat, mit großer Wahrscheinlichkeit auch das von einem Schüler und Freund eingeholte delphische Orakel, nach dem es keinen Menschen gäbe, der weiser sei als Sokrates und vor allem die Umstände seines Prozesses und seines Todes. Diese historischen Daten sind deshalb bedeutsam, weil sie nicht nur seinen äußeren Lebenslauf charakterisieren, sondern zugleich Züge seiner geistigen Physiognomie enthalten.

Diese quellenkritischen Überlegungen bieten jedoch nur die Möglichkeit einer sehr vorläufigen Annäherung an den historischen Sokrates. Sie konkretisieren sich jedoch erheblich, wenn das aristotelische Zeugnis hinzugenommen wird. Zwar ist es sehr knapp, aber es ist deshalb von besonderer Bedeutung, weil es Aristoteles gerade darauf ankommt, die Grenzlinie zwischen der sokratischen und der platonischen Philosophie deutlich zu ziehen. Im dreizehnten Buch der »Metaphysik« bemerkt Aristoteles, daß die Anhänger der Ideenlehre zu ihrer Ansicht dadurch gelangten, daß sie gegenüber der Auffassung Heraklits, nach der alles Sinnliche in einem beständigen Fluß sei, annahmen, daß es etwas geben müsse, das bleibe, und er fährt fort: »Nun beschäftigte sich damals Sokrates mit den sittlichen Tugenden und suchte zuerst über sie allgemeine Begriffe aufzustellen [...]«, und etwas später: »Zweierlei nämlich ist es, was man mit Recht dem Sokrates zuschreiben kann: die Induktionsbeweise (ἐπακτικοὶ λόγοι) und die allgemeinen Definitionen (ὁρίζεσθαι καθόλου); dies beides nämlich geht auf das Prinzip der Wissenschaft. Sokrates aber setzte das Allgemeine und die Begriffsbestimmungen nicht als abgetrennte, selbständige Wesenheiten (χωριστὰ); die Anhänger der Ideenlehre aber trennten es und nannten dieses Ideen der Dinge (τῶν ὄντων ἰδέας).« (Aristoteles: Met. 1078 b) Es gibt hier, wie auch in den sonstigen philosophiegeschichtlichen Zeugnissen bei Aristoteles, keinen Anlaß zu der Annahme einer bewußten Fälschung oder Verzerrung. Auch wenn sich in der Formulierung aristotelischer Sprachgebrauch bemerkbar macht, wird der Aussagegehalt seiner Darstellung auch durch Plato selbst bestätigt. Als historisch zutreffend muß die von Aristoteles gegenüber Plato betonte These gelten, daß Sokrates die Ideen nicht als abgetrennte Wesenheiten bezeichnet habe. Unsicher bleibt, ob Sokrates überhaupt den Begriff Idee verwandte.

Das Bild, das der Komödiendichter Aristophanes in den »Wolken« von Sokrates entwirft, hat mit den bei Plato und Aristoteles deutlich werdenden philosophischen Merkmalen nichts zu tun. Es ist gleichwohl insofern bedeutsam, als es mit dem Bild übereinstimmt – und vielleicht durch ihn maßgeblich verbreitet wurde –, das im Prozeß gegen Sokrates von seinen Anklägern vertreten wurde. Danach ist Sokrates ein sophistischer Schwätzer, der in seiner »Denkerbude« die Wolken und andere astronomische Gegebenheiten betrachtet und über sie einen »höheren Unsinn« verbreitet, zugleich aber seinen jungen Schülern rhetorische Tricks beibringt, mit denen sie die schwächere Sache zur stärkeren machen können.

Ganz anders charakterisiert dagegen Xenophon Sokrates. In den »Memorabilien« beschreibt er ihn als einen bedürfnislosen, rechtschaffenen und tapferen Bürger, der, ohne an sich selbst zu denken, das Leben des Freundes rettet. Für Xenophon beruht daher der Prozeß gegen Sokrates, bei dem er im Gegensatz zu Plato selbst nicht zugegen war, auf einem offenkundigen und bedauerlichen Mißverständnis.

Weder Aristophanes noch Xenophon haben den philosophischen Neuansatz, der mit Sokrates gegeben ist, verstanden. Sie haben vielmehr bestimmte Merkmale seines Auftretens als Anknüpfungspunkte genommen, um eine im ganzen doch nur wenig zutreffende Charakteristik seiner Person zu entwerfen. Weder ist Sokrates der sophistische Worteverdreher, zu dem ihn Aristophanes macht, noch der harmlose Biedermann, als den ihn Xenophon darstellt. Die von Sokrates eingenommene philosophische Fragehaltung und Lebensweise, die in den Darstellungen Platos und Aristoteles' zum Ausdruck kommt, muß als das Spezifische der historischen Persönlichkeit gedeutet werden. Für sie gibt es kein historisches Vorbild. Aristophanes und Xenophon dagegen verstehen Sokrates, wenn auch auf unterschiedliche Weise, nach dem Muster zeitgenössischer Persönlichkeits- und Verhaltensmuster. Platos und Aristoteles' Aussagen sind daher nicht nur die philosophisch bedeutsamsten, sondern zugleich die historisch wahrscheinlichsten.

Um Sokrates als einen Philosophen von diesen beiden Quellen ausgehend zu interpretieren, bietet es sich an, das Philosophische seines Ansatzes im Kontrast zu der Tätigkeit der Sophisten deutlich zu machen. Dabei zeigt es sich, daß es trotz der gravierenden Unterschiede auch bedeutsame Gemeinsamkeiten zwischen ihnen gibt, so daß die Meinung, Sokrates sei einer von vielen Sophisten, sich auf konkrete Anhaltspunkte stützen konnte.

1. Gemeinsamkeiten mit den Sophisten

– Sokrates teilt mit den Sophisten die kritische Haltung gegenüber dem tradierten Mythos. Am deutlichsten zeigt sich dies in dem Dialog »Euthyphron«, in dem er mit einem Priester ein Gespräch über die Frömmigkeit führt. Sokrates deckt die Widersprüchlichkeit einer »frommen«, d. h. Gott wohlgefälligen Lebensweise dadurch auf, daß er mit Eutyphrons Zustimmung darauf hinweist, daß die »Götter entzweit sind und uneins untereinander (...) und daß es Feindschaft unter ihnen gibt gegeneinander« (Euthyphron, 7 b). Aus diese Grunde ist eine ethische Orientierung nach Maßgabe des Willens der Götter nicht möglich. Der Mythos versagt in der Frage einer Begründung der Ethik. Von Bedeutung ist, daß Sokrates die Kritik am Mythos auf die ethische Dimension zuspitzt und nicht wie Protagoras eine agnostische Haltung hinsichtlich der Frage der Existenz der Götter einnimmt. Sokrates geht auch nicht so weit, wie einige Sophisten seiner Zeit, die Götter als menschliche Erfindung zu betrachten oder aber Kultvorschriften nicht zu beachten, wohl aber bietet der Dialog »Euthyphron« Anlaß, den Charakter des sokratischen »Daimonions« im Sinne einer Stimme des Gewissens noch deutlicher herauszustellen.

– Sokrates teilt mit mehreren Sophisten die Abwendung von naturphilosophischen Fragen. Hier zeigt sich eine Parallele zu Gorgias. Im »Phaidon« kritisiert Sokrates die Naturphilosophie eines Anaxagoras vor allem deshalb, weil sie nicht in der Lage sei, moralisch relevantes Handeln verständlich zu machen und ethische Maßstäbe aufzustellen. Im Dialog »Phaidros« bringt er seine Kritik auf die bündige Formel: »Ich bin eben lernbegierig, und Felder und Bäume wollen mich nichts lehren, wohl aber die Menschen in der Stadt« (Phaidros, 230 d). Besonders der »Phaidon« macht jedoch deutlich, daß Sokrates sich, wie aller Wahrscheinlichkeit nach auch Gorgias, in seiner Jugend mit Naturphilosophie befaßt hat.

– Eine weitere Gemeinsamkeit besteht in der kritischen Haltung gegenüber der tradierten Polissittlichkeit. Sie wird erkennbar im Dialog »Kriton«. Kriton möchte Sokrates zur Flucht aus dem Gefängnis überreden und tut dies, indem er eine kurze Rede vorträgt, die in inhaltlicher Hinsicht die ethischen Überzeugungen der »po-

lis« zum Ausdruck bringt und die in formaler Hinsicht die zeitge-
nössische rhetorische Schulung erkennen läßt – und erstaunlicher-
weise gerade nicht die sokratische Gesprächskunst. Er führt eine
Reihe geschickt angeordneter Gesichtspunkte an, die Sokrates von
der Notwendigkeit der Flucht überzeugen sollen. Sein erstes und
letztes Argument besteht darin, daß im Falle seines Todes der öffentliche Eindruck entstehen müsse, seine Freunde hätten nicht alles für
seine Rettung getan. Die Maxime, Freunden zu helfen und Feinden
zu schaden, gehörte zu den Grundüberzeugungen der tradierten
Ethik. Diese ethischen Selbstverständlichkeiten stellt Sokrates jedoch in Frage, indem er sagt: »Aber du guter Kriton, was soll uns
doch die Meinung der Leute so sehr kümmern?« (Kriton, 44 c).
Angesichts politischer Verhältnisse, die durch Überschaubarkeit
einer relativ kleinen, »geschlossenen« Gesellschaft bestimmt waren,
war die Respektierung der »Meinung der Leute« eine nicht leichtfer-
tig zu vernachlässigende Größe und ihre Nichtbeachtung ein u. U.
gefährlicher Schritt. Gleichwohl hatten bereits die Sophisten durch
ihren Hinweis auf die Relativität der Sitten in verschiedenen Gesell-
schaften die Selbstverständlichkeit der tradierten Polissittlichkeit ins
Wanken gebracht und damit Anstoß erregt.

– Sokrates teilt mit den Sophisten die Betonung anthropologi-
scher und praktischer Fragen. Bereits mit Protagoras ist eine anthropologische Wende im antiken Denken vollzogen worden. Diese
spitzt sich im folgenden weiter zu in Richtung auf politisch-ethische
Probleme. Die Frage der politischen Tüchtigkeit, bei Sokrates als die
nach der ἀρετή formuliert, ist den Sophisten und Sokrates gemeinsam. Das zeigt sich besonders in den Dialogen »Protagoras« und
»Gorgias«.

– Schließlich trifft sich Sokrates mit den Sophisten in der Überzeugung, daß das Feld der theoretischen und praktischen Auseinandersetzung in der Rede zu sehen ist. Im »Phaidon« spricht Sokrates
davon, daß er nach seiner Enttäuschung über die Naturphilosophie
eine Flucht in die »logoi« angetreten habe (Phaidon, 99 e). Gorgias'
Lob der Macht der Worte und Sokrates' Suche nach dem besten
»logos« sind parallele Erscheinungen. Auf dem Hintergrund dieser
Gemeinsamkeiten heben sich jedoch die Unterschiede um so deutlicher ab.

2. Das Spezifische des Sokratischen Philosophierens

– Es ist vor allem die philosophische Grundhaltung, die Sokrates einnimmt. Auf sie wurde bereits hingewiesen. Sie bedeutet nicht nur, daß Sokrates hinsichtlich der Einschätzung der zentralen Fragen der »polis« zu anderen Urteilen kommt als die Sophisten, sondern eine das ganze Leben bestimmende Ausrichtung auf die gesuchte Wahrheit. Indem Sokrates dem Wort Philosophie diese zuvor von keinem anderen zugesprochene Bedeutung gibt, kann er als ursprünglicher Autor des Begriffs Philosophie bezeichnet werden. Auch hier gilt, was hinsichtlich anderer Begriffe erwähnt wurde: Das Denken der Vorsokratiker bildet die Vorgeschichte des Begriffs Philosophie, der in Sokrates seinen ersten entschiedenen Wortführer findet. Falsch wäre es jedoch, daraus den Schluß zu ziehen, das Denken der Vorsokratiker sei unphilosophisch. Vielmehr gilt umgekehrt: Ohne die Vorgeschichte des Begriffs Philosophie bei den Vorsokratikern hätte die mit Sokrates gegebene Geschichte des Begriffs nicht anfangen können. Philosophie heißt für Sokrates: auf Wahrheit ausgerichtet zu sein, ohne sie zu besitzen.

– Die entscheidende philosophische Leistung von Sokrates besteht darin, daß er die Frage nach dem Wesen einer Sache als eine eigenständige Aufgabe des Denkens entwickelte. Wie wenig selbstverständlich diese Frage für seine Zeit war, belegen zahlreiche Dialoge Platos, in denen Sokrates den Sinn dieser Frage seinen Gesprächspartnern erst erläutern muß. Drei Beispiele seien genannt. Im »Gorgias« zielt die Frage darauf ab zu sagen, was Gorgias ist und was seine Kunst ist. Der junge Sophist Polos mißversteht die Frage und rühmt die Rhetorik und Gorgias als ihren Meister (Gorgias, 448 e). Die Antwort auf die Frage, was die Rhetorik ist, wird in einem mühevollen Gespräch mit Gorgias anschließend erarbeitet. Noch deutlicher wird die sokratische Frage im Dialog »Menon« ausgesprochen. Menon fragt, ob die Tugend lehrbar sei, und Sokrates macht deutlich, daß zuvor die Frage beantwortet werden müsse, was sie überhaupt sei. Auch Menon versteht die Frage nicht und glaubt, sie dadurch zu beantworten, daß er die Tugenden des Mannes, der Frau, des Kindes usw. aufzählt und beschreibt. Hier wird noch deutlicher als im »Gorgias« darauf hingewiesen, daß die Frage nach dem, was eine Sache ist, deren Einheit betrifft, unabhängig von den vielen einzelnen Fällen und daß das, was eine Sache ist, als ihr Wesen (οὐσία) zu bezeichnen ist. Daneben taucht der Begriff Gestalt (εἶδος) auf, und damit stellt sich natürlich die Frage, ob die von Platon diskutierte Ideenlehre schon bei Sokrates ihren Ursprung hat. Die Forschung ist sich darin weitgehend einig, daß die Idee als das eigentliche und abgesonderte, metaphysische Sein der Dinge von Sokrates noch nicht gedacht wurde. Gleichwohl kann behauptet werden, daß die von Sokrates ins Spiel gebrachte Frage nach dem Wesen einer Sache die Vorgeschichte der späteren Ideenlehre bildet. Insofern leitet Sokrates eine Fragestellung ein, die später als Metaphysik bezeichnet werden wird. Ebenso wird im Dialog »Euthyphron« nach dem gefragt, was das »Fromme« und was das »Ruchlose« sei (Euthyphron, 5 d). Hier bringt Plato ebenfalls den Begriff Gestalt (idéa) ins Spiel (a. a. O., 6 e).

Von Bedeutung ist, daß die Frage nach dem Wesen für Sokrates Priorität hat gegenüber allen anderen Fragen. Bevor die Leistung der Rhetorik geschätzt, die Frage nach der Lehrbarkeit der Tugend beantwortet werden kann, muß zuvor die nach dem Wesen beantwortet werden. Dieses Zuvor hat in der späteren Philosophiegeschichte den Charakter eines metaphysischen Apriori angenommen.

Die Frage nach dem Wesen einer Sache zielt ab auf ihren Begriff und dieser enthält ihr Allgemeines, wie Aristoteles deutlich herausstellt. Der Weg zu ihm verläuft in einigen Fällen nach dem Prinzip der Induktion, wobei die in den Blick genommene Sache das Kriterium abgibt, um alles das, was nicht zur Sache gehört, nach dem Prinzip der Dihairese abzusondern. Deutlich läßt sich diese Methode im »Gorgias« verfolgen. Das von Aristoteles für Sokrates geltend gemachte Prinzip der Induktion darf dabei nicht im modernen wissenschaftstheoretischen Sinne verstanden werden. Das Ziel ist es, die Definition einer Sache vorzunehmen, bei der das später sogenannte »genus proximum« und die »differentia specifica« angegeben werden. Auch wenn Sokrates noch weit davon entfernt ist, eine Definitionslehre zu entwickeln, ist Aristoteles zuzustimmen, wenn er das Definieren als entscheidendes Charakteristikum des sokratischen Philosophierens herausstellt.

Von besonderer Bedeutung ist es, daß das Definieren im Medium der Sprache erfolgt und daß damit ein besonderes Augenmerk auf die Sprache selbst gelenkt wird. Das Wesen einer Sache muß mit Hilfe der Sprache dargestellt werden. Die sokratische Suche nach dem besten »logos« hat einen völlig anderen Charakter als der rhetorische Umgang mit der Sprache bei den Sophisten. Für die Sophisten steht der pragmatische, genauer persuasive Umgang mit der Sprache im Vordergrund, während für Sokrates die Sprache der Bereich ist, in dem das Wesen einer Sache begriffen wird. Die Sprache ist für Sokrates das ausgezeichnete Medium, um Wahrheit darzustellen. Unabhängig von den historischen und sachlichen Problemen der Ideenlehre kann man für Sokrates geltend machen, daß sein Versuch der Begriffsbildung einhergeht mit der Intention, das

Wesen einer Sache zu erfassen. Die Begriffsbildung erfolgt daher nicht konventionell, sondern als Weg der Erkenntnis.

– Aus den platonischen Dialogen und dem aristotelischen Zeugnis wird deutlich, daß Sokrates vor allem ethische Fragen in den Mittelpunkt seines Philosophierens stellte. Am häufigsten taucht der Begriff ἀρετή auf, der nur unzureichend mit Tugend übersetzt wird. Daneben geht es um die Begriffe Gerechtigkeit (»Gorgias«, »Politeia«), Tapferkeit (»Laches«), Frömmigkeit (»Euthyphron«), Besonnenheit (»Charmides«), Freundschaft (»Lysis«), Schönheit (»Hippias meizon«), Liebe (»Symposion«), Weisheit und Wissen (»Euthydemos«, »Theaitet«), Unsterblichkeit der Seele (»Phaidon«), Lust (»Philebos«) und Rhetorik (»Gorgias«, »Phaidros«). Auch wenn die Dialoge nicht alle historisch auf Sokrates zurückweisen, zeigen sie doch das Spektrum der Themen, um das das sokratische Denken kreist.

Sokrates' Intention der Bestimmung ethischer Begriffe ist motiviert durch die praktische Bedeutung, die dem Wissen zukommt. Die sokratische Philosophie ist in ihrer Grundintention praktisch. Deshalb ist Philosophie für ihn ebenso sehr ein Weg der Erkenntnis wie eine Lebensweise. Die aristotelische Unterscheidung einer theoretischen und einer praktischen Lebensweise (βίος θεωρητικός – βίος πρακτικός) hat für ihn keine Bedeutung, weil in seinem Verständnis jedes Wissen eine Seinsweise des Wissenden darstellt, die dessen Handlungen bestimmt. Es ist daher einseitig und falsch, Sokrates' Philosophie als intellektualistisch oder rationalistisch zu bezeichnen. Im Zentrum der sokratischen Ethik steht folgende Überzeugung: »Ich wenigstens glaube dieses, daß kein weiser Mann der Meinung ist, irgendein Mensch fehle aus freier Wahl oder vollbringe irgend etwas Böses und Schlechtes aus freier Wahl, sondern sie wissen wohl, daß alle, welche Böses und Schlechtes tun, es unfreiwillig tun.« (Protagoras, 345 d/e). Ähnliche Formulierungen finden sich in mehreren anderen Dialogen. Sie können als authentisch sokratisch angesehen werden. Von dieser These ausgehend weist Sokrates die Meinung zurück, jemand könne »von der Lust überwunden« etwas Schlechtes tun (a. a. O., 345 e). Keineswegs leugnet er, daß es schlechte Handlungen gebe, aber er greift zu ihrer Erklärung nicht auf die von Plato entwickelte Konzeption unterschiedlicher und u. U. gegeneinander gerichteter Seelenteile zurück. Seine ethische Intuition besteht vielmehr in der Überzeugung, daß jeder seiner Einsicht gemäß handelt, d. h. jeder tut das, was er für gut hält. Diesem Ansatz entsprechend muß angenommen werden, daß auch jeder Verbrecher seine Tat für gut hält. Aristoteles hat diesen Ansatz kritisiert und darauf hingewiesen, daß wir in vielen Fällen nicht unserer besseren Einsicht gemäß handeln. In der »Magna Moralia« (1182 a) wirft er Sokrates vor, daß er die unvernünftigen Seelenteile nicht berücksichtigt habe und daß Plato daher zurecht die unterschiedliche Leistung der Seelenteile betone.

Unter dem Vorzeichen neuzeitlicher Ethik würde man Sokrates gar einen naturalistischen Fehlschluß vorwerfen, denn es sei nicht erlaubt, von Seinssätzen zu Sollenssätzen überzugehen. Die Definition des Begriffs gut bedeute keinesfalls, daß derjenige, der diese Definition treffe, nun auch gut sei oder gut handele. Es ist jedoch fraglich, ob damit der sokratische Ansatz wirklich getroffen ist. Man wird der sokratischen Ethik nur dann gerecht, wenn man den sokratischen Charakter des Verständnisses von Wissen geklärt hat. Für Sokrates hat Wissen die Bedeutung von Einsicht und Überzeugung. Diese sind aber nicht abzulösen von der Person, die eine Einsicht oder Überzeugung hat. Damit eine Aussage zu einer Überzeugung wird, reicht es nicht aus, daß sie nicht widerlegt werden kann, sondern sie wird es dadurch, daß derjenige, der eine Aussage trifft, sich ihren Wahrheitsanspruch zu eigen gemacht hat. Wenn Sokrates behauptet, daß niemand freiwillig Böses tut, dann bedeutet das positiv, daß jeder in einer gegebenen Situation das tut, was er für gut hält. Allerdings können sich die Überzeugungen ändern, und so ist es möglich, daß jemand zu einem früheren oder späteren Zeitpunkt dieselbe Handlung für schlecht hält. Anders als die Sophisten ist Sokrates davon überzeugt, daß wir bei unserem Handeln geleitet werden von unserer Überzeugung hinsichtlich dessen, was wir für gut halten und daß es sich dabei um keine bloße Konvention handelt.

Gleichwohl ist es bedeutsam, daß Sokrates die persönlichen überzeugungen zwar als Ausgangspunkt der Erkenntnis des Guten akzeptiert, in ihnen aber nicht bereits den Endpunkt sieht. Die eigene Überzeugung hat vielmehr im politischen Zusammenleben den Charakter einer Meinung, die auf ihren Wahrheitsgehalt hin überprüft werden muß. Wenn jeder das tut, was er für gut hält, dann wird die Frage um so dringlicher, was denn das Gute sei. Daran schließt sich die kritische Frage an: Muß man nicht wissen, was das Gute ist, um in einer gegebenen Situation beurteilen zu können, daß eine bestimmte Handlung gut ist? Und weiter: In welchem Verhältnis steht das, was für eine bestimmte Person gut ist, zu dem Guten selbst? Wie ist das, was im Moment gut zu sein scheint, auf lange Sicht zu beurteilen? Um diese Frage beantworten zu können, ist eine Meßkunst (μετρητικὴ τέχνη) erforderlich, die die unterschiedlichen Dimensionen der Handlungen in ein Verhältnis setzt und gegeneinander abwägt (Protagoras, 356 e–357 c). Bei dieser Meßkunst handelt es sich um eine Erkenntnis und ein Wissen, das es erlaubt, die

Proportionen desjenigen, was als das Gute erscheint, in ein richtiges Verhältnis zu setzen. Den Maßstab hierfür liefert das Gute selbst.

Plato folgt konsequent dem sokratischen Ansatz, wenn er als Oberbegriff der von ihm erörterten Ideen die Idee des Guten bestimmt. Von Bedeutung für die sokratische Ethik ist, daß in ihr der Begriff des Guten nicht in einer Disjunktion steht zu dem des Angenehmen oder Nützlichen; vielmehr umgreift er diese. Die sokratische Ethik enthält daher ein utilitaristisches Moment.

– Die Bewegung von der Meinung zur Erkenntnis weist nun auf ein weiteres spezifisches Merkmal des sokratischen Philosophierens hin. Es besteht in der von ihm praktizierten dialektischen Methode. Sokrates hat wie kein anderer vor ihm oder nach ihm den Dialog als Methode der Wahrheitsfindung in die Philosophie eingeführt. Seine Flucht in die »logoi« muß daher zugleich als Flucht in den Dialog bezeichnet werden. Wird bereits die Flucht in die »logoi« als »zweitbeste Fahrt« von Plato beschrieben, so ist der Dialog in noch weit größerem Maße als ein Umweg zur Wahrheit anzusehen. Das Motiv für die Wahl eines so offenkundigen Umwegs ist nicht leicht zu durchschauen und wird im platonischen Werk auch nur am Rande berührt. Sokrates verzichtet auf die Vorzüge einer monolinearen Darstellung, die doch ganz offenkundig sind: Geschlossenheit und Einheitlichkeit der Gesagten, logisch konsequenter, d. h. widerspruchsfreier Aufbau, konstruktive Anordnung der Elemente, u. a. m. Auf diese Vorzüge hat die spätere philosophische Literatur nicht mehr verzichten mögen, und daher haben die Dialoge dort, wo sie in späterer Zeit auftauchen, nur den Charakter eines Stilmittels oder aber den Sinn, der Zensur auszuweichen. Es bleibt ein Unterschied, ob Teile eines Gedankengangs nachträglich auf mehrere Personen verteilt werden oder ob die »Abenteuer der Dialektik« so ernstgenommen werden, daß der Dialog als Weg der Wahrheitsfindung akzeptiert wird. Für Sokrates gilt das letztere. Das gibt den sokratischen Dialogen trotz ihres literarisch kunstvoll gestalteten Aufbaus durch Plato gegenüber einem Stück philosophischer Prosa ein Moment von Uneinheitlichkeit und Dramatik. Das gilt schon für die oftmals umwegige Einführung des Themas. Ist das Thema gefunden, kommt es bisweilen zu Abschweifungen, Einschüben, Zurücknahmen von früher Behauptetem. Oftmals wird das Thema nicht zu Ende geführt, der Dialog endet aporetisch oder mit einer Vertauschung der Positionen. Ein Gespräch wird vertagt, wird durch unsachliche Einwürfe behindert und gefährdet. Es entstehen Diskrepanzen zwischen der logischen Stringenz der Beweisführung einerseits und der fortbestehenden Uneinsichtigkeit der Gesprächspartner andererseits.

In den späteren Dialogen treten diese dramatischen Momente zurück, und daher kann man annehmen, daß das Dialogische dem historischen Sokrates zuzuschreiben ist. In der Regel setzt sich Sokrates jeweils nur mit einem Gesprächspartner auseinander, auch wenn im Laufe eines Gesprächs nacheinander mehrere zu Wort kommen. Mehrmals wird betont, daß man mit der Menge kein Gespräch führen könne. Das ist in einem technischen Sinne zu verstehen und nicht in einem elitären, denn prinzipiell kann mit jedem ein Gespräch geführt werden, der dazu bereit ist. Was gesucht wird, ist nicht der Konsens aller oder möglichst vieler, sondern die Zustimmung des jeweiligen Gesprächspartners. Dieser hat aber eine exemplarische Rolle, und die erfüllt er nicht durch bestimmte intellektuelle Vorzüge, sondern dadurch, daß er sich der methodischen Gesprächsführung Sokrates' fügt. Aus diesem Grunde kann der Beweis, der in einem Gespräch erzielt wird, als Beweis schlechthin gelten.

Von Bedeutung ist, daß der Ausgangspunkt eines sokratischen Dialogs die Meinung eines Gesprächspartners ist, die in vielen Fällen als herrschende Meinung anzusehen ist. Damit werden die Meinungen, die noch bei Parmenides als nicht wahrheitsfähig verworfen wurden, bei Sokrates in gewisser Weise rehabilitiert. Allerdings behalten die Meinungen nicht das letzte Wort. Sie werden vielmehr dem Prozeß der Prüfung unterworfen. Dazu ist es zunächst nötig, daß sie sprachlich artikuliert werden, d. h. in die Form überprüfbarer Aussagen gebracht werden. Als Aussage ist jede Meinung erläuterungsbedürftig, aber auch -fähig. Deshalb taucht in den sokratischen Dialogen regelmäßig die Frage auf: Wie meinst du das? Diese Frage zeigt, daß eine Aussage nicht mit Hilfe eines gegebenen Wahrheitskriteriums bestätigt oder zu Fall gebracht werden soll, vielmehr wird ein Umweg gewählt. Die Unhaltbarkeit einer Aussage wird dadurch offenkundig, daß die Erläuterungssätze zu der Ausgangsthese in einen Widerspruch treten. In diesem Fall muß die Ausgangsthese oder der Erläuterungssatz aufgegeben werden. Das Wahrheitskriterium ist formallogisch. Die angestrebte Wahrheit ist als ein widerspruchsfreier Zusammenhang von Aussagen über einen zur Diskussion stehenden Sachverhalt zu verstehen.

Dieses Verfahren schließt zwei Varianten der Beweisführung aus: zum einen Beweise mit Hilfe von Tatsachenaussagen. Trotz der Vielzahl der verhandelten strittigen Aussagen, tauchen in den platonischen Dialogen keine Differenzen von Tatsachenaussagen auf. Zum anderen verzichtet Sokrates darauf, mit Definitionen zu beginnen, und zwar weder in einem konventionalistischen Sinne, noch im Sinne einer Orthoepeia, d. h. eines richtigen Sprachgebrauchs, wie er

Protagoras zugeschrieben wird. Das sokratische Vorgehen hat, abgesehen von seiner Verankerung in seinem Wahrheitsbegriff, den pragmatischen Vorteil, die Bewegung des Gesprächs, die ohnehin oft genug durch vorzeitigen Abbruch gefährdet ist, in Gang zu bringen und zu erhalten. Indem die gegebenen Meinungen als Ausgangspunkte des Gesprächs akzeptiert werden, wird die Möglichkeit der Gesprächsentwicklung eröffnet. Auf diese Weise verbindet Sokrates in seinen Dialogen hermeneutische und dialektische Momente. Der Weg des Gesprächs besteht darin, Meinungen auszusprechen, zu verstehen, zu prüfen und in widerspruchsfreie Wesensaussagen zu überführen.

Den Verzicht, eigene Thesen vorzutragen, hat Sokrates mit seinem Konzept der Mäeutik in Verbindung gebracht und dabei auf den Beruf seiner Mutter angespielt. Auch dieses methodische Motiv ist als historisch anzusehen. So wie die Hebamme nur anderen Frauen helfe, Kinder zur Welt zu bringen, selbst aber nicht gebäre, so bringe auch er keine Weisheiten hervor, sondern helfe anderen in ihrem Erkenntnsprozeß. Die Voraussetzung dafür liegt darin, daß in ihnen bereits Wissen latent vorhanden sei. Der Gedanke eines verborgenen Wissens ist nicht nur völlig neu im Zeitalter der Sophistik, sondern erscheint einigermaßen paradox. Sokrates entwickelt zu seiner Erläuterung die Anamnesislehre, die selber einen mythologischen Charakter hat und nicht weniger paradox erscheint als die mäeutische These, die sie erläutern soll. Nach der Anamnesislehre findet sich in jedem Menschen ein vorgeburtliches Wissen, das durch Erinnerung bewußt gemacht werden kann. Sokrates greift auf einen dem Pythagoreertum zugehörigen Mythos zurück, um eine zentrale philosophische Einsicht aussprechen zu können. Diese besteht darin, daß der Erwerb von Wissen nicht nach dem Modell einer tabula rasa verstanden werden darf. Von einer Nullpunktstellung aus ist der Erwerb von Wissen nicht verständlich zu machen. Die Sophisten hatten aus dieser Einsicht die Konsequenz gezogen, daß Lernen, d. h. Wissenserwerb, unmöglich sei; denn derjenige, der weiß, braucht nichts zu lernen und derjenige, der nicht weiß, kann nicht lernen. Gegenüber diesem »absolutistischen« Standpunkt sucht Sokrates die Möglichkeit des Lernens durch sein Modell der Anamnesis zu retten. Versucht man, den damit implizierten Mythos zu entmythologisieren, so bietet sich als zwangloseste Erklärung der hermeneutische Zirkel an. Das vorgeburtliche Wissen steht für ein jederzeit gegebenes Vorwissen, das gleichwohl noch nicht das artikulierte Wissen einer Sache darstellt. Es hat vielmehr den Charakter einer bloßen Meinung oder Vermutung, die der Klärung bedarf, um als Wissen akzeptiert werden zu können. Genau diesen Weg der

Klärung der gegebenen Meinungen ist aber Sokrates bei seinen methodisch bestimmten Dialogen gegangen.

Da das Lernen als eine Bewegung zu begreifen ist, erfolgt mit dem Nachweis der Möglichkeit des Lernens zugleich eine Rehabilitierung der Bewegung, die gerade durch Parmenides widerlegt zu sein schien. Der Beweis der Existenz der Bewegung wird bei Sokrates nicht an physikalischen Beispielen diskutiert, wie in den zenonischen Paradoxien, sondern am Beispiel der Bewegung des Lernens, des Denkens, der Erzeugung von Einsichten im Gespräch. Bewegung gibt es nicht deshalb, weil das Denken seine Wirklichkeit bewiesen hätte, sondern weil das Denken selbst Bewegung ist. Sokrates ist ein Denker der Bewegung, weil für sein dialogisches Philosophieren die Bewegung des Denkens konstitutives Merkmal der Wahrheitssuche ist.

Vergleicht man Sokrates mit den Vorsokratikern, so besteht das philosophisch Bedeutsame seiner Person nicht so sehr darin, daß er, wie Cicero meint, die Philosophie vom Himmel auf die Erde herabgerufen und die Menschen genötigt hätte, über ethische Fragen nachzudenken – das taten die Sophisten auch –, sondern in der Entwicklung eines dialogischen Philosophierens, das seine methodische Fruchtbarkeit auch dort bewahrt, wo Aussagen, die in ihm aufgestellt werden, wieder verworfen werden. Aufgrund dieses methodischen Neuansatzes ist es gerechtfertigt, mit Sokrates eine Zäsur in der Philosophiegeschichte anzunehmen und die Denker vor ihm als Vor-Sokratiker zu bezeichnen.

Anmerkungen

Einleitung

1 Platon: Phaidon. 96 a. In: Platon, Sämtliche Werke. Bd 3. In der Übers. von F. Schleiermacher. Reinbek 1957

2 Aristoteles: Metaphysik. Übers. von H. Bonitz. Reinbek 1966. 986 b

3 Cicero: Tusc. V 4,10; vgl. W. Nestle: Vom Mythos zum Logos. Stuttgart 1975². S. 529, Anm. 2

4 A. Heubeck: Griechische Sprache und Literatur. In: Propyläen Geschichte der Literatur. Bd 1. Berlin 1988. S. 85–99

5 M. I. Finley: Die Griechen. (London 1963) dt. München 1976. S. 26; sowie O. Murray: Das frühe Griechenland. (London 1980) dt. München 1982. S. 130

6 J. Mansfeld: Die Vorsokratiker. Griech.-dt. Stuttgart 1987. S. 12. Anm. 1

7 Platon: Phaidros. 274 c

8 O. Murray: Das frühe Griechenland. S. 175

9 M. I. Finley: Die Griechen. S. 28

10 A. a. O., S. 45

11 O. Murray: Das frühe Griechenland. S. 218–252

12 J.-P. Vernant: Die Entstehung des griechischen Denkens. (Paris 1962) dt. Frankfurt a. M. 1982. S. 44

13 A. a. O., S. 55

14 W. Schadewaldt: Die frühgriechische Lyrik. Tübinger Vorlesungen. Bd 3. Frankfurt a. M. 1989. S. 13

15 Sappho: fr. 152. In: W. Schadewaldt, Die frühgriechische Lyrik. S. 145

16 Frühgriechische Lyriker. Bd 2: Die Jambographen. Dt. von Z. Franyó. Griech. Text bearb. von B. Snell. Berlin 1972. S. 41

17 A. a. O., S. 41

18 M. I. Finley: Die Griechen. S. 72–77; sowie R. Flacelière: Griechenland. Leben und Kultur in klassischer Zeit. (Paris 1959) dt. Stuttgart 1979². S. 261–305

19 M. I. Finley: Die Griechen. S. 73

20 J.-P. Vernant: Mythos und Gesellschaft im alten Griechenland. (Paris 1981) dt. Frankfurt a. M. 1987. S. 198

21 Aristoteles: Von der Dichtkunst. Übers. von O. Gigon. Zürich 1950. 1448 b

22 A. a. O., 1452 b; vgl. den Kommentar von W. Schadewaldt in: Sophokles, König Ödipus. Frankfurt a. M. 1973. S. 89–99

23 Aristoteles: Von der Dichtkunst. 1448 b

24 A. Lesky: Die griechische Tragödie. Stuttgart 1984⁵. S. 26

25 Aristoteles: Von der Dichtkunst. 1451 a

26 Herodot: Neun Bücher der Geschichte. Nach der Übers. von H. Stein. Essen o. J. V,36

27 A. a. O., I,1

28 A. a. O., I,30

29 W. Schadewaldt: Die Anfänge der Geschichtsschreibung bei den Griechen. Herodot. Thukydides. Tübinger Vorlesungen. Bd 2. Frankfurt a. M. 1982. S. 120

30 A. a. O., S. 109

31 Thukydides: I,22. Nach d. Übers. von W. Schadewaldt. In: ders., Die Anfänge der Geschichtsschreibung bei den Griechen. S. 282, 287

32 Hippokrates: Auserlesene Schriften. Eingel. u. übers. von W. Capelle. Zürich 1955. S. 83

33 A. a. O., S. 117

34 K. Hübner: Die Wahrheit des Mythos. München 1985. S. 95–238

35 Homer: Odyssee. Dt. von W. Schadewaldt. Reinbek 1980³. 10,302 ff.

36 B. Snell: Der Weg zum Denken und zur Wahrheit. Göttingen 1978. S. 26 ff.

37 W. H. Pleger: Der Logos der Dinge. Eine Studie zu Heraklit. Frankfurt a. M. 1987. S. 26 ff.

38 Vgl. hierzu Wittgensteins häufig variierte Bemerkung: »Die Logik muß für sich selbst sorgen. Dies ist eine ungemein tiefe und wichtige Erkenntnis.« L. Wittgenstein: Werkausgabe. Bd 1: Tractatus logico-philosophicus. Frankfurt a. M. 1984. S. 89

39 H. Diels/W. Kranz: Die Fragmente der Vorsokratiker. Zürich/Dublin 1974¹⁷

40 G. S. Kirk/J. E. Raven/M. Schofield: The Presocratic Philosophers. Cambridge 1983². S. 1–6

Kapitel I

1 W. Schadewaldt: Der Gott von Delphi und die Humanitätsidee. Frankfurt a. M. 1975. S. 101 ff.

2 Aristoteles: Über die Dichtkunst. 1459 a

3 W. Schadewaldt: Die Anfänge der Philosophie bei den Griechen. Die Vorsokratiker und ihre Voraussetzungen. Tübinger Vorlesungen. Bd 1. Frankfurt a. M. 1978. S. 56–64

4 Homer: Ilias. Neue Übertr. von W. Schadewaldt. Frankfurt a. M. 1979². 18 V. 478–608

5 W. Schadewaldt: Der Gott von Delphi ..., S. 37–82

6 Homer: Ilias. 14 V. 201

7 A. a. O., 14 V. 246

8 W. F. Otto: Die Götter Griechenlands. Frankfurt a. M. 1970⁶. S. 20 ff.

9 M. I. Finley: Die Griechen. S. 18

10 Sophokles: Antigone. Griech. u. dt. Übers. u. eingel. von K. Reinhardt. Göttingen 1961. V. 337

11 Homer: Ilias. 20 V. 65

12 H. Fränkel: Dichtung und Philosophie des frühen Griechentums. München 1976³. S. 82

13 Homer: Ilias. 1 V. 216 ff.

14 V. Grønbech: Hellas. Griechische Geistesgeschichte I. Die Adelszeit. Reinbek 1965. S. 29 ff.
15 W. Schadewaldt: Der Gott von Delphi..., S. 107
16 H. Fränkel: Dichtung und Philsophie..., S. 71
17 B. Snell: Die Entdeckung des Geistes. Studien zur Entstehung des europäischen Denkens bei den Griechen. Göttingen 1980^5. S. 13–29
18 Homer: Ilias. 13 V. 73 ff.
19 H. Fränkel: Dichtung und Philosophie..., S. 86
20 Hesiod: Theogonie. Hrsg., übers. u. erläutert von K. Albert. Kastellaun 1978. V. 26
21 A. a. O., V. 27 f.
22 O. Gigon: Der Ursprung der griechischen Philosophie. Basel/Stuttgart 1968^2
23 W. Jaeger: Paideia. Die Formung des griechischen Menschen. Berlin/New York 1973 (EA Bd 1, 1933; Bd 2, 1944; Bd 3, 1947) S. 99
24 Hesiod: Theogonie. V. 535–537
25 A. a. O., V. 556 f.
26 A. a. O., V. 523 f.
27 A. a. O., V. 902 ff.
28 A. a. O., V. 915 ff.
29 Hesiod: Werke und Tage. Griech. u. dt. Übers. von A. v. Schirnding. München 1966. V. 205–210.
30 A. a. O., V. 231–236
31 A. a. O., V. 20–25
32 A. a. O., V. 288
33 A. a. O., V. 170 f.
34 A. a. O., V. 175 ff.
35 A. a. O., V. 199 f.
36 A. a. O., V. 693
37 O. Murray: Das frühe Griechenland. S. 229
38 A. Lesky: Geschichte der griechischen Literatur. Bern/München 1963^2. S. 145
39 W. Capelle: Die Vorsokratiker. Die Fragmente und Quellenberichte. Übers. u. eingel. von W. Capelle. Stuttgart 1953^4. (Nachdr. 1968) S. 65
40 W. Schadewaldt: Die Anfänge der Philosophie..., S. 113–121
41 O. Murray: Das frühe Griechenland. S. 244 f.
42 A. a. O., S. 251

Kapitel II

1 G. S. Kirk/J. E. Raven/M. Schofield: The Presocratic Philosophers. S. 82
2 Herodot: Neun Bücher der Geschichte. I,170; vgl. W. Schadewaldt: Die Anfänge der Philosophie..., S. 218
3 Herodot: Neun Bücher..., I,75
4 Platon: Theaitet. 173 c/d; vgl. H. Blumenberg: Das Lachen der Thrakerin. Frankfurt a. M. 1987. S. 13 ff.
5 Aristoteles: Politik. 1259 a

6 G. W. F. Hegel: Vorlesungen über die Geschichte der Philosophie 1. Werke in zwanzig Bänden. Bd 18. Frankfurt a. M. 1971. S. 201

7 F. Nietzsche: Sämtliche Werke. Bd 1. Kritische Studienausgabe. Hrsg. von G. Colli u. M. Montinari. München/Berlin/New York 1980. S. 813

8 W. Schadewaldt: Die Anfänge der Philosophie..., S. 225

9 Aristoteles: Metaphysik. 983 b

10 Homer: Ilias. 14 V. 201

11 A. a. O., 14 V. 246

12 O. Gigon: Der Ursprung der griechischen Philosophie. S. 47

13 U. Hölscher: Anfängliches Fragen. Studien zur frühen griechischen Philosophie. Göttingen 1968. S. 45

14 A. a. O., S. 46; vgl. O. Gigon: Der Ursprung..., S. 175

15 W. Schadewaldt: Die Anfänge der Philosophie..., S. 226

16 W. Bröcker: Die Geschichte der Philosophie vor Sokrates. Frankfurt a. M. 1986². S. 16

17 A. a. O., S. 13

18 Kirk/Raven/Schofield: The Presocratic Philosophers. S. 108

19 W. Schadewaldt: Die Anfänge der Philosophie..., S. 238

20 H. Fränkel: Wege und Formen frühgriechischen Denkens. Literarische und philsophiegeschichtliche Studien. München 1955. S. 190; vgl. O. Gigon: Der Ursprung..., S. 60; sowie W. K. C. Guthrie: A History of Greek Philosophy. Vol. I. S. 77

21 B. Snell: Die Entdeckung des Geistes. S. 205–218

22 W. Bröcker: Die Geschichte der Philosophie..., S. 16

23 H. Fränkel: Wege und Formen..., S. 1

24 U. Hölscher: Anfängliches Fragen. S. 84

25 J. Kerschensteiner: Kosmos. Quellenkritische Untersuchungen zu den Vorsokratikern. München 1962. S. 66

26 O. Gigon: Der Ursprung..., S. 110

27 Cicero: De natura deorum I, 10,26; vgl. W. K. C. Guthrie: A History..., Vol. I. S. 130

28 Aetius: I,7,13; vgl. J. Kerschensteiner: Kosmos. S. 75

29 Augustinus: De civ. dei. VIII,2; vgl. Kirk/Raven/Schofield: The Presocratic Philosophers. S. 150

Kapitel III

1 Diogenes Laertios: Leben und Meinungen berühmter Philosophen. Übers. von O. Apelt. Hamburg 1967². VIII,10

2 Aristoteles: Metaphysik. I, 987 b 28

3 A. a. O., I, 987 b 11

4 A. a. O., 1080 b 19 f.

5 W. Röd: Die Philosophie der Antike 1. Von Thales bis Demokrit. München 1976. S. 61

6 Aristoteles: Metaphysik. 986 a

7 J. Kerschensteiner: Kosmos. S. 192–232

8 Aristoteles: Metaphysik. 985 b/986 a

9 W. Röd: Die Philosophie der Antike. S. 57
10 Aristoteles: Metaphysik. 986 b
11 W. Bröcker: Die Geschichte der Philosophie..., S. 21, S. 82
12 O. Gigon: Der Ursprung..., S. 157
13 W. Schadewaldt: Die Anfänge der Philosophie..., S. 296
14 Aristoteles: Metaphysik. 989 a
15 W. K. C. Guthrie: A History..., Vol. I. S. 383 ff.
16 Hippolytos: Haer I. 14,5 f.; DK 21 A 33
17 O. Gigon: Der Ursprung..., S. 171
18 A. a. O., S. 181
19 Aristoteles: Metaphysik. 986 b
20 W. K. C. Guthrie: A History..., Vol. I. S. 367; anders K. Reinhardt:
   Parmenides und die Geschichte der griechischen Philosophie. Frankfurt
   a. M. 1977³. S. 89–154
21 Im Sinne eines Pantheismus W. K. C. Guthrie: A History..., Vol. I.
   S. 382; dagegen O. Gigon: Der Ursprung..., S. 184
22 B. Snell: Die Entdeckung des Geistes. S. 127–138
23 Homer: Ilias. 2, V. 484 ff.
24 J.-P. Vernant: Die Entstehung des griechischen Denkens. S. 43
25 M. Heidegger: Heraklit. Gesamtausgabe. Bd 55. Frankfurt a. M. 1970.
   S. 13
26 W. Schadewaldt: Die Anfänge der Philosophie. S. 183
27 W. H. Pleger: Der Logos der Dinge. S. 29
28 P. Schmitter: Das sprachliche Zeichen. Studien zur Zeichen- und Bedeutungstheorie in der griechischen Antike sowie im 19. und 20. Jahrhundert.
   Münster 1987. S. 1 ff.
29 Platon: Theaitet. 242 d; Aristoteles: Metaphysik. 1005 b
30 Aristoteles: Metaphysik. 1008 a
31 A. a. O., 1005 b
32 W. Schadewaldt: Die Anfänge der Philosophie..., S. 419

Kapitel IV

1 K. Reinhardt: Parmenides..., S. 220
2 Kirk/Raven/Schofield: The Presocratic Philosophers. S. 240
3 W. K. C. Guthrie: A History..., Vol. II. S. 3
4 A. a. O., S. 3
5 M. Heidegger: Parmenides. Gesamtausgabe. Bd 54. Frankfurt a. M. 1982.
   S. 14 f.
6 H. G. Gadamer: Griechische Philosophie II. Gesammelte Werke. Bd 6.
   Tübingen 1985. S. 30–57
7 Parmenides: Vom Wesen des Seienden. Hrsg. von U. Hölscher. Frankfurt
   a. M. 1986. S. 81 ff.
8 W. Bröcker: Die Geschichte der Philosophie..., S. 64
9 Diogenes Laertios: II. S. 169
10 Parmenides: Vom Wesen des Seienden. S. 39
11 Diels/Kranz: 28 A 46

12 W. Schadewaldt: Die Anfänge der Philosophie..., S. 330
13 Platon: Parmenides. 127 d/e
14 Aristoteles fr. 65 Rose; Diogenes Laertios VIII,57
15 Aristoteles: Metaphysik. 1001 b
16 ders.: Physik. Z 9, 239 b 11 f.
17 A. a. O., Θ 8,263 a, 3 ff., 15 ff.
18 H. Fränkel: Wege und Formen..., S. 204. Anm. 3
19 Aristoteles: Physik. VI,9, 239 b, 30 ff.
20 A. a. O., VI,9, 239 b/240 a
21 A. Einstein: Über die spezielle und die allgemeine Relativitätstheorie. Wiesbaden 1982²¹. S. 25

Kapitel V

1 Diogenes Laertios: VIII,63
2 B. Snell: Die Entdeckung des Geistes. S. 196
3 W. K. C. Guthrie: A History..., S. 138
4 Aristoteles: Metaphysik. 100 a
5 W. Schadewaldt: Die Anfänge der Philosophie. S. 443
6 Aristoteles: Metaphysik. 1015 a
7 Diogenes Laertios: VIII,57
8 DK 31 B 35; vgl. W. K. C. Guthrie: A History..., S. 177, W. Bröcker: Geschichte der Philosophie..., S. 87, W. Röd: Die Philosophie der Antike. S. 152 f.
9 W. K. C. Guthrie: A History..., Vol. II. S. 299 f.
10 Aristoteles: Physik. Θ 5,256 b
11 DK 59 A 17; Übers. von J. Mansfeld: Die Vorsokratiker. S. 501
12 DK 59 B 21
13 DK 59 A 92
14 DK 59 A 102
15 Aristoteles: Metaphysik. A 8,989
16 J. Mansfeld: Die Vorsokratiker. S. 555
17 J. Burnet: Early Greek Philosophy. London 1930. S. 381
18 DK 67 B 1
19 Aristoteles: Vom Werden und Vergehen. A 8,325 a; DK 67 A 7
20 J. Burnet: Early Greek Philosophy. S. 389
21 W. Röd: Die Philosophie der Antike. S. 183
22 DK 67 A 30
23 Aristoteles: Physik. IV, 6,213 a
24 ders.: Metaphysik. I, 4,985 b
25 A. a. O., 985 b
26 ders.: Vom Werden und Vergehen. I, 1,314 a
27 H. Blumenberg: Die Lesbarkeit der Welt. Frankfurt a. M. 1981. S. 372
28 DK 68 A 77

Kapitel VI

1 Platon: Symposion. 208 c
2 W. K. C. Guthrie: A History..., Vol. III. S. 32
3 A. a. O., S. 33
4 DK 80 A 14
5 W. Bröcker: Geschichte der Philosophie..., S. 113
6 C. J. Classen (Hrsg.): Sophistik. Darmstadt 1976. S. 306–311
7 Aristoteles: Metaphysik. 1007 b
8 Platon: Theaitet. 161 c
9 A. a. O., 166 c/d
10 ders.: Protagoras. 320 c
11 Aristoteles: Politik. 1052 a/b
12 W. K. C. Guthrie: A History..., Vol. III. S. 265
13 O. A. Baumhauer: Die sophistische Rhetorik. Eine Theorie sprachlicher Kommunikation. Stuttgart 1986. S. 183
14 Diogenes Laertios: IX,51
15 H. Gomperz: Sophistik und Rhetorik. Stuttgart 1965. S. 138
16 C. J. Classen (Hrsg.): Sophistik. S. 341–347
17 Xenophon: Erinnerungen an Sokrates. Griech. u. dt. Hrsg. von P. Jaerisch. München/Zürich 1987⁴. I,6
18 Pindar fr. 169; vgl. F. Heinimann: Nomos und Physis. Darmstadt 1980⁴. S. 68
19 Herodot: Neun Bücher..., III,38
20 DK 87 B 44 col. 3,4
21 DK 87 B 44 col. II
22 DK 87 B 51
23 M. I. Finley: Die Sklaverei in der Antike. Frankfurt a. M. 1985. S. 79–110
24 Aristoteles: Politik, 1254
25 W. K. C. Guthrie: A History..., Vol. III. S. 155 ff.
26 DK 87 B 54
27 Platon: Gorgias. 483 d–484 a
28 C. J. Classen (Hrsg.): Sophistik. S. 352
29 Platon: Phaidros. 267 a
30 W. K. Guthrie: A History..., Vol. III. S. 274
31 Platon: Menon. 95 c
32 W. Capelle: Die Vorsokratiker. S. 346 Anm. 3
33 H. Gomperz: Sophistik und Rhetorik. S. 35
34 W. Nestle: Die Vorsokratiker: Jena 1929. S. 207
35 C. J. Classen (Hrsg.): Sophistik. S. 408–424
36 DK 82 B 11; Lob der Helena, Kap. 8
37 H. Gomperz: Sophistik und Rhetorik. S. 12 f.
38 Platon: Phaidon. 99 c–100 b
39 ders.: Protagoras. 320 c
40 H. Dörrie: Art. Gorgias. In: Der kleine Pauly. Bd 2. München 1975. Sp. 848–850
41 G. Ueding/B. Steinbrink: Grundriß der Rhetorik. Stuttgart 1986. S. 11
42 A. a. O., S. 13 ff.

Literaturverzeichnis

1. Quellen: Textausgaben und Übersetzungen

Aristoteles: Opera. Ex recensione Immanuelis Bekkeri. Ed. Academica Regia Borussica. Berlin 1831. Repr. Berlin 1960
Aristoteles: Physikvorlesung. In: Aristoteles, Werke. In dt. Übers. hrsg. von E. Grumach. Bd 11. Übers. von Hans Wagner. Berlin 1967
Aristoteles: Über die Seele. In: Aristoteles, Werke. In dt. Übers. hrsg. von E. Grumach. Bd 13. Übers. von W. Theiler. Berlin 1966
Aristoteles: Metaphysik. Übers. von H. Bonitz. Reinbek 1966
Aristoteles: Rhetorik. Übers. u. hrsg. von O. Gigon. München 1981[4]
Aristoteles: Rhetorik. Übers. von G. Sieveke. München 1980
Capelle, W. (Hrsg.): Die Vorsokratiker. Die Fragmente und Quellenberichte. Übers. u. eingel. von W. Capelle. Stuttgart 1953[4]. Neudr. 1968
Diels, H./Kranz, W. (Hrsg.): Die Fragmente der Vorsokratiker. Griech. u. dt. 3 Bde. Dublin u. Zürich 1974[17]
Diogenes Laertios: Leben und Meinungen berühmter Philosophen. Übers. von O. Apelt. Hamburg 1967[2]
Frühgriechische Lyriker. Teil 1: Die frühen Elegiker. Dt. von Z. Franyo. Griech. Text bearb. von B. Snell. Berlin 1971
Frühgriechische Lyriker. Teil 2.: Die Jambographen. Dt. von Z. Franyo. Griech. Text bearb. von B. Snell. Berlin 1972
Griechische Lyrik. Griech. u. dt. Von den Anfängen bis zu Pindar. Hrsg. von G. Wirth. Berlin 1963
Herodot: Neun Bücher der Geschichte. Nach der Übers. von H. Stein. Berlin 1856–1862. Nachdr. Essen o. J.
Hesiod: Werke und Tage. Griech. u. dt. Übers. von A. v. Schirnding. München 1966
Hesiod: Theogonie. Hrsg., übers. u. erläutert von K. Albert. Kastellaun 1978
Hesiod: Sämtliche Gedichte. Übers. u. erläutert von W. Marg. Zürich 1970
Hippokrates: Auserlesene Schriften. Eingel. u. neu übertragen von W. Capelle. Zürich 1955
Homer: Ilias. Griech. Text. Hrsg. von D. B. Monro u. Th. W. Allen. Oxford 1969, 1971
Homer: Ilias: Neue Übertragung von W. Schadewaldt. Frankfurt a. M. 1979[2]
Homer: Odyssee. Griech. Text. Hrsg. von Th. W. Allen. Oxford 1958, 1962
Homer: Die Odyssee. Dt. von W. Schadewaldt. Reinbek 1980[3]
Iamblichos: Pythagoras. Griech. u. dt. Hrsg., übers. u. eingel. von M. v. Albrecht. Zürich/Stuttgart 1963
Mansfeld, J. (Hrsg.): Die Vorsokratiker. Griech. u. dt. Auswahl der Fragmente, übers. u. erläutert von J. Mansfeld. Stuttgart 1987
Parmenides: Text, Übersetzung, Einführung und Interpretation von K. Riezler. Frankfurt a. M. 1970[2]

Parmenides: Vom Wesen des Seienden. Die Fragmente. Griech. u. dt. Hrsg.,
übers. u. erläutert von U. Hölscher. Frankfurt a. M. 1986
Platonis Opera. Recognovit brevique adnotatione critica instruxit J. Burnet.
5 Vol. Oxford 1965
Platon: Sämtliche Werke. Nach der Übers. von F. Schleiermacher. Reinbek
1964
Sextus Empiricus: Grundriß der pyrrhonischen Skepsis. Einleitung von M.
Hossenfelder. Frankfurt a. M. 1968
Snell, B. (Hrsg.): Heraklit. Fragmente. Griech. u. dt. München/Zürich 1983[8]
Sophokles: König Ödipus. Hrsg. u. übertr. von W. Schadewaldt. Frankfurt
a. M. 1973
Sophokles: Antigone. Griech. u. dt. Übers. u. eingel. von K. Reinhardt.
Göttingen 1961
Thukydides: Der Peleponnesische Krieg. Übers. von P. Landmann. Zürich/
Stuttgart 1960
Xenophon: Erinnerungen an Sokrates. Griech. u. dt. Hrsg. von P. Jaerisch.
München/Zürich 1987[4]

2. Literatur

Bannert, H.: Homer. In Selbstzeugnissen und Bilddokumenten. Reinbek
1979
Barnes, J.: Presocratic Philosophers. Bd 1: Thales to Zeno. Bd 2: Empedocles
to Democritus. London 1979
Baumhauer, O. A.: Die sophistische Rhetorik. Eine Theorie sprachlicher
Kommunikation. Stuttgart 1986
Becker, O.: Das mathematische Denken der Antike. Göttingen 1957
Bengtson, H.: Griechen und Perser. Die Mittelmeerwelt im Altertum I.
Frankfurt a. M. 1965
Bien, G.: Die Grundlegung der politischen Philosophie bei Aristoteles.
Freiburg/München 1980[2]
Bignone, T.: Empedocle. Studio critico, trad. e. comm. Turin 1916
Blumenberg, H.: Die Lesbarkeit der Welt. Frankfurt a. M. 1981
Blumenberg, H.: Das Lachen der Thrakerin. Eine Urgeschichte der Theorie.
Frankfurt a. M. 1987
Bollack, J.: Empédocle. 4 Bde. Paris 1965–1969
Boeder, H.: Grund und Gegenwart als Frageziel der früh-griechischen Phi-
losophie. Den Haag 1962
Bormann, K.: Parmenides. Untersuchungen zu den Fragmenten. Hamburg
1971
Bowra, C. M.: Griechenland. Von Homer bis zum Fall Athens. München
1983
Bröcker, W.: Aristoteles. Frankfurt a. M. 1974[4]

Bröcker, W.: Platos Gespräche. Frankfurt a. M. 1985³

Bröcker, W.: Die Geschichte der Philosophie vor Sokrates. Frankfurt a. M. 1986²

Burckert, W.: Weisheit und Wissenschaft. Studien zu Pythagoras, Philolaos und Platon. Nürnberg 1962

Burckhardt, J.: Griechische Kulturgeschichte. 4 Bde. München 1977 (Neudr.)

Burnet, J.: Early greek Philosophy. London 1930

Calogero, G.: Storia della logica antica. Bari 1967

Cherniss, H.: Aristotle's Criticism of Presocratic Philosophy. New York 1976³

Classen, C. J. (Hrsg.): Sophistik. Darmstadt 1976

Colli, G.: Die Geburt der Philosophie. Frankfurt a. M. 1981

Cornford, F. M.: Greek Religious Thought. New York 1969

Coseriu, E.: Die Geschichte der Sprachphilosophie von der Antike bis zur Gegenwart. Eine Übersicht. Bd 1. Tübingen 1975

Davies, J. K. Das klassische Griechenland und die Demokratie. München 1983

Deichgräber, K.: Parmenides's Auffahrt zur Göttin des Rechts. Wiesbaden 1959

Diller, H.: Kleine Schriften zur antiken Literatur. München 1971

Dupréel, E.: Les Sophistes. Neuchâtel 1948

Ehrenberg, V.: Die Rechtsidee im frühen Griechentum. Untersuchungen zur Geschichte der werdenden Polis. Leipzig 1921

Einstein, A.: Über die spezielle und die allgemeine Relativitätstheorie. Wiesbaden 1982²¹

Eliade, M.: Kosmos und Geschichte. Der Mythos der ewigen Wiederkehr. Frankfurt a. M. 1986

Emsbach, M.: Sophistik als Aufklärung. Untersuchungen zu Wissenschaftsbegriff und Geschichtsauffassung bei Protagoras. Würzburg 1980

Finley, M. I.: Die Sklaverei in der Antike. Geschichte und Probleme. Frankfurt a. M. 1985

Finley, M. I.: Die Griechen. Eine Einführung in ihre Geschichte und Zivilisation. München 1976

Finley, M. I.: Die Welt des Odysseus. München 1979

Finley M. I.: Das politische Leben in der antiken Welt. München 1986

Flacelière, R.: Griechenland. Leben und Kultur in klassischer Zeit. Stuttgart 1979²

Fränkel, H.: Wege und Formen frühgriechischen Denkens. Literarische und philosophiegeschichtliche Studien. München 1955

Fränkel, H.: Dichtung und Philosophie des frühen Griechentums. München 1976³

Fritz, K. von: Antike und moderne Tragödie. Berlin 1962

Fritz, K. von: Grundprobleme der Geschichte der antiken Wissenschaft. Berlin 1971

Gadamer, H.-G.: Philosophisches Lesebuch 1. Frankfurt a. M. 1965

Gadamer, H.-G. (Hrsg): Um die Begriffswelt der Vorsokratiker. Darmstadt 1968

Gadamer, H.-G.: Griechische Philosophie I. In: Gesammelte Werke Bd 5. Tübingen 1985

Gadamer, H.-G.: Griechische Philosophie II. In: Gesammelte Werke Bd 6. Tübingen 1985

Gigon, O.: Grundprobleme der antiken Philosophie. München 1959

Gigon, O.: Der Ursprung der griechischen Philosophie. Basel/Stuttgart 1968²

Gigon, O.: Studien zur antiken Philosophie. Berlin/New York 1972

Gomperz, H.: Sophistik und Rhetorik. Das Bildungsideal des εὖ λέγειν in seinem Verhältnis zur Philosophie des 5. Jahrhunderts. Stuttgart 1965

Gomperz, Th.: Griechische Denker. 3 Bde. Leipzig 1896–1909, 1911–1913³

Grønbech, V.: Hellas. Griechische Geistesgeschichte I. Die Adelszeit. Reinbek 1965

Guthrie, W. K. C.: A history of greek philosophy. Vol. 1. The earlier presocratics and the pythagoreans. Cambridge 1962

Guthrie, W. K. C.: A history of greek philosophy. Vol. 2. The presocratic tradition from Parmenides to Democritus. Cambridge 1969

Guthrie, W. K. C.: A history of greek philosophy. Vol. 3. The fifth-century enlightment. Cambridge 1969

Hegel, G. W. F.: Vorlesungen über die Geschichte der Philosophie 1. In: Hegel, Werke in zwanzig Bänden. Bd 18. Frankfurt a. M. 1971

Heidegger, M.: Vorträge und Aufsätze. Pfullingen 1959²

Heidegger M./Fink, E.: Heraklit. Frankfurt a. M. 1970

Heidegger, M.: Parmenides. In: Heidegger, Gesamtausgabe. Bd 54. Frankfurt a. M. 1982

Heidegger, M.: Heraklit. In: Heidegger, Gesamtausgabe. Bd. 55. Frankfurt a. M. 1970

Heinimann, F.: Nomos und Physis. Herkunft und Bedeutung einer Antithese im griechischen Denken des 5. Jahrhunderts. Darmstadt 1980⁴

Held,K.: Heraklit, Parmenides und der Anfang von Philosophie und Wissenschaft. Berlin/New York 1980

Helferich, Ch.: Geschichte der Philosophie. Stuttgart 1985

Herter, H. (Hrsg.): Thukydides. Darmstadt 1968

Hirzel, R.: Themis, Dike und Verwandtes. Hildesheim 1966

Hölscher, U.: Anfängliches Fragen. Studien zur frühen griechischen Philosophie. Göttingen 1968

Hübner, K.: Die Wahrheit des Mythos. München 1985

Jaeger, W.: Paideia. Die Formung des griechischen Menschen. Berlin/New York 1973

Jaeger, W.: Die Theologie der frühen griechischen Denker. Stuttgart 1953

Kahn, Ch. H.: Anaximander and the Origins of Greek Cosmology. New York 1960

Kerenyi, K. (Hrsg.): Die Eröffnung des Zugangs zum Mythos. Ein Lesebuch. Darmstadt 1967

Kerschensteiner, J.: Kosmos. Quellenkritische Untersuchung zu den Vorsokratikern. München 1962

Kirk, G. S./Raven, J. E./Schofield, M.: The presocratic philosophers. Cambridge 1983²

Krafft, F.: Geschichte der Naturwissenschaft. Die Begründung einer Wissenschaft von der Natur durch die Griechen. Freiburg 1971

Kranz, W.: Die griechische Philosophie. München 1971

Kube, Jörg: TEXNH und APETH. Sophistisches und platonisches Tugendwissen. Berlin 1969

Kurtz, E.: Interpretationen zu den Logos-Fragmenten Heraklits. Hildesheim/New York 1971

Lesky, A.: Geschichte der griechischen Literatur. Berlin/München 1963²

Lesky, A.: Die tragische Dichtung der Hellenen. Göttingen 1972³

Lesky, A.: Die griechische Tragödie. Stuttgart 1984⁵

Lumpe, A.: Der Terminus »Prinzip« (arché) von den Vorsokratikern bis auf Aristoteles. In: Archiv für Begriffsgeschichte. 1. (1955) S. 104–116

Mandolfo, R.: L'infinito nel pensiero dell'antichità classica. Florenz 1956²

Meier, Ch.: Die Entstehung des Politischen bei den Griechen. Frankfurt a. M. 1983

Mittelstrass, J.: Die Rettung der Phänomene. Ursprung und Geschichte eines antiken Forschungsprinzips. Berlin 1962

Murray, O.: Das frühe Griechenland. München 1982

Nestle, W.: Griechische Studien. Untersuchungen zur Religion, Dichtung und Philosophie der Griechen. Aalen 1968 (Neudr. von 1948)

Nestle, W.: Die Vorsokratiker. Dt. in Auswahl mit Einleitungen. Jena 1929

Nestle, W.: Vom Mythos zum Logos. Die Selbstentfaltung des griechischen Denkens. Stuttgart 1975²

Nietzsche, F.: Sämtliche Werke. Kritische Studienausgabe. Hrsg. von G. Colli u. M. Montinari. München/Berlin/New York 1980

Nilsson, M. P.: Geschichte der griechischen Religion. Bd 1. Die Religion Griechenlands bis auf die griechische Weltherrschaft. München 1976⁴

Patin, A.: Heraklits Einheitslehre. München 1885

Pleger, W. H.: Der Logos der Dinge. Eine Studie zu Heraklit. Frankfurt a. M. 1987

Ramnoux, C.: Etudes présocratiques. Paris 1970

Ranke-Graves, R. von: Griechische Mythologie. Quellen und Deutung. 2 Bde. Reinbek 1960

Reinhardt, K.: Parmenides und die Geschichte der griechischen Philosophie. Frankfurt a. M. 1977³

Ricken, F.: Philosophie der Antike. Stuttgart 1988

Riedel, M.: Metaphysik und Metapolitik. Studien zu Aristoteles und zur politischen Sprache der neuzeitlichen Philosophie. Frankfurt a. M. 1975

Ritter, J.: Metaphysik und Politik. Studien zu Aristoteles und Hegel. Frankfurt a. M. 1977

Röd, W.: Die Philosophie der Antike 1. Von Thales bis Demokrit. In: Geschichte der Philosophie. Bd 1. München 1976, 1988²

Rohde, E.: Psyche. Seelenkult und Unsterblichkeitsglaube der Griechen. 2 Bde. Darmstadt 1961 (Nachdr.)

Ross, D.: Aristotle. London 1977 (Repr.)

Sambursky, S.: Das physikalische Weltbild der Antike. Zürich 1965

Schadewaldt, W.: Der Gott von Delphi und die Humanitätsidee. Frankfurt a. M. 1975

Schadewaldt, W.: Die Anfänge der Philosophie bei den Griechen. Die Vorsokratiker und ihre Voraussetzungen. Tübinger Vorlesungen. Bd 1. Frankfurt a. M. 1978

Schadewaldt, W.: Die Anfänge der Geschichtsschreibung bei den Griechen. Herodot Thukydides. Tübinger Vorlesungen Bd. 2. Frankfurt a. M. 1982

Schadewaldt, W.: Die frühgriechische Lyrik. Tübinger Vorlesungen. Bd 3. Frankfurt a. M. 1989

Schadewaldt, W.: Von Homers Welt und Werk. Leipzig 1944

Schirnding, A. von: Am Anfang war das Staunen. Über den Ursprung der Philosophie bei den Griechen. München 1978

Schmitter, P.: Das sprachliche Zeichen. Studien zur Zeichen- und Bedeutungstheorie in der griechischen Antike sowie im 19. und 20. Jahrhundert. Münster i. W. 1987

Schofield, M.: An Essay on Anaxagoras. Cambridge 1980

Schrödinger, E.: Die Natur und die Griechen. Wien/Hamburg 1987

Sichirollo, L.: ΔΙΑΛΕΓΕΣΘΑΙ – Dialektik von Homer bis Aristoteles. Hildesheim 1966

Snell, B.: Der Aufbau der Sprache. Hamburg 1952

Snell, B.: Gesammelte Schriften. Hrsg. von H. Erbse. Göttingen 1966

Snell, B.: Der Weg zum Denken und zur Wahrheit. Studien zur frühgriechischen Sprache. Göttingen/Zürich 1978

Snell, B.: Die Entdeckung des Geistes. Studien zur Entstehung des europäischen Denkens bei den Griechen. Göttingen 1980[5]

Stenzel, J.: Kleine Schriften zur griechischen Philosophie. Darmstadt 1957[5]

Stenzel, J.: Studien zur Entwicklung der platonischen Dialektik von Sokrates zu Aristoteles. Darmstadt 1961[3]

Tannery, P.: Pour l'histoire de la Science Hellène. Paris 1887

Ueding, G./Steinbrink, B.: Grundriß der Rhetorik. Geschichte, Technik, Methode. Stuttgart 1986

Vernant, J.-P.: Mythos und Gesellschaft im alten Griechenland. Frankfurt a. M. 1987

Vernant, J.-P.: Die Entstehung des griechischen Denkens. Frankfurt a. M. 1982

Vogt, E. (Hrsg.): Griechische Literatur. Heidelberg/Wiesbaden o. J. (1981)

Waerden, B. L. v. d.: Die Pythagoreer. Zürich/München 1979

Waldenfels, B.: Das sokratische Fragen. Aporie, Elenchos, Anamnesis. Meisenheim 1961

Wieland, W.: Platon und die Formen des Wissens. Göttingen 1982

Wischer, E. (Hrsg.): Propyläen Geschichte der Literatur. Bd 1: Die Welt der Antike. 1200 v. Chr. bis 600 n. Chr. Berlin 1988

Wittgenstein, L.: Werkausgabe. Bd 1: Tractatus logico-philosophicus. Frankfurt a. M. 1984

Zeller, E.: Geschichte der griechischen Philosophie. Stuttgart o. J. (Nachdr. d. Erstausg. von 1883)

Zeller, E.: Die Philosophie der Griechen in ihrer geschichtlichen Entwicklung, Hrsg. von W. Nestle. Darmstadt 1963 (Nachdr.)

Namenregister

197

b) Mythologische und poetische Namen

Sachregister

Sammlung Metzler

Printed in the United States
By Bookmasters